Das I Love Me Prinzip
Lass los, was dich hält, und lebe dein wahres Ich

Ein Leitfaden zur Transformation

AF280100

Ein besonders herzlicher Dank für die fleißige Unterstützung

geht an

Annika & Bea

Verlag: BoD · Books on Demand GmbH, In de Tarpen 42,
22848 Norderstedt, bod@bod.de
Druck: Libri Plureos GmbH, Friedensallee 273, 22763 Hamburg
ISBN: 978-3-8423-8356-2

Text: © Dan Howard & Josephine Ledezma
Grafik: Juan Donadon / Dan Howard

www.iloveme.one

Dan Howard & Josephine Ledezma

Das I Love Me Prinzip

Lass los, was dich hält, und lebe dein wahres Ich

Ein Leitfaden zur Transformation

Inhaltsverzeichnis

Downloads von Arbeitsblättern und Hypnose-MP3s

sowie

**Online-Workshops zu den verschiedenen Themen des
I Love Me Prinzips:**

www.iloveme.one

Vorwort

Das I Love Me Prinzip ist keine spirituelle Wunderpille, die du einfach schluckst und alles ist gut. Es ist kein Rezept, das deine Probleme auf wundersame Weise löst, keine Medizin, die Krankheiten heilt, und kein Zauber-Werkzeug, das deine Vergangenheit einfach ordnet. Es ist keine Religion, die du einfach glauben sollst. Es sagt dir nicht, was für dich richtig oder falsch ist. Es gibt dir nichts zum Konsumieren, das dein Leben sofort verbessert.

Das I Love Me Prinzip wird von allein nichts, absolut nichts für dich tun – und doch kann es der Schlüssel sein, der dich in ein völlig neues Leben führt.

Du kannst dieses Buch einfach lesen, so wie du vielleicht schon viele andere Lebensberatungs- oder spirituelle Bücher gelesen hast. Dann wird es nur ein weiteres Buch in der Reihe von Tausenden sein, die es im Buchhandel gibt. Danke, dass du es gekauft hast. Aber wirklich etwas verändern wird es nicht. Du wirst es lesen, einige neue Dinge erfahren, vielleicht Bestätigungen dessen finden, was du schon in anderen Büchern gelesen hast, und ein paar neue „Aha-Erlebnisse" haben. Doch in einem Jahr wirst du wahrscheinlich noch immer an derselben Stelle stehen wie heute – mit den gleichen Problemen und Sorgen, und dein Alltag wird sich nicht verändert haben.

Das Geheimnis des I Love Me Prinzips liegt nicht in den Worten, die du liest oder hörst. Das Wichtigste liegt dort, wohin die Worte zeigen. Die Worte sind nur eine Art Wegweiser. Sie deuten auf etwas Tieferes hin, das nicht ausgesprochen werden kann, das du aber selbst erfahren kannst, wenn du bereit bist, dich auf das Prinzip einzulassen.

Dieses Tiefere ist etwas, das in jedem Menschen steckt, aber nur von wenigen bisher erkannt wurde. Worte sind gesprochene Gedanken, und Gedanken bewegen sich immer nur an der Oberfläche. Durch das Erleben dessen, worauf die Worte hinweisen, gelangst du auf eine tiefere Ebene.

Das wahre Ziel des I Love Me Prinzips besteht darin, dir zu helfen, die Hindernisse zu beseitigen, die dich von der Wahrheit trennen – der Wahrheit darüber, wer du wirklich bist und was du tief in deinem Inneren bereits weißt. Es bringt dich wieder in Kontakt mit deinem göttlichen Selbst. Es begleitet dich auf deiner Reise zu dir selbst. Wer sich mit offenem Herzen und Vertrauen auf diese Reise einlässt und sich von diesem Prinzip führen lässt, erlebt Dinge, die nicht in Worte gefasst werden können. Es verändert sich etwas und du wirst feststellen, dass du plötzlich wieder Klarheit darüber hast, welchen Weg du gehen möchtest, und du vertraust darauf, dass du die richtigen Entscheidungen für dein Leben triffst. Du wirst den Mut finden, dich deinen Herausforderungen zu stellen, und du wirst dich stark genug fühlen, jede Hürde zu überwinden. Du weißt, dass du genug bist. Dein Leben erfüllt dich, und du lebst im Einklang mit deinen Werten und Zielen. Du spürst tiefe Zufriedenheit und Erfüllung in allem, was du tust. Du vertraust in deine Fähigkeiten und bist überzeugt, dass du deine Ziele erreichst und die notwendigen Veränderungen in deinem Leben bewirken kannst. Du lebst in Klarheit, Freiheit und Selbstverwirklichung. Dein Leben reflektiert genau das, was du dir immer gewünscht hast, und du fühlst dich innerlich erfüllt. Ganz gleichgültig was gerade um dich herum oder auf der Welt geschieht, du weißt, dass du bei dir angekommen bist.

Die Illusion des Konsums

Wir leben in einer Zeit, die stark auf Konsum fixiert ist. Unsere moderne Gesellschaft bewertet Erfolg durch äußere Merkmale wie Reichtum, Status und Besitz. Wie Erich Fromm es treffend formuliert hat, leben wir im „Haben" und nicht im „Sein". Unser Fokus liegt auf dem Äußeren – dem Sammeln von Dingen und dem Streben nach Anerkennung. Alles muss glänzen und gut aussehen, unabhängig davon, ob es innerlich tatsächlich von Wert ist. Menschen werden oft nach ihrem äußeren Erscheinungsbild oder ihren Besitztümern oder scheinbaren Erfolg bewertet, anstatt nach ihrem wahren Selbst. Doch dieses Streben nach dem „Haben", der Wunsch nach immer mehr und immer Besserem, führt nicht zu echtem Glück oder Erfüllung. Es bleibt an der Oberfläche und ignoriert die tiefere Dimension des Lebens, die im „Sein" liegt.

Der Drang nach Konsum zeigt sich in allen Bereichen unseres Lebens. Wir jagen ständig nach neuen Dingen – seien es materielle Besitztümer, Erfahrungen oder sogar spirituelle Erlebnisse. In einer Gesellschaft, die Oberflächlichkeit belohnt und inneres Wachstum vernachlässigt, wird uns von der Werbung suggeriert, dass Glück und Erfüllung käuflich sind. Doch dies ist eine Illusion, aus der wir ausbrechen müssen, um wahre Erfüllung und inneren Frieden zu finden. Glück, das durch äußere Mittel erlangt wird, ist immer nur von kurzer Dauer und führt selten zu einem tiefen, nachhaltigen Gefühl der Zufriedenheit.

Die Kommerzialisierung der Spiritualität

Auch die Spiritualität ist zu einem Produkt geworden, das wir konsumieren können. Viele Menschen fühlen sich von östlichen Lehren oder modernen spirituellen Trends angezogen, in der Hoffnung, durch den Konsum von Yoga, Meditation oder sonstigen spirituellen Techniken und Methoden spiritueller zu werden oder sogar Erleuchtung zu finden. Wir stellen Buddha-Figuren ins Wohnzimmer, zünden Räucherstäbchen an und leben vegan, weil wir glauben, dass diese äußeren Handlungen uns zu besseren, spirituelleren Menschen machen. Doch in den meisten Fällen bleiben diese Praktiken an der Oberfläche und haben nichts mit echter Spiritualität zu tun. Wir konsumieren sie in der Hoffnung, dass sie uns zu besseren Menschen machen oder uns ein besseres Gefühl geben, doch solange wir im Konsum-Modus bleiben, verändert sich nichts wirklich in uns. Echte Spiritualität beginnt erst, wenn wir aufhören zu konsumieren und anfangen, die Prinzipien in unser „Sein" zu integrieren. Es ist nichts dagegen einzuwenden, wenn jemand Yoga macht oder sich vegetarisch ernähren möchte. Wenn er es aber tut, weil er sich dadurch besser fühlt, ist es ein Konsumieren und bleibt an der Oberfläche. Dieses „sich besser fühlen" hält nur kurze Zeit an.

Die vielen spirituellen Angebote von heute sind meist nichts weiter als eine Kommerzialisierung des tiefen menschlichen Bedürfnisses nach Sinn und Erfüllung. Mit ausgeklügeltem Marketing und modernen Geschäftsmethoden werden spirituelle Gefühle verkauft, die wenig Substanz haben. Sie versprechen Erleuchtung, inneres Wachstum und inneren Frieden, doch oft sind sie nur ein weiterer Konsumartikel in unserer endlosen Suche nach Glück. Echte spirituelle Entwicklung kann nicht konsumiert werden – sie muss erlebt, erfahren und durch persönliches Wachstum verwirklicht werden. Es ist eine Entscheidung, die du triffst, unabhängig davon, ob du Yoga machst oder dich vegan ernährst. Sie geschieht an einem ganz anderen, viel tieferen Ort.

Schnelle Erleuchtung: Der Irrweg moderner spiritueller Lehrer

In den letzten Jahren hat die Anzahl der selbsternannten Gurus, spirituellen Lehrer und Therapeuten drastisch zugenommen. Viele dieser Lehrer bieten Techniken an, die sie selbst nur in kurzen Seminaren gelernt haben. Es sind Blinde die Blinde führen. Diese Techniken mögen kurzfristig ein gutes Gefühl vermitteln und eine gewisse Erleichterung bringen, aber sie führen selten zu tiefgreifenden, dauerhaften Veränderungen, weil sie nur an der Oberfläche kratzen. Sie schaffen keine echte Verbindung zum „Sein", sondern bleiben im „Haben"-Modus. Viele dieser Angebote basieren auf dem Verkauf von spirituellen Gefühlen und versprechen schnelle Erleuchtung, doch wahre spirituelle Entwicklung ist kein Produkt, das man in Form von Coaching, Therapie oder Seminaren kaufen kann.

Ein wahrer spiritueller Lehrer versteht, dass echte Transformation Zeit, Hingabe und persönliche Erfahrung erfordert. Er weiß auch, dass der Verstand von Menschen im „Haben"-Modus sich gegen tiefere Wahrheiten wehrt, da diese nicht in ihr Denkschema passen. Da diese Menschen grundlegende psychische und spirituelle Tatsachen, die die Basis der Lehre und Lösung bilden, nicht aus eigener Erfahrung auf der „Sein"-Ebene kennen, fällt es ihnen anfangs schwer, vieles zu verstehen oder logisch nachzuvollziehen. Der Verstand im „Haben"-Modus verlangt Beweise, bevor er sich öffnet. Doch da diese Tatsachen nur durch Erfahrung begriffen werden können, kann kein Argument überzeugen. Ohne eigene Erfahrung gibt es keine Beweise. Das ist vergleichbar mit einem Blinden, der Beweise für die Farbe Grün fordert, oder jemandem, der nie Chili probiert hat, die Schärfe zu erklären — man muss es selbst erleben, um es zu verstehen.

Diese Wahrheit muss im „Sein"-Zustand erfahren werden, um die Essenz einer spirituellen Lehre wirklich zu begreifen.

Die Rolle des I Love Me Prinzips

Das I Love Me Prinzip lädt dich dazu ein, die Verantwortung für dein eigenes Leben zu übernehmen. Es zeigt dir einen Weg, um in den „Sein"-Modus zu gelangen und deine innere Tiefe zu entdecken. Es weist dir lediglich den Weg, aber den Schritt musst du selbst machen.

Das Prinzip ermutigt dich, dich selbst zu erkennen und zu erfahren, was wahres Glück und Erfüllung bedeuten. Es geht darum, sich auf den Weg zu machen und eigene Erfahrungen zu sammeln, die dich zu deinem wahren Selbst führen.

Das I Love Me Prinzip fordert dich auf, tief in dich selbst zu schauen und die Hindernisse zu erkennen, die dich davon abhalten, dein wahres Selbst zu leben. Es geht nicht darum, neue Theorien zu lernen oder schnelle Lösungen zu finden. Es geht darum, die Wahrheit über dich selbst zu erkennen und den Mut zu haben, diese Wahrheit zu leben. Indem du dich auf diesen Weg begibst, öffnest du dich für tiefere Ebenen der Heilung und des Wachstums, die nicht durch äußere Mittel erreicht werden können.

Der Weg vom „Haben" zum „Sein"

Das I Love Me Prinzip hilft dir, den Übergang vom „Haben" zum „Sein" zu vollziehen.

Auf der **rationalen Ebene** (Haben-Ebene, Stufe 1) beginnst du damit, neue Informationen aufzunehmen und erste Prozesse zu erkennen. Du lernst psychologische Mechanismen und therapeutische Methoden kennen, die dir helfen, dich selbst besser zu verstehen. Doch dies ist nur der Anfang und viele andere Bücher und Methoden tun das gleiche auch.

Auf der **Verständnisebene** (Haben-Ebene, Stufe 2) beginnst du, tiefer zu gehen. Du erkennst nicht nur Muster in deinem Verhalten, sondern verstehst auch ihre tieferen Ursachen. Du erlebst Aha-Momente und gewinnst tiefere Erkenntnisse über dich selbst.

Dann bewegst du dich zur **psychologischen Ebene** (Sein-Ebene, Stufe 1), wo echte Veränderungen beginnen. Alte Muster lösen sich auf, Blockaden und Zwänge verschwinden, und alte Wunden beginnen zu heilen. Hier findet eine psychologische Heilung statt, die über die bloße Oberfläche hinausgeht und tief in deine Psyche eindringt.

Schließlich erreichst du die **spirituelle Ebene** (Sein-Ebene, Stufe 2), wo wahre spirituelle Transformation stattfindet. Hier entdeckst du eine tiefere innere Ruhe, Freude und Ausgeglichenheit. Deine Intuition wird stärker, und du beginnst, die Welt und dich selbst auf eine ganz neue Weise wahrzunehmen.

Dein Weg zur Wahrheit

Um die Lehren des I Love Me Prinzips zu verstehen und zu nutzen, musst du bereit sein, deinen aktuellen „Haben"-Modus und somit auch die Komfortzone zu verlassen. Die Veränderungen, die du suchst, kommen nicht durch das bloße konsumieren (lesen) von Informationen oder Techniken, sondern durch die Bereitschaft, dich auf eine tiefere innere Reise zu begeben. Du wirst lernen, die Wahrheit in dir zu entdecken, indem du die Prinzipien in deinem eigenen Leben umsetzt und erfährst. Nur durch diesen Weg kannst du die wahre Essenz der Lehre erfahren, verstehen und die transformative Kraft des I Love Me Prinzips in deinem Leben entfalten.

Wir bieten dir eine Vielzahl von Werkzeugen, um dich auf deinem Weg zu unterstützen. Diese Werkzeuge sind nicht dazu da, dass du dich zurücklehnst und sie die Arbeit für dich erledigen. Ganz im Gegenteil: Sie sollen dir helfen, aktiv damit zu arbeiten und die so wichtigen eigenen Erfahrungen zu machen – sie führen und begleiten dich in deinem Prozess zu echter, tiefer Transformation.

Auf unserer Website www.iloveme.one findest du zahlreiche Ressourcen, darunter kostenlose Downloads von Arbeitsblättern und Hypnose-MP3s. Zudem gibt es viele Online-Workshops zu den verschiedenen Themen des I Love Me Prinzips und eine kostenlose Community, die dir bei Schwierigkeiten zur Seite steht, Fragen beantwortet und den Austausch mit Menschen aus aller Welt ermöglicht, die ebenfalls mit dem I Love Me Prinzip arbeiten. In Foren und Gruppen kannst du deine Fragen stellen. Auch die im Buch erwähnten kostenlosen Downloads findest du auf unserer Website.

Eine Einladung zur Veränderung

Das I Love Me Prinzip fordert dich heraus, den Pfad des inneren Wachstums zu beschreiten und deine eigene Wahrheit zu entdecken. Es sagt zu dir: „Dies ist der Pfad, folge ihm, und auf deinem Weg wirst du die Wahrheit über dich selbst und das Leben entdecken." Es gibt keine vorgefertigten Antworten oder schnellen Lösungen. Stattdessen bietet es dir die Möglichkeit, die Wahrheit durch eigene Erfahrung zu entdecken.

Bist du bereit, diesen Weg zu gehen?

Kapitel 1

Das I Love Me Prinzip

Dein Leben – eine begrenzte Ressource

650.000 Stunden lebt der durchschnittliche Mensch. Das Leben ist eine begrenzte Ressource. Irgendwann ist es vorbei – das ist sicher. Ich kenne niemanden, der das Leben überlebt hat. Leben ist tödlich. Was danach kommt, ist eine Glaubensfrage, in der jeder für sich beantworten kann, woran er glauben will. Aber eines ist sicher. Irgendwann ist es soweit und dann war's das in diesem Körper. Ich veranschauliche diesen Moment gerne so: Du bist gerade gemütlich am Spazieren, denkst an nichts Böses, und plötzlich kommt ein Flugzeug und stürzt dir auf den Kopf. Während das Flugzeug nun so langsam auf deinen Kopf zukommt, merkst du: „Okay, Wegrennen hat jetzt keinen Sinn mehr, das war's jetzt." Wenn du dir in diesem Augenblick sagen musst: "Scheiße, ich hab's verpasst", ist das, glaube ich, das Dümmste, was dir passieren kann.

Wenn du aber in diesem Augenblick - und der wird kommen und du wirst an mich denken - sagen kannst: "Hm, blöd - aber geil war's!", dann hast du alles richtig gemacht. Denn wenn du das in diesem Moment sagen kannst, dann waren die vielen Momente deines Lebens bis dahin wirklich geil.

Genau darum soll es in diesem Buch gehen: dass du etwas aus deinem Leben machst, bevor dieser besagte Moment eintritt. Was konkret du aus diesem Leben machen sollst, sage ich dir nicht, denn das kann ich ja auch gar nicht wissen.

Was das richtige Leben für dich ist, darfst du selbst herausfinden. Wie du das herausfindest? Das erzähle ich dir in diesem Buch, nämlich wie du den Weg dahin finden kannst, dein Leben zu leben. Nicht das Leben von anderen, nicht das Leben, das dir deine Eltern einmal vorgelebt oder das sie dir vorgespurt haben, auf dessen Schienen du vielleicht heute noch unterwegs bist. Ich erkläre dir, wie du anfängst, dich zu entwickeln, das heißt, wie du genau aus diesen Verwicklungen herausgehst und anfängst, dein Leben zu leben. Das I Love Me Prinzip öffnet ganz viele Türen für neue Sichtweisen, neue Erkenntnisse, neue Tools, neue Anwendungen und Möglichkeiten, dein Leben zu verändern.

Die drei Säulen des I Love Me Prinzips

Das I Love Me Prinzip basiert auf drei Säulen, die mit nur kleinen Schritten jeden Tag deinen Weg in ein glückliches Leben bilden.

Erste Säule: Bringe deine Vergangenheit in Ordnung

Das nennt man auch „Arbeit mit dem Inneren Kind" - Alles, was du heute tust oder nicht tust, alles, was dich heute belastet, wie du dein Leben heute gestaltest, wie du dein Leben heute erlebst, wie du dich heute entscheidest - dein gesamtes heutiges Leben, deine ganze erlebte Lebenswirklichkeit, ist das Resultat dessen, was du früher erlebt hast. Das Fundament dafür wird in den ersten fünf Lebensjahren gelegt. Das ist der Sockel, auf den sich dann alle weiteren Erfahrungen, die du dein Leben lang machst, aufbauen.

Über diese Erfahrungen bilden sich in unserem Unterbewusstsein Lernprogramme, die unser Verhalten und unser Denken beeinflussen und damit wiederum die Erfahrungen, die wir in der Folge machen. Bringe deine Vergangenheit in Ordnung heißt, dass wir anfangen sollten, die belastenden und blockierenden Programme aufzulösen, die uns als Kind eingetrichtert worden sind oder die wir erlernt haben. Vor allem, wenn sie uns heute zu Dingen zwingen, die wir eigentlich gar nicht tun wollen, wie Süchte oder komisches Verhalten, oder auch von Dingen abhalten, die wir gerne tun würden, aber einfach nicht können, weil uns solche Programme blockieren. Man kann diese Programme auflösen. Ich gehe später noch detaillierter darauf ein, wie das geht.

Bringe deine Vergangenheit in Ordnung ist eine Never Ending Story. Das hat man nicht irgendwann erledigt, sondern das ist ein Prozess, den man als Persönlichkeitsentwicklung bezeichnet. Das bedeutet, sich aus den Zwängen und Blockaden, diesen "Verwicklungen" aus der Vergangenheit heraus zu "ent-wickeln" in die Freiheit, so dass man nicht mehr von irgendwelchen hinderlichen Programmen gesteuert wird, die man eigentlich gar nicht haben will. Sich diese Freiheit mehr und mehr zurückzuerobern, das ist Persönlichkeitsentwicklung, und das machst du, wenn du einmal damit angefangen hast, bis an dein Lebensende. Es macht aber auch unheimlich Spaß, wenn man es einmal entdeckt hat, und wenn man vor allem entdeckt hat, wie viel Freiheit man sich damit zurückholen kann - und das kann jeder! Auch dabei geht es nicht um Goldmedaillen, auch da geht es nicht darum, dass ich jetzt einmal anfange und nächste Woche ist alles gut. Sondern es geht auch hier darum, dass man einfach immer dranbleibt.

Zweite Säule: Bekomme das universelle Urvertrauen zurück

Unser Universum ist perfekt organisiert. Seit 13,84 Milliarden Jahren – da war angeblich der Urknall - funktioniert der Laden hier. Dieses perfekte Universum - dazu gehörst auch du! Ganz, ganz am Anfang war da ein winzig kleiner Plasmatropfen, eine befruchtete Eizelle. In dieser befruchteten Eizelle machte es plötzlich blub, blub blub, blub blub blub, blub blub blub blub blub blub blub blub blub blub blub blub blub... neun Monate lang, (sofern du keine Frühgeburt warst). Nach neun Monaten machte ein perfektes Menschlein den Kopfsprung ins Leben. Ein Menschlein mit Fingerchen, mit Zehchen, mit Füßchen, mit Äuglein, mit Öhrchen, mit Gehirn, mit Herz, mit Leber, mit Nieren, mit allem, was da drin ist. Perfekt! Wir können das nicht einfach so nachbauen und diese neun Monate war auch kein Ingenieur, kein Architekt, kein Bauherr, niemand war da dabei. Das hat die Natur von selbst gemacht. Jeder Baum wächst einfach so, das ist ein Wahnsinn, das ist unglaublich! Das ist ein göttliches Wunder.

Ich habe mich lange geweigert, dieses Wort "göttlich" in den Mund zu nehmen, weil organisierte Religionen, ganz egal welche, dieses Wort über zweitausend Jahre missbraucht haben, um Macht auszuüben. Inzwischen benutze ich es wieder, weil das einfach göttlich ist, was da passiert in der Natur, in diesem Universum. Und auch du bist so ein göttliches Wunder. Du bist so eine befruchtete Eizelle, mit der das alles so wundervoll passiert ist. Du bist unglaublich.

Rein atomphysisch gesehen bestehst du mehrheitlich aus Kohlenstoffatomen. Das kleinste Teilchen von einem Kohlestück in einer Feuerstelle zum Beispiel ist das gleiche wie das kleinste Teilchen von dir, nämlich Kohlenstoff. Das Atom, also quasi das Legosteinchen, aus dem das verbrannte Holzstückchen aufgebaut ist, und das, aus dem du aufgebaut bist, ist das gleiche. Es ist absolut identisch. Es gibt aber einen ganz winzigen Unterschied zwischen dem Stück Kohle und dir. Und dieser kleine Unterschied ist eben dieses göttliche Wunder, das wir "Leben" nennen. Das steckt in dir drin. Allein das macht dich zu diesem göttlichen Wunder. Allein das macht dich so unglaublich wertvoll. Das ist das, was wir aber inzwischen vergessen haben. Das ist es, was die Religion verpasst hat uns zu vermitteln, denn "Re-" heißt "zurück", und "Ligion" heißt "Verbindung". Eigentlich wäre es die Aufgabe von Re-ligion dich zurück zu verbinden, dich zurück zu erinnern, an dieses göttliche, unglaubliche, einzigartige, wertvolle Wesen, das du bist. Denn das haben wir vollkommen vergessen. Dieses Universum ist perfekt organisiert.

Es funktioniert, sonst würden wir nicht leben. Es gibt Planeten wie der Merkur, der ist nicht weit weg und hat Tagestemperaturen von 430 Grad und Nachttemperaturen von minus 170 Grad. Das ist eine Temperaturschwankung von 600 Grad! Stelle dir einmal vor, das Universum würde sich plötzlich verändern und wir hätten auf der Erde Temperaturen wie auf dem Merkur. Für das Universum ist das nicht viel – ein paar hundert Grad mehr oder weniger. Dann wäre hier aber viel Leben futsch! Das ist aber nie der Fall.

Seit rund zwei Milliarden Jahren haben wir dieselbe Temperatur hier. Oder stelle dir vor, die Sauerstoffatömchen würden sagen: "Kommt, wir treffen uns einmal alle in Australien!", alle Sauerstoffatome würden nach Australien gehen und dort ein großes Meeting abhalten, und wir hätten hier in Europa keinen Sauerstoff mehr. Das würde vielleicht dreieinhalb bis vier Minuten gut gehen und dann wäre es hier aus. Es ist aber nicht so - es ist perfekt organisiert hier auf der Erde. Es ist alles perfekt. Ansonsten könnten und würden wir hier nicht leben. Aber, wir haben uns von diesem göttlich Perfekten entfernt.

Wenn in der Bibel steht, dass du dich nicht von Gott entfernen sollst, ist nicht irgendein Typ im Himmel mit langem Bart gemeint, der von dort herunterschaut und sagt, du bist ein böser Sünder. Es ist damit gemeint, du sollst dich nicht vom Natürlichen, vom Leben entfernen. Du sollst keine anderen Götter haben, heißt wir sollten uns nicht unsere eigene Kunstwelt aufbauen. Das Digitale, Handys, das beten wir an, irgendwelche Politiker, irgendwelche Doktoren, die beten wir an, aber wir vergessen das Göttliche in uns selbst. Du sollst dich nicht von Gott entfernen und keine anderen Götter haben, damit ist genau das gemeint. Du bist Gott, du bist göttlich, du bist dieses Wunder. Du sollst dich um dich kümmern und nicht andere anbeten, nicht in einer Kunstwelt versinken, sondern in der natürlichen Welt.

Was glaubst du, warum Manager zweitausend Euro für ein Wochenende bezahlen, an dem sie Bäume umarmen dürfen? Zurück in die Natur ist der Weg, zurück zum Natürlichen, zu dem, was du bist, dahin, wo du hingehörst. Du bist auch ein natürliches Wesen, du bist kein künstliches Wesen, kein digitales Ding, du bist lebendig. Dahin sollten wir zurück, denn in der Natur ist alles perfekt organisiert.

Kein Borkenkäfer macht sich so viele Gedanken wie wir. Die Gedanken, die wir uns machen, drehen sich um Schwachsinn. „Oh je, meine Aktien", oder so etwas. Borkenkäfer haben diese Probleme nicht, oder Kakerlaken oder Ameisen oder Mäuse oder was auch immer. Wir schon, weil wir in einer Kunstwelt leben, die nichts mit Natürlichkeit, mit dem Göttlichen, das wir sind, zu tun hat.

Nun leben wir aber in dieser Welt und darum ist es die Kunst, die Gratwanderung zwischen der Natur und unserer Kunstwelt zu machen. Man muss sich eben entscheiden: Entweder ich lebe in einer Höhle und ernähre mich von Beeren und Wurzeln oder ich lebe eben in dieser Welt, in die ich geboren worden bin, was auch okay ist. Nur muss man dann diese Gratwanderung machen, dass man sich auch an den natürlichen Teil in einem immer wieder erinnert und ihm auch seinen Raum gibt. Das ist nicht immer ganz einfach, aber eine Herausforderung, die auch Spaß machen kann.

Wenn du anfängst gewisse Zusammenhänge zu verstehen und zu erkennen, wie perfekt das alles ist, dann fällt es dir auch leichter, dieses Vertrauen in das Leben wieder zurückzubekommen und dich vom Leben leben zu lassen. Im Daoismus sagt man: "Lass dich vom Dao leben." Wenn du wieder in deinem Fluss, auf deinem Lebensweg bist, lass dich auf diesem Weg treiben, denn das Leben will, dass du lebst. Die Idee vom Leben ist zu leben. Das Leben ist nicht sadistisch, es möchte dich nicht quälen, nicht foltern, dir nichts Schlimmes geben. Das Leben meint es gut mit dir.

Es ist wie eine Straße. Wenn wir schön auf unserem Weg fahren, dann ist alles gut, vor allem, wenn wir in unserer Mitte sind. Je mehr wir von der Mitte der Straße abkommen, an die eine oder die andere Seite an den Straßenrand rutschen, desto holpriger wird es und umso mehr tut es weh. Ganz außen ist der Abgrund. Wenn wir den runterfahren, sind wir tot. Schmerz und Leid bedeuten einfach, dass wir von unserer Mitte abgekommen sind, dass wir nicht auf unserem Weg sind. Das Leben will dir nicht wehtun. Wenn es ab und zu zwickt, ist es wie diese Elektrozäune, die die Kuhweiden umzäunen. Die Zäune sagen der Kuh mit ihrem Zwicken: "Hier geht es nicht lang. Geh wieder in die andere Richtung." So ist auch das Leben. Wenn es zwickt, sagt es dir: "Falsche Richtung. Komm, geh ein bisschen rüber, gehe ein bisschen in die andere Richtung", so dass du wieder auf deinem Weg bist. Auch Krankheiten oder Unfälle ereilen uns und zwingen uns radikal zu Richtungsänderungen. Gewinne wieder Vertrauen in deine Lebensstraße, in dein Leben, denn das Universum ist seit 13,84 Milliarden Jahren perfekt organisiert.

Die Frage nach dem Lebensweg, welches überhaupt der richtige Weg ist, bringt uns zur dritten Säule.

Dritte Säule: Folge deinem Herzen

Kein Therapeut, kein Guru, keine Eltern, kein Partner, keine Partnerin, niemand, gar niemand weiß, was für dich das

Richtige ist. Darum lasse dir von niemandem irgendetwas einreden. Der einzige Mensch, der wirklich weiß, was für dich das Richtige ist, das bist du. Dafür hast du eine wunderbare Institution in dir drin, nämlich dein Bauchgefühl, das dir genau sagt, was für dich richtig und was für dich falsch ist. Das passiert nach einem ganz einfachen Prinzip, dem Lust- und Unlust-Prinzip.

Gewisse Dinge, die machen Spaß, das heißt sie machen Lust, und andere Dinge, die machen überhaupt keinen Spaß, also überhaupt keine Lust. Das ist wie ein Zeiger: Sobald und solange der Zeiger in Richtung Lust, Glück, Zufriedenheit zeigt, bist du auf dem richtigen Weg. Sobald du in die Unlust kommst - das ist jedes negative Gefühl, jede Krankheit - ist das ein Zeichen, hey, da läuft etwas schief. Alles, was sich nicht gut anfühlt, bedeutet, dass da etwas nicht gut ist. Wie ein Feuermelder, der Alarm schlägt. Der macht kein schönes Geräusch für die Ohren. Warum? Weil der Feuermelder dir sagen will, hey, Achtung, aufpassen, da läuft etwas schief! Da ist eine Gefahr, wachsam sein, schau was da los ist! Wenn der Feuermelder schöne meditative Harfenmusik spielen würde sobald es anfängt zu brennen, würden wir vielleicht sagen: „Oh wie schön, ich bleibe und höre noch ein bisschen zu!", und das wäre nicht ganz so gut. Im Leben ist es genau das Gleiche. Sobald sich etwas nicht gut anfühlt, bedeutet das: Hallo, hinschauen, da läuft etwas schief! Dein Bauchgefühl sagt dir das. Das hat auch jedes Tier. Beim Tsunami im indischen Ozean 2004 ist deshalb kein einziges wildes Tier umgekommen, weil den Tieren ihre Intuition gesagt hat, dass sie flüchten müssen. Wie oft hast du schon das Gefühl gehabt, ich muss hier weg, aber dein Verstand hat gesagt, nein, nein, es ist schon gut, bleib da, mach weiter. Bis es irgendwann knallt. Sobald sich etwas nicht gut anfühlt, ist das ein Zeichen, dass es nicht richtig für dich ist, dass du es ändern musst.

Das Problem ist allerdings, dass wir den Zugang zu unserem Bauchgefühl verloren haben, weil wir uns zu sehr auf den Kopf konzentrieren. Wir haben oft Schwierigkeiten zu unterscheiden, was Bauchgefühl ist und was Verstand. Oder ob es sich um eine Strategie handelt, die wir in der Kindheit erlernt haben, wie zum Beispiel eine Sucht. Schließlich hat der Heroinsüchtige auch ein Lustempfinden, wenn er sich einen Schuss Heroin setzt. Nur hat das nichts mit Intuition zu tun, sondern ist eine Sucht. Diese Unterschiede herauszufinden zwischen Bauchgefühl, Verstand und Strategie oder Sucht, das kann jeder wieder lernen. Diese Fähigkeit ist zwar inzwischen etwas eingerostet, aber das kann man wieder hervorholen und reaktivieren. Auch dazu wirst du im Verlauf dieser Lektüre noch Tipps bekommen. Wenn du dein Bauchgefühl wieder erkennst, hast du einen guten Wegweiser, der dir genau zeigt, wo dein Lebensweg entlangführt, und dann kannst du dich vom Leben führen lassen (vgl. zweite Säule: Vertraue dem Leben). Dann gehst du nur noch die Wege, die sich gut anfühlen, weil es das Bauchgefühl ist, und nicht die Wege, die sich gut anfühlen, weil es die Ratio sagt oder eine Sucht. Du weißt dann, das ist wirklich mein Bauchgefühl und darauf kann ich mich hundertprozentig verlassen, egal was andere sagen.

„Ja, ist denn der Verstand sowas von blöd?", willst du mich jetzt vielleicht fragen. Nein, der Verstand ist nicht schlecht, auch er hat seine gute Funktion. Man muss ihn auch nicht abschalten, sondern man sollte Bauchgefühl und Verstand als zwei Werkzeuge richtig einsetzen können. Wenn du zum

Beispiel jetzt daran denkst, morgen wieder ins Büro zu gehen, und dabei bekommst du einen gedanklichen Brechreiz, dann weißt du, dass dir dein Bauchgefühl sagt, das ist nicht gut für dich. Ich würde dir aber nicht empfehlen, den Verstand zu ignorieren und morgen zu deinem Chef zu gehen und zu sagen: „Hey Arschloch, ich bin dann mal weg!" Das Bauchgefühl ist wie ein Kompass. Es zeigt die Richtung an, in die du gehen musst, nämlich dorthin, wo es sich gut anfühlt. Nun kann es aber sein, dass es auf dem Weg dahin noch Hindernisse gibt, die es aus dem Weg zu räumen gilt. Darum brauchen wir den Verstand, der wie die Karte ist. Der Kompass sagt, „in die Richtung müssen wir", der Verstand sagt, „okay, lass uns auf der Karte schauen, wie wir da hinkommen". Mit dem Verstand kann ich dann Lösungen finden, wie ich die Hindernisse überwinde und da hinkomme, wo mein Herz singt. So kann man die zwei Instanzen Bauchgefühl und Verstand gut miteinander verbinden und kombinieren. Das Bauchgefühl sagt mir, mein Job ist scheiße, macht überhaupt keinen Spaß. Okay, Kopf einschalten, die Karte nehmen, was muss ich ändern, was kann ich ändern. Welche Möglichkeiten habe ich, was sind meine nächsten Schritte. Über die Ratio kann ich dann diesen Prozess beginnen. In dieser Verbindung sind das zwei wunderbare Werkzeuge, mit denen du durch das Leben gehst.

Folge deinem Herzen. Tue das, wo dein Herz lacht, singt und tanzt, wo es sich gut anfühlt. Dann bist du auf dem richtigen Weg. Ja, du darfst glücklich sein. „Zuerst die Arbeit, dann das Vergnügen" ist Blödsinn. Du bist hier, um glücklich zu sein, weil du dann eine Bereicherung für die Welt bist. Du darfst zufrieden sein, du darfst dir die Rosinen aus diesem Kuchen herauspicken, dem Kuchen des Lebens. Wenn du Rosinen nicht magst, nimm die Nüsse, aber zupfe dir das Gute raus. Das darfst du. Das hat nichts mit Egoismus zu tun. Das hat mit unserer Natur und mit Bereicherung dieser Welt zu tun. Es ist genug für alle da, und es wollen nicht immer alle die Rosinen oder die Nüsse. Du bist der wichtigste Mensch in deinem Leben.

Kapitel 2

I Love Me: Ich bin der wichtigste Mensch in meinem Leben

Das I Love Me Prinzip bedeutet, du nimmst dich als den wichtigsten Menschen in deinem Leben an. Du kommst allein auf die Welt und du gehst allein von der Welt. Das ganze Leben hindurch bist du immer bei dir. Es kommen Menschen dazu und es gehen Menschen, ob in Kindergarten, Schule, Arbeit, Ausbildung, Studium, Job oder Familie. Geschwister, Eltern, Freunde und Kollegen kommen und gehen. Die eine einzige Person, mit der du von Anfang bis Ende zusammen bist, das bist du. Nun, was erwartest du von einem anderen Menschen, mit dem du eng zusammen bist und der dich liebt? Was erwartest du von deiner Partnerin, deinem Partner, was ist für dich völlig normal? Wahrscheinlich Dinge wie Freundlichkeit. Mein Partner, meine Partnerin, soll freundlich zu mir sein. Er oder sie soll auch mitfühlend sein, soll an mir und meinen Hobbies Anteilnahme und Interesse zeigen. Ich möchte gerne von meinem Partner, meiner Partnerin, gesehen werden. Ich möchte gewürdigt werden. Respektiert und respektvoll behandelt werden möchte ich auch gerne. Ich möchte Ehrlichkeit von meiner Partnerin, meinem Partner. Und ich möchte, dass sie beziehungsweise er das, was sie oder er verspricht, auch wirklich hält. Das sind Dinge, die wahrscheinlich jeder unterschreiben würde, nicht wahr? Ja klar, für einen Partner, der mich liebt, ist das ein normaler Umgang. Das erwarte ich.

Jetzt frage ich dich einmal: Wie gehst du mit dir selbst um? Wie liebevoll gehst du mit diesem Menschen um, der immer für dich da ist? Bist du freundlich zu dir, bist du mitfühlend in deinen inneren Dialogen mit dir? Wie ist es mit Anteilnahme - interessierst du dich für deine tiefsten Bedürfnisse und setzt du dich dafür ein? Siehst du für dich, was du bräuchtest? Würdigst du dich? Respektierst du dich, gehst du respektvoll mit dir um? Bist du ehrlich zu dir selbst? Hältst du, was du dir versprichst? Und wenn nicht, warum erwartest du dann, dass andere mit dir so umgehen sollen, wenn nicht einmal du selbst mit dir so umgehst?

Jeder von uns möchte gesehen und geliebt werden. Jeder will Sicherheit und Geborgenheit. Jeder will Abenteuer erleben. Jeder will Lustbefriedigung. Das sind die Hauptbedürfnisse, mit denen wir durch das Leben gehen. Das will jeder von Geburt an. Und trotzdem gehen wir lieblos, unfreundlich, manchmal sogar sehr respektlos mit uns selbst um. Solch ein Umgang hat nichts mit "I Love Me" zu tun. "I Love Me" heißt, dass du, egal was dir deine Eltern jemals versucht haben beizubringen, anfängst, dich als den wichtigsten Menschen in deinem Leben zu sehen.

Wer sich selbst wertschätzt, ist eine Bereicherung für diese Welt

„Du bist der wichtigste Mensch in deinem Leben." Wenn ich das heutzutage sage, hat es fast jeder schon einmal irgendwo gelesen oder gehört. Wenn ich heute meine

Seminarteilnehmer frage: „Wer ist der wichtigste Mensch in deinem Leben?", sagen alle, „Ja ich weiß, ich." Wenn man aber das Handeln der Menschen ringsum anschaut, sieht man, sie haben es zwar vielleicht gelesen, aber verstanden haben sie es nicht. Sie leben es nämlich nicht.

Früher wurde das immer sehr deutlich, wenn ich Mütter in meinem Seminar hatte. Wenn ich gefragt habe: „Wer ist der wichtigste Mensch in deinem Leben?", haben sie gleich gesagt: „Mein Kind." Dann habe ich geantwortet: „Nein." Darauf sagte die Mutter: „Doch, bei mir schon." Darauf habe ich gesagt: „Nein, der wichtigste Mensch in deinem Leben bist du. Du möchtest doch eine gute Mutter sein. Du möchtest die beste Mutter sein." "Ja sicher." "Damit du eine gute Mutter sein kannst, die beste Mutter, dafür muss es dir gut gehen. Nur wenn du sicher, glücklich und zufrieden mit beiden Beinen im Leben stehst, das heißt, wenn du zuerst dafür gesorgt hast, dass es dir gut geht, dann erst kannst du überhaupt eine gute Mutter sein. Sonst bist du dazu gar nicht in der Lage. Nur wenn du auf dich achtest, wenn du dich an erste Stelle setzt, für dich sorgst, dich wichtig nimmst. Wenn du dir Zeit für dich nimmst, dich jeden Tag um dich kümmerst, so wie um deine Zähne, deinen Körper, deine Haare, genauso um dich und deine Seele kümmerst. Nur wenn du dich darum kümmerst, bist du die beste Mutter. Denn auch nur dann bist du eine Bereicherung für deine Kinder."

Dasselbe gilt für uns alle. Nur wenn du dich wirklich wichtig nimmst und an erste Stelle setzt, nur dann bist du eine Bereicherung für den Rest der Welt. Nur dann bist du eine Bereicherung für deine Partnerin, deinen Partner. Nur dann bist du eine Bereicherung für deine Freunde, deine Kunden, deine Chefs, für die Leute auf den Straßen. Für jeden Menschen, der dir begegnet, bist du eine Bereicherung, weil du das ausstrahlst, glücklich und zufrieden bist. Glückliche und zufriedene Menschen führen auch keine Kriege. Wenn du dich nicht an erste Stelle setzt, wenn du nicht für dich sorgst, sondern dich aufopferst, dich immer fertig machst, dich quälst, nicht liebevoll mit dir bist, dann bist du keine Bereicherung für diese Welt, sondern dann wirst du zu einer Belastung für diese Welt. Das klingt hart, ist aber wahr. Es ist nicht schön mit Menschen zusammen zu sein, die am Leiden sind, die am Jammern sind, denen es nicht gut geht, weil sie nicht dafür sorgen, dass es ihnen gut geht. Dann bist du keine Bereicherung für deinen Partner, keine Bereicherung für deine Kinder, keine Bereicherung für die anderen Menschen.

Darum ist es wichtig, sich bewusst zu machen: du bist der wichtigste Mensch in deinem Leben, du stehst an erster Stelle. Das hat nichts mit Egoismus zu tun, ganz im Gegenteil. Wenn jeder Mensch sich um sich kümmern würde, um seine Seele, seine Person, seine Psyche, dann hätten wir eine verdammt friedliche, schöne Welt. Wie gesagt, glückliche, zufriedene Menschen führen keine Kriege. Die müssen nicht streiten. Darum ist es unheimlich wichtig, dass man sich um sich selbst kümmert, dass man das tägliche Zähneputzen nicht nur am Körper erledigt, sondern auch seine Psychohygiene betreibt.

Psychohygiene

Was ich mit Psychohygiene meine, erkläre ich gerne an diesem Beispiel. Wenn du Zahnschmerzen hast, gehst du zum Zahnarzt. Der repariert dir das und erst einmal tut es nicht mehr so weh. Er gibt dir dann noch eine Spezialzahncreme und eine Spezialzahnbürste mit, mit der du dir die Zähne putzen sollst. Damit gehst du nach Hause, putzt dir einmal mit dieser Spezialzahnbürste und Spezialzahncreme die Zähne und damit ist es für immer getan, Zähne heil. Diesen Ausgang der Geschichte glaubt wahrscheinlich niemand. Sondern eher folgenden: Deine Aufgabe ist es dann, jeden Tag mit dieser Spezialzahnbürste und der Spezialzahncreme die Zähne zu putzen. Wenn du es nicht tust, hast du irgendwann wieder Zahnschmerzen.

Was ist die Moral von der Geschichte? Dreimal darfst du raten: mit der Psyche, mit unserer Seele, ist es genau das

Gleiche. Wir duschen uns jeden Tag. Wir putzen uns die Zähne jeden Tag. Für den Körper tun wir immer etwas. Wir benutzen Deo, teure Cremes, Spezialhaarspülungen und so weiter und so fort. Dafür nehmen wir uns Zeit. Für unsere Psychohygiene aber, dafür haben wir keine Zeit. Ich habe keine Zeit, ich habe keine Zeit. Das ist wahrscheinlich eines der am weitesten verbreiteten Mantras bei uns in Europa. Ich habe keine Zeit - das ist eine Lüge.

Jeder von uns hat 24 Stunden pro Tag an Zeit zur Verfügung. Was du mit dieser Zeit machst, ob du sie mit Fernsehen verbringst oder mit Lesen, mit Arbeiten, mit Schlafen und so weiter, ist deine Entscheidung. Oder ob du dir sagst, okay, ich nehme mir einfach aus diesen 24 Stunden ein kleines bisschen Zeit heraus, um mich um den wichtigsten Menschen in meinem Leben zu kümmern: um mich. Nur ein bisschen von meiner Zeit. Denn um alles andere kümmern wir uns. Was so auf Facebook steht, was an Klatsch und Tratsch so abgeht, dafür interessieren wir uns. Aber für mich selbst - da muss ich nichts tun. Was passiert wohl, wenn du nichts für dich tust? Es wird sich in deinem Leben nichts ändern.

Kapitel 3

Schritt für Schritt in dein neues Leben

Mit Hilfe des I Love Me Prinzips kannst du dein Leben komplett verändern, auch wenn du mit kleinen Schritten anfängst. Das Gute ist, du wirst sowieso damit anfangen, weil du beim Lesen dieses Buches so viele Erkenntnisse haben wirst, dass es gar nicht mehr anders geht. Du wirst dich dann richtig darum bemühen müssen, gewisse Dinge einfach nicht mehr zu erkennen. Was du jedoch letztendlich mit diesen Erkenntnissen machst, ist wiederum deine Entscheidung. Ein bisschen Disziplin braucht man schon dazu. Wenn du an die praktische Umsetzung denkst, bekommst du vielleicht Angst und sagst: "Oh Gott, schaffe ich das? Kriege ich das hin? Puh, das ist schon ein Riesenschritt. Eine komplette Veränderung - kriege ich das wirklich hin? Ich habe das schließlich schon einmal probiert, habe Yoga-Kurse gemacht und dann zunächst angefangen jeden Tag zwei Stunden Yoga zu üben. Das habe ich eine Woche lang durchgehalten. In der zweiten Woche habe ich noch Montag und Mittwoch etwas gemacht. Freitag wollte ich, habe aber doch keine Zeit gehabt, und die dritte Woche war schon alles vorbei. Das funktioniert bei mir nicht. Ich weiß das, ich habe das schon probiert."

Das stimmt schon, es ist eine riesengroße Herausforderung, es ist ein riesengroßer Schritt, was ich da von dir verlange oder besser gesagt, was ich dir da anbiete: die komplette Lebensveränderung. Aber dazu sage ich dir Folgendes: Gran

Canaria ist an der höchsten Stelle 2000 Meter hoch. Stelle dir vor, du sitzt dort gemütlich bei mir im Kurs und ich sage plötzlich: „So meine Lieben, aufstehen. Ihr seid zwar gerade nicht darauf vorbereitet, aber wir gehen jetzt im Eiltempo auf den höchsten Punkt hoch. Los geht's!" Da wird bei dir wahrscheinlich ein kleiner innerer Widerstand hochkommen, begleitet von Gedanken wie: "Jetzt vier oder fünf Stunden den steilen Berg hoch, wie kriege ich das hin? Ich habe überhaupt keine Kondition, nichts!" Würdest du es dennoch versuchen, den Berg hinauf zu rennen, würdest du wahrscheinlich nach fünf- oder sechshundert Metern keuchend aufgeben.

Wenn ich jetzt aber sage: „Hey, steh mal auf." Du stehst auf und ich sage dir: „Mach mal einen Schritt." Dann machst du einen Schritt. Ist das schwierig? Ist das eine Riesenherausforderung? Musstest du dafür kämpfen? Du sagst dann wohl eher: „Nein, war kein Problem, das ging." Meinst du, du kriegst nochmal so einen Schritt hin? „Ja klar", sagst du und machst nochmal einen Schritt. War das jetzt schwer? War das eine Riesenherausforderung? Musstest du dafür kämpfen? Kriegst du noch einen hin? Ja klar. Du machst nochmal so einen Schritt, völlig entspannt. Wenn wir dieses Spiel oft genug machen, bist du irgendwann oben auf 2000 Metern. Und jeder einzelne Schritt war keine Riesenherausforderung, war kein Riesenkampf. Das ist der Trick.

Es geht gar nicht darum, jetzt los zu gehen und sein Leben komplett zu verändern und sofort alles anders zu machen. Es gibt wenige Menschen, die das können, die meisten kriegen das aber nicht hin. Ich gehöre zu denen, die es nicht hinkriegen würden. Wenn ich mich aber dazu entscheide, mich künftig als wichtigster Mensch zu sehen und jeden Tag nur einen kleinen Schritt zu machen, einen, der nicht wirklich zum Stress führt, der keine Riesenherausforderung ist, dann muss ich täglich nur die Disziplin für einen kleinen Schritt aufbringen. Es darf dann allerdings kein Tag mehr vergehen, an dem du nicht wenigstens einen kleinen Schritt machst. Auch wenn du mit 40 Grad Fieber im Bett liegst, gibt es einen kleinen Schritt, den du machen kannst, in Richtung deines Lebensziels. Wenn du das durchhältst, hat sich das bei dir irgendwann so eingebürgert und ist so zur Gewohnheit geworden wie das Zähneputzen.

Um wieder diesen Vergleich zu wählen: du wachst ja auch nicht am Morgen auf und denkst: „Scheiße, jetzt muss ich heute schon wieder Zähne putzen, schon wieder duschen." Als du klein warst vielleicht, wenn Mami und Papi gesagt haben: „So, jetzt Zähne putzen," da wolltest du vielleicht nicht. Da war ein bisschen der Widerstand da und es war deshalb noch ein bisschen eine Herausforderung. Bäh, Zähne putzen! Damals wurdest du wahrscheinlich von deinen Eltern dazu genötigt, aber du hast es gemacht, und heute ist es völlig normal geworden.

Am Anfang war ein kleines bisschen Disziplin notwendig, heute ist es ein ganz normales Ritual. So gibt es tausende Dinge, die wir völlig routiniert jeden Tag tun. Genauso soll es auch mit deiner Psychohygiene werden. Dass du dich um dich kümmerst, dass du anfängst, deine Psychohygiene in kleinen Schritten in dein Leben zu integrieren. Ganz wichtig dabei ist: in kleinen Schritten. Es geht hier nirgendwo um Goldmedaillen. Es geht nicht darum, erster zu sein, bester zu sein, an oberster Stelle zu stehen, perfekt darin zu sein. All das, was ich hier erzähle, lebe ich selbst, bin aber lange nicht perfekt darin. Es geht auch nicht darum, dass du es wirst, sondern wie gesagt, kleine Schritte zu gehen. Es sollen machbare Schritte sein, aber diese Schritte musst du gehen, mehr braucht es nicht.

Wie kann ich also anfangen mit kleinen Schritten mein Leben zu verändern? Da ich ebenfalls zu denjenigen gehöre, die nicht so diszipliniert und fleißig sind, habe ich angefangen für mich folgende Strategien zu entwickeln, die auch für weniger Disziplinierte und Ausdauerfähige funktionieren.

Jeder Tag, ein kleines Leben – am Morgen

Ich habe beispielsweise angefangen mein Leben in kleinen Einheiten zu betrachten und jeden Tag als ein kleines Leben anzuschauen. Am Morgen werde ich geboren und am Abend gehe ich ins Bett und sterbe den kleinen Tod. Am nächsten Morgen werde ich wieder geboren, gehe in ein neues Leben und am Abend sterbe ich wieder. In diesem kleinen Leben fange ich also am Morgen an ins Leben zu kommen und habe ganz viele Pläne. Da man sich schließlich gut darüber Gedanken machen sollte, was man mit diesem eintägigen Leben so anfängt, habe ich mir angewöhnt am Morgen meinen Wecker eine halbe Stunde früher zu stellen. Wenn er dann klingelt, denke ich: „Yes, jetzt darf ich noch eine halbe Stunde liegenbleiben - wie schön ist das denn!" Schon ein positiver erster Gedanke. Dann kann man in Form einer kleinen Meditation (MP3-Vorlagen zum Download auf www.iloveme.one) ganz bewusst in den Tag gehen und sich überlegen, was man mit diesem Tag anfangen möchte. Was will ich mit diesem neuen Leben, mit diesem Geschenk? Wie möchte ich den Menschen gegenübertreten, denen ich heute begegne? Was tue ich mir heute Gutes? Was sind wichtige Dinge, die ich heute erledigen muss, und was sind die weniger wichtigen Dinge? Die absolut wichtigste Frage überhaupt, die du dir jeden Morgen stellen kannst, ist: „Welchen Schritt tue ich heute, um meinem Lebensziel ein bisschen näher zu kommen?" Es darf kein Tag mehr vergehen, an dem du dir nicht diese Frage stellst!

Zeitmaschine

Wenn du keine Ziele hast oder gar nicht weißt, was du eigentlich willst, gibt es folgende gute Übung: Stelle dir vor, du hast eine Zeitmaschine. Die hat einen Knopf, und wenn du den drückst, bist du ssssssst, dreißig Jahre in die Zukunft gereist. Neben dir sitzt jetzt ein dreißig Jahre älterer Mann oder eine dreißig Jahre ältere Dame - das bist du in dreißig Jahren. Jetzt frage diesen Mann oder diese Frau: "Erzähle mal - was hast du die letzten dreißig Jahre so erlebt? Waren die etwa so wie die letzten fünf?"

Diese Übung kann man über Tage, Wochen, Monate hinweg machen. Du kannst dir ein Blatt Papier an den Kühlschrank heften und immer, wenn dir wieder etwas einfällt, dort aufschreiben, was diese Frau, dieser Mann in den letzten dreißig Jahren in ihrem Leben so erlebt hat.

Aber nicht nur schreiben, es war schön und es war toll und die Menschen waren lieb, sondern Fakten und Details. Dabei kannst du ruhig kreativ sein und auch alles Verrückte einfach aufschreiben, ohne dir dabei Gedanken zu machen, wie das konkret funktionieren soll. Es dir nicht schon wieder kaputt denken, bevor du es aufgeschrieben hast, sondern einfach der Phantasie freien Lauf lassen. Du bist hier wie ein Autor, der in seine Romane alles reinschreiben kann, was er will. Dort passieren ja auch die verrücktesten Dinge, so dass man sich fragt, wie das gehen soll, aber in Romanen funktioniert das. Genauso darfst du jetzt auch sein und quasi den Roman deines Lebens schreiben. Was ist die letzten dreißig Jahre abgegangen? Was erzählt dir diese Frau, dieser Mann?

Während du nun anfängst, das alles aufzuschreiben, bist du dabei, dir eine To-Do-Liste zu machen. Du darfst dann anfangen, jeden Tag einen kleinen Schritt zu tun, um den Träumen auf dieser Liste näher zu kommen. Einfach nur einen kleinen Schritt, der machbar ist. Gut ist auch, wenn man sich ein Heft kauft und es sich auf das Kopfkissen legt. Auf die erste Seite schreibst du deine Lebensziele. Das Heft legst du dir jeden Morgen auf dein Kopfkissen. Wenn du am Abend ins Bett gehst, musst du, bevor du dich auf das Kopfkissen legen kannst, erst dieses Heft zur Seite tun. So vergisst du es nicht. Jetzt ist es nicht deine Aufgabe, am Abend stundenlang Tagebuch zu schreiben, denn das hältst du sowieso nicht durch, sondern nur einen einzigen Satz aufzuschreiben, der die Frage beantwortet: „Was habe ich heute getan, um meinen Zielen näher zu kommen?" Wenn du dann sehr einfallsreich sein musst, damit du überhaupt etwas hineinschreiben kannst, weißt du, heute habe ich nichts für mich getan. So wirst du jeden Tag daran erinnert, oh-oh, morgen muss ich umso mehr für mich tun. Das ist eine ganz einfache Sache, aber so bist du jeden Tag damit konfrontiert.

Am Morgen, wenn du also noch eine halbe Stunde im Bett liegst und deine Morgenmeditation machst, überlegst du dir, was du an diesem Tag – deinem kleinen Leben - tun wirst, um deinen Lebenszielen einen Schritt näher zu kommen. Auf diese Weise hast du schon am Morgen, bevor du aufgestanden bist, angefangen Psychohygiene zu betreiben, ohne dass du zusätzlich Zeit investieren musstest. Auch ich schlafe oft während dieser halben Stunde wieder ein, aber der Wecker ist so eingestellt, dass er nach zehn Minuten wieder klingelt, gerne auch noch zwei, drei Mal, das macht nichts. Ich gehe aber zumindest in diese Gedanken hinein, was ich heute tun will. Um dich gleich zu beruhigen: Ich schaffe es auch nicht jeden Tag, all das, was ich mir am Morgen zum Ziel setze, bis am Abend zu erledigen. Das ist nicht schlimm, denn es ist nicht im Sinn der Sache, dass man sich damit wieder fertig macht, nach dem Motto, ich Pfeife, ich Versager, jetzt habe ich mir das vorgenommen und wieder nicht geschafft. Sei nicht so streng mit dir. Wichtig ist, dass du dir am Morgen überhaupt einmal Ziele setzt und bewusst in den Tag gehst, in dieses kleine Leben. Es kommen immer einmal Dinge dazwischen und es klappt nicht immer alles, aber immerhin gibt es auch etwas, das geklappt hat. Das Bisschen ist schon viel mehr, als wenn du es gar nicht getan hättest.

Mikromeditationen während des Tages

Während des Tages kann man sich immer wieder - ich empfehle mindestens zwei Mal - Auszeiten nehmen. Das kann man auch im Büro machen, beispielsweise einmal um neun Uhr und einmal um fünfzehn Uhr. Du sagst einfach, du gehst schnell auf die Toilette. Dann setzt du dich auf die Toilette, da bist du ungestört, schließt deine Augen, atmest zwei, drei Mal tief ein und wieder aus. Somit machst du eine kleine Mentalübung. Dieses Ein- und Ausatmen ist eine Basisübung für Achtsamkeit. Der Effekt ist, wenn ich mich auf mein Ein- und Ausatmen konzentriere, komme ich zunächst einmal zu mir. Ich komme ins Hier und Jetzt. Außerdem gehe ich durch das Einatmen mit dem Fokus nach innen.

Auf der Toilette sitzend atmest du also zwei, drei Mal tief ein und aus und sagst dir dann den Satz: „Alles was jetzt ist, darf sein." Und dann frage dich, was denn jetzt genau in diesem Moment ist. Dann wirst du ein Körperempfinden wahrnehmen. Das kann eine Spannung im Körper sein, Unruhe, ein Druck im Bauch, im Kopf, auf der Brust, in den Schultern, eine Schlaffheit - irgendein Körperempfinden. Nun nimm dieses Körperempfinden ganz bewusst wahr. Dann wirst du eine Emotion feststellen. Das kann Müdigkeit sein, Langeweile, Wut, Trauer, Unsicherheit, Scham - irgendeine Emotion. Dieses Wahrnehmen ist wie ein Scannen, sich einfach einmal scannen und wahrnehmen, wie es mir überhaupt geht.

Warum das so wichtig ist, darauf komme ich später nochmal zurück. Aber das gehört ab jetzt auch zu deinem Tag dazu. Wenn du das ganz bewusst machst, also um neun Uhr auf die Toilette gehst und nachmittags um drei Uhr nochmal, hast du nicht mehr Zeit investieren müssen in deinem Leben, hast aber trotzdem wieder Mentalübungen gemacht, hast also etwas Psychohygiene betrieben und damit schon ein kleines bisschen dein Leben verändert. Wenn du das regelmäßig machst, hat sich das relativ schnell automatisiert. Ich muss beispielsweise nicht mehr auf der Toilette sitzen, sondern ich kann inzwischen diese Übung sogar machen, während ich Seminar halte und rede. Ich kann mich während dessen schnell abscannen.

Mach diese Übung über zwei Monate hinweg, dann kannst du das auch, egal wo, im Zug, im Bus, im Meeting, überall. Das ist ein ganz wichtiges Grundwerkzeug, um mit sich selbst arbeiten zu können: zu wissen, wie es mir gerade geht. Das ist deshalb wichtig, weil wenn ich merke, okay mir geht es gerade nicht gut, dann kann ich intervenieren. Leider verdrängen wir aber oft das Nicht-gut-fühlen, beispielsweise mit Suchtmitteln, und können daher nicht intervenieren. Dabei ist das Nicht-gut-fühlen ein wichtiges Signal, das wir dadurch aber nicht wahrnehmen, bis es irgendwann zu spät ist.

Jeder Tag ein kleines Leben – am Abend

Am Abend, wenn ich ins Bett gehe, Zähne geputzt habe, vielleicht noch ein bisschen gelesen habe, lege ich mich hin, schließe meine Augen und lasse beim Einschlafen den Tag nochmal in Gedanken vorüberziehen.

Ich überlege, war das ein guter Tag, war es ein schlechter Tag? Das heißt, wenn ich einen Tag als Leben ansehe, bin ich ja jetzt am Lebensabend, bin alt und sterbe, als wäre ich kurz vor dem Tod im Schlaf. War das jetzt ein gutes Leben oder ein schlechtes Leben? Wenn ich jetzt sagen muss, das war furchtbar dieses Leben heute, die letzten zwölf, achtzehn Stunden, dann ist das ein wichtiger Hinweis, dass ich dringend etwas ändern muss. Wenn ich sage, das war heute ein super Leben, dann kann ich überlegen, was denn so super daran war. Da verbergen sich dann wichtige Hinweise, was ich tun kann, damit ich mehr davon bekomme.

Während ich das mache, schlafe ich ein. Vielleicht gibt es aber auch Sachen, die mich noch belasten. Der Chef, der mich zur Schnecke gemacht hat, oder irgendein Kunde, der mich genervt hat, oder der Typ von der Gemeinde, der so anstrengend war, oder der, der mir die Vorfahrt genommen hat, irgendetwas, das mich noch belastet. In diesem Fall kann ich gedanklich all diese negativen Energien demjenigen, der sie ausgelöst hat, einfach zurückschicken. Unser Unterbewusstsein reagiert extrem gut auf solche Bilder und Vorstellungen, wenn ich mir gedanklich vorstelle, wie ich das einfach alles zurückschicke.

So habe ich über den Tag verteilt schon sehr viel Psychohygiene betrieben ohne viel Zeit zu investieren. Das läuft einfach so nebenbei. Ich muss mir nicht irgendwann extra eine Stunde Zeit nehmen, um zu meditieren. Am Morgen den Wecker eine halbe Stunde früher stellen, dann bist du wach und gehst bewusst in den Tag, und am Abend brauchst du auch nicht mehr Zeit. Die fünf Minuten, die du während der Arbeit auf die Toilette gehst, sind auch keine zusätzliche Zeit, die du investieren musst. Wenn du einmal damit anfängst und entdeckst, wie gut das tut, dann wirst du freiwillig sagen, ich brauche regelmäßig wirklich Zeit für mich, um gewisse Dinge für mich zu tun. Es gibt noch ganz viele weitere Übungen, mit denen man sein Leben aufräumen kann. Du wirst sehen, dass du dann umso mehr davon anpacken willst.

(MP3-Vorlagen für eine Morgen- und Abendmeditation kostenlos zum Download auf www.iloveme.one).

Kapitel 4

Dein Inneres Kind

Der Begriff „Inneres Kind" ist heute weit verbreitet. Es wurden auch schon einige Bücher über dieses Innere Kind geschrieben. Auch im I Love Me Prinzip benutzen wir immer wieder den Ausdruck Inneres Kind. Aber was genau ist mit dem Inneren Kind gemeint? Ich möchte den Begriff an dieser Stelle zur Einführung kurz erklären und in den Zusammenhang mit dem I Love Me Prinzip bringen.

Grundsätzlich ist das „Innere Kind" ein Modell, welches auf eine einfache und verständliche Weise die Teile unserer Persönlichkeit, unsere unbewussten Programme, unbewusstes Verhalten wie Zwänge und Süchte, aber auch Blockaden wie Ängste, Scham und mangelnden Selbstwert abbildet.

In diesem Modell werden folgende Persönlichkeitsteile unterschieden:

- Das Innere Kind
- Der Erwachsene
- Das Ego

Das Innere Kind

Den Inneren Kindesteil unserer Persönlichkeit kann man wiederum unterscheiden in:

- das geliebte Innere Kind und
- das verletzte Innere Kind.

Wir alle kommen als heiles Inneres Kind auf die Welt. In diesem Zustand leben wir unser natürliches Selbst. Dazu gehören unsere Gefühle, Intuition, Empfindsamkeit, Sanftheit, Liebe, Humor, Grundlage der Weisheit, Verspieltheit und das Vertrauen in das Leben und das Universum.

All diese Teile tragen wir Menschen ein Leben lang in uns. Unser Inneres Kind ist unser Bauchgefühl. Wir können es der rechten Gehirnhälfte zuordnen. Das Innere Kind beschäftigt sich hauptsächlich mit Sein, Fühlen und Erfahrungen machen. Das Kind hat den Fokus mehr nach „Innen".

Dieser Teil in uns fühlt sich von unserem Erwachsenenteil entweder geliebt und angenommen oder nicht geliebt und abgestoßen.

Wenn sich unser Innerer Kindesteil geliebt und angenommen fühlt, ist das eine wichtige Grundlage für das Gefühl der Sicherheit (Selbstsicherheit und Selbstvertrauen). Wir sind dann in der Lage, Kreativität, Leidenschaft, Freude, Liebe und Zufriedenheit zu leben.

Wenn sich aber unser Inneres Kind von unserem Erwachsenenteil nicht angenommen und geliebt fühlt, so fehlt das Grundgefühl der Sicherheit und des Vertrauens. Die oben genannten Eigenschaften können dann nicht gelebt werden. Stattdessen dominieren Angst, Scham, Einsamkeit, Leere oder Trauer unser Leben.

Das verletzte Innere Kind

Wie ich in den folgenden Kapiteln näher beschreiben werde, erleben wir mit und nach unserer Geburt viele Verletzungen. Wir erleben, dass wir so wie wir sind nicht richtig, nicht liebenswert sind. Wir erleben Ablehnung und die damit verbundene Todesangst. Wir sind in der absoluten Abhängigkeit von unseren Eltern. Wenn diese uns nicht mehr wollen (Ablehnung), müssen wir sterben.

Unter diesen Rahmenbedingungen entwickeln wir unser Weltbild und wie wir uns in der Welt uns selbst und anderen gegenüber verhalten sollen. Durch Beobachten lernen wir, wie unsere Eltern und andere Betreuungspersonen sich selbst behandeln. Das gleiche Schema übernehmen wir, auch indem wir erleben, wie man uns behandelt.

Um in seiner Abhängigkeit zu überleben, muss das Kind Strategien entwickeln oder übernimmt Strategien von den Erwachsenen. Wir lernen uns zu schützen durch:

- Süchte nach Substanzen und Verhaltensweisen,

- übertrieben kontrollierendes Verhalten (Kritik, Drohungen, Gewalt oder Schuldzuweisungen, usw.),

- versteckt kontrollierendes Verhalten (Helfersyndrom, nachgeben, behüten, belehren, schmeicheln),

- Widerstand (Rückzug, Aufschieben, Unfähigkeit, Vergesslichkeit).

Das verletzte Innere Kind ist also der Teil in uns, der uns die damals als Kind entwickelten oder gelernten Schutzstrategien heute als Erwachsene immer noch leben lässt. Wir verhalten uns und handeln wie damals. Grund sind die damals entstandenen Glaubenssätze wie zum Beispiel: „Ich bin nicht liebenswert", „ich muss brav sein", „ich muss stark sein". All diese alten Geschichten leben wir heute in unserem verletzten Inneren Kind. Sie sind die Ursachen aller unserer heutigen Probleme.

Der Erwachsene

Unser innerer Erwachsener ist unser Intellekt, unser logischer, analytischer und bewusster Verstand. Er ist die Ansammlung erlernten Wissens. Unser Erwachsener lernt von unseren Vorbildern wie Eltern, Geschwistern, Großeltern usw., sich gegenüber sich selbst und anderen liebevoll oder eben nicht liebevoll zu verhalten.

Der Erwachsene ist im „Tun", im Gegensatz zum Inneren Kind, das mehr im „Sein" ist. Er beschäftigt sich hauptsächlich mit Gedanken und Handlungen. Unser Erwachsener trifft Entscheidungen, auch darüber, wie wir mit uns selbst, also mit unserem Inneren Kind umgehen.

Der lieblose Erwachsene ist der Teil, der uns selbst immer kritisiert, der nicht oder selten auf unsere Gefühle und Bedürfnisse eingeht. Er spiegelt das lieblose Verhalten der Erwachsenen unserer Kindheit: „Reiß' dich zusammen", „Du musst brav sein", „Auf dich kommt es nicht an", „So bist du nicht liebenswert" usw. Diese Sätze dominieren das Verhalten gegenüber uns selbst.

Im Gegensatz dazu steht der liebevolle Erwachsene. Er ist der Teil in uns, der mit der universellen Liebe und Wahrheit verbunden ist. Er ist der Teil, durch den die Energie strömt, die unserem Inneren Kind gegenüber liebevolles Handeln möglich macht. Der liebevolle Erwachsene hat immer die Absicht zu heilen und zu lernen.

Beim I Love Me Prinzip geht es darum zu lernen und verstehen zu können, was unser Inneres Kind braucht, um sich geliebt zu fühlen.

Es geht um die bewusste Absicht, Verantwortung für sich und sein Leben zu übernehmen. Es geht darum, liebevoll mit sich selbst umzugehen und alles zu tun, um alte Verletzungen und den Schmerz der Vergangenheit und Gegenwart zu heilen und uns selbst Freude zu schenken. Das I Love Me Prinzip ist ein zutiefst kreativer Prozess, der es jedem erlaubt, noch tiefer in das Geheimnis wahrhaft liebevollen und freudvollen Menschseins einzudringen.

Das Ego

Das Ego ist das falsche Selbst. Unser Ego wurde gebildet, weil uns die Liebe, die wir als kleine Kinder brauchten, vorenthalten wurde und wir daraufhin ein falsches Selbst schufen in der Hoffnung, diese Liebe so zu bekommen.

Das Ego entsteht, wenn das Kind sich alleingelassen oder abgewiesen fühlt. Es ist quasi ein falscher Freund, der das Alleinsein oder Nicht liebenswert sein erträglicher macht.

Das Ego übernimmt eine falsche Rolle eines „Beschützers" und macht so die Todesangst für das verlassene Kind erträglicher. Es ist aber eine konstruierte Persönlichkeit, eine Art „Scheinfreund", den wir aus dem falschen Glauben erschaffen, wir seien schlecht, nicht in Ordnung, nicht liebenswert, wertlos, unzulänglich, unwichtig oder voller Fehler.

Unser Ego ist das Zentrum unserer falschen Glaubenssätze, somit Zentrum der Lügen, die unsere Angst und unsere Scham erschaffen. Es ist das Ergebnis unseres Abgetrennt seins von uns selbst.

Kapitel 5

Das Gehirn

Wie unser Gehirn funktioniert

Um zu begreifen, wie wir funktionieren und warum wir tagtäglich so handeln, wie wir handeln, ist ein bisschen Neurobiologie sehr hilfreich. Es ist wichtig, dass wir gewisse Prozesse und Hintergrundfunktionen unseres Gehirns kennen. Wenn wir anfangen zu verstehen, wie und warum unser Gehirn so funktioniert, dann können wir uns plötzlich auch ganz viele Dinge erklären, die in unserem Leben passieren oder die wir erleben. Mir geht es hier darum, das Funktionsprinzip des Gehirns einfach und schematisch zu erklären. Ich werde mich daher nicht in die Details der komplizierten neurologischen Welt mit den verschiedenen Neurotransmittern und Ähnlichem vertiefen. Einige der folgenden Beispiele habe ich aus Vorlesungen und Vorträgen des Hirnforschers Prof. Dr. Manfred Spitzer übernommen, dessen Bücher ich dir sehr empfehlen kann.

Hirnzellen und ihre Synapsen-Verbindungen

Unser Gehirn besteht aus ganz vielen Hirnzellen, sogenannten Neuronen. Jede Zelle sieht aus wie ein kleiner Tintenfisch, denn sie hat ganz viele Arme, die Synapsen. Diese Arme bewegen sich ständig. Man kann heute sogar schon auf YouTube-Filmen sehen wie sie sich bewegen, diese Synapsen. Unser Gehirn ist sozusagen das dynamischste Organ, das wir haben. Es verändert und bewegt sich ständig.

Die Tintenfischarme, die Synapsen der Hirnzellen, gehen immer wieder Verbindungen miteinander ein.

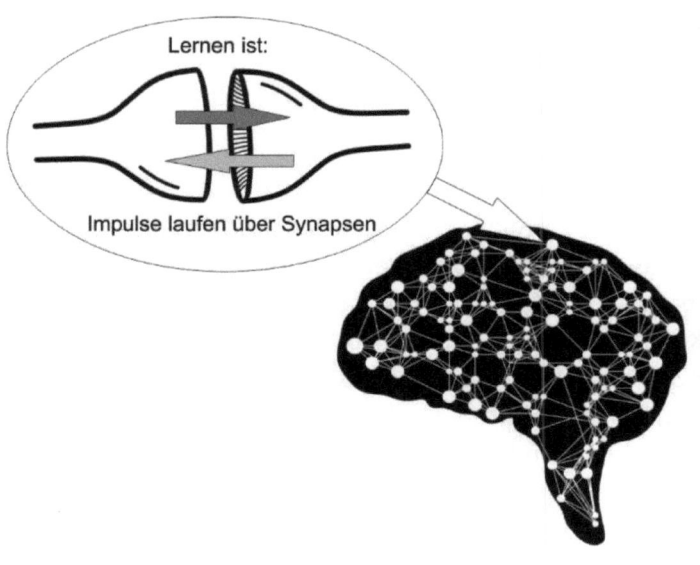

Jede dieser Verbindungen steht für etwas, das in unserem Gehirn gespeichert wird. So gehen sie ganz viele verschiedene Verbindungen ein und vernetzen sich miteinander. Wenn zwei Synapsen miteinander eine Verbindung eingehen, ist diese Verbindung am Anfang noch nicht stabil. Wenn wir aber das, wofür diese Verbindung steht, benutzen, läuft ein Impuls darüber. Dadurch wird die Verbindung stärker. Je stärker die Verbindung ist, desto besser können wir das Erlernte, wofür diese Synapsenverbindung steht.

Wenn wir zum Beispiel in der Schule ein Gedicht auswendig lernen, lesen wir es uns zuerst einmal durch, und buff, gehen Synapsen im Kopf Verbindungen ein. Aber noch können wir das Gedicht nicht. Wir lesen es nochmal und es läuft ein Impuls über die Synapsen-Verbindung. Schon wird die Verbindung besser. Diesen Vorgang nennen wir Lernen. Wir lesen das Gedicht nochmal und nochmal und so lernen wir es. "Wer reitet so spät durch Nacht und Wind ...". Das haben wir alle im Kopf gespeichert, nicht wahr?

Wir denken landläufig, Lernen ist etwas, das man nur in der Schule macht, wenn man ein Buch in die Hand nimmt. Aber Lernen ist etwas, das ständig stattfindet, nämlich wenn Synapsen miteinander Verbindungen eingehen und darüber Impulse laufen. Man kann sich das vorstellen wie ein Kornfeld. Wenn ein Kind durch das Feld rennt, sieht man noch nicht viel. Bei fünf Kindern sieht man vielleicht ein paar abgeknickte Halme, bei hundert Kindern gibt es schon einen richtigen Trampelpfad, bei einer Million Kindern eine große Straße, und irgendwann haben wir eine achtspurige Autobahn. So ist es auch mit den Synapsen-Verbindungen.

Das heißt, wenn wir etwas immer und immer wiederholen, laufen darüber Impulse, und das, was wir ständig wiederholen und üben, darin werden wir besser und besser. Wir können auch nicht nicht lernen. Wir lernen ständig. Wir können nicht sagen, heute schone ich einmal ein bisschen meine Synapsen, heute lerne ich einmal nichts. Das geht nicht. Wir sind immer am Lernen.

Lern-Turbo Emotion

Nun gibt es obendrein noch einen Lern-Turbo. Wenn der soeben beschriebene Prozess mit intensiven Emotionen gekoppelt ist, geht dieser Lernprozess, diese Gehirnverbindung, besonders schnell. Nehmen wir zum Beispiel die heiße Herdplatte. Ich muss nicht mehrmals auf die heiße Herdplatte fassen um zu verstehen, dass das nicht so gut ist. Da reicht in der Regel einmal. Intensives negatives Gefühl - zack, dieses Programm ist geschrieben: „Herdplatte nicht anfassen." Auf diese Weise kann auch ein Trauma entstehen. Wenn ich irgendetwas mit starken negativen Emotionen erlebe, ist ruckzuck das Programm geschrieben, dass ich das nie wieder tun werde.

Das gleiche funktioniert aber auch mit positiven Emotionen. Wenn zum Beispiel ein fünfundachtzigjähriger Deutscher oder Schweizer gerne chinesisch lernen möchte und sich dazu in der Abendschule anmeldet. Dann wird er sich wahrscheinlich recht schwertun, mit fünfundachtzig Jahren chinesisch zu lernen. Wenn der gleiche fünfundachtzigjährige Deutsche oder Schweizer sich aber in eine junge knackige fünfundsechzigjährige Chinesin verliebt und nach Peking zieht, dann wird er relativ schnell ein paar Worte chinesisch sprechen. Anderes Gefühl, andere Emotion, andere Motivation, und der Lernprozess geht schneller.

Wir merken uns an dieser Stelle also: Lernen bedeutet, dass im Kopf Synapsen miteinander Verbindungen eingehen. Wenn ich das, was ich gelernt habe, wiederhole, werden die Verbindungen besser, denn dann laufen Impulse darüber. Je besser die Verbindung, umso besser kann ich das Erlernte. Der Lern-Turbo ist, wenn dieser Prozess mit starken positiven oder negativen Emotionen gekoppelt ist. Dann lerne ich sehr einfach und schnell. Wenn etwas Spaß macht, lernen wir dabei schnell.

Obwohl die Hirnforschung das inzwischen weiß, ist das leider in unseren Schulen noch nicht angekommen. Unsere Schulen sind vor diesem Hintergrund so ziemlich die lernfeindlichsten Umgebungen, die man sich für ein Gehirn vorstellen kann.

Erkenntnisweg der Hirnforschung

Wie sah Hirnforschung ganz am Anfang aus? Man hat das Gehirn von irgendeinem toten Tier, später von einem toten Menschen genommen und hat es in den Tiefkühler geschmissen. Dann hat man es in hauchdünne Scheiben geschnitten und diese unter dem Mikroskop betrachtet. Was hat man festgestellt? Etwa genauso viel, wie wenn du dein Handy nehmen, es in hauchdünne Scheiben schneiden und unter einem Mikroskop anschauen würdest. Du würdest zwar etwas sehen, aber sehr viel herausfinden würdest du dabei nicht. Dann wurde die Hirnforschung moderner. Man hat angefangen, wieder zuerst bei Tieren, danach bei Menschen, durch den Schädel kleine feine Löchlein zu bohren. In diese hat man kleine Drähtchen gesteckt und hat darüber ein bisschen Strom fließen lassen. Jetzt hat die Katze irgendwo gezuckt oder so. Was hat man so herausgefunden? Etwa genauso viel, wie wenn du dein Handy nimmst, kleine Löchlein reinbohrst und Strom reingibst. Jetzt wird es auch flimmern oder irgendwas wird damit passieren. Aber wirklich viel findet man dabei auch nicht heraus.

Erst ab den 1970er bis 1980er Jahren hat es mit der Hirnforschung richtig angefangen. Dann erst hatten wir die entsprechende Technik entwickelt, das heißt, dass wir Computer mit einer Rechnerleistung hatten, die uns ganz andere Forschungsmöglichkeiten boten - zum Beispiel mit einem Magnetresonanztomographen. Das ist eine Maschine, die misst Magnetresonanzen. Alles ist magnetisch und alles hat eine magnetische Resonanz, eine magnetische Schwingung, die man messen kann.

Nun weiß man, dass Gehirnbereiche, die benutzt werden, besser durchblutet werden. Wenn sie besser durchblutet sind, haben sie einen höheren Sauerstoffgehalt. Wenn diese Gehirnbereiche einen höheren Sauerstoffgehalt haben, ist die Magnetresonanz dort anders, als in den Bereichen, die nicht so gut durchblutet sind, weil sie nicht benutzt werden. Die Unterschiede sind extrem klein. Aber diese minimalen Unterschiede kann diese Maschine messen. Wie macht sie das? Man legt eine Versuchsperson in den Scanner und die Maschine macht ein Bild. Dann lässt man die Person irgendetwas machen und macht nochmal ein Bild. Jetzt hat der Computer zwei digitale Bilder, die er Pixel für Pixel übereinanderlegt. Dort wo es genau gleich ist - null minus null gibt null – da ist das Ergebnis null. Aber da, wo sich ein bisschen etwas verändert hat – auch wenn es 0,00000000001 ist - minus null ergibt nicht mehr null. Diesen kleinen Unterschied kann der Rechner ausrechnen, stellt ihn grafisch dar, und dann wissen wir, aha, hier passiert etwas.

Man legt zum Beispiel jemanden in die Scanner-Röhre und macht ein Bild. Dann klebt man ihm einen Draht auf die Hand und lässt ein bisschen Strom durchfließen. Der Draht erhitzt sich und bei zirka fünfundvierzig bis achtundvierzig Grad

Celsius fängt es an ein bisschen weh zu tun. Jetzt macht man wieder ein Bild und sieht plötzlich, aha, jetzt leuchtet es im Gehirn hier und hier. Dann nimmt man den Draht ab, macht ihn an den anderen Arm und legt die Person wieder in die Röhre. Dann lässt man wieder Strom durchfließen, es tut ein bisschen weh, und man macht wieder ein Bild. Jetzt leuchtet es plötzlich wieder. Aber jetzt auf einmal woanders. Solche Experimente macht man zu Tausenden. Und irgendwann findet man heraus, okay, diese Stelle im Gehirn muss also irgendetwas mit diesem Arm zu tun haben und die andere Stelle im Gehirn muss mit dem anderen Arm zu tun haben, und die dritte Stelle muss irgendwie damit zu tun haben, wenn es weh tut.

Man hat weltweit die letzten Jahrzehnte Millionen solcher Experimente gemacht und so herausgefunden, dass es eigentlich falsch ist, wenn wir von dem Gehirn reden, denn unser Gehirn besteht aus ganz vielen verschiedenen Modulen, verschiedenen Abteilungen, verschiedenen Büros. So wie unsere Innereien auch. Jede Abteilung im Gehirn hat eine eigene Funktion, eine eigene Aufgabe und sie macht nur das. Das ist bei unseren Innereien auch so. Das Herz pumpt immer Blut, die Lunge macht Sauerstoff-Stickstoff-Austausch, der Magen verdaut. Darm, Leber, Niere, jedes Organ hat seine Funktion und es würde dem Herz nie in den Sinn kommen am Morgen, wenn es erwacht, zu sagen: "Hey Lunge, komm wir tauschen mal den Job. Heute ich bisschen Stickstoff-Sauerstoff-Austausch, du Lunge, ein bisschen Blut pumpen." Das wird nie passieren. Die Organe machen immer das, was sie müssen, und so ist es auch im Gehirn. Jede einzelne Abteilung im Gehirn hat eine Funktion und macht nur das, sonst nichts. Ganz viele Abteilungen, ganz viele Büros kann man sich darin vorstellen.

Ein interessanter Versuch zu diesem Thema ist folgender. Man legt wieder eine Versuchsperson in die Röhre, in den Tomographen, und sagt ihm, es gäbe noch zwei andere Räume, in denen auch Leute in Tomographen liegen, und sie könnten jetzt alle miteinander digital Ball spielen. Alle bekämen eine Brille auf und sollten dann dieses Ballspiel machen. Es gäbe da allerdings noch ein technisches Problem und die Verbindung des Spiels funktioniere noch nicht. Das heißt, die Versuchsperson könne zwar schon sehen, wie die anderen spielen, aber noch nicht mitspielen. Sie solle aber schon einmal in das Spiel hineinschauen, der Techniker sei dabei das zu reparieren und werde das demnächst im Griff haben.

Jetzt stelle dir vor, du liegst in dieser Röhre drin und schaust zu wie die zwei Männlein mit dem Ball spielen. Auf einmal, zack, kriegst du auch einen Ball und denkst, toll die Technik funktioniert also jetzt. Dann spielt ihr zu dritt ein bisschen Ball. Irgendwann kriegst du den Ball einmal wieder nicht mehr, dann kriegst du ihn wieder, dann wieder nicht und dann irgendwann gar nicht mehr. Was hat man jetzt hier gemacht? Die anderen zwei Spieler gab es gar nicht, das ist schon klar. Man hat ganz am Anfang ein Bild von deinem Gehirn gemacht, als du einfach da gelegen und beim Ballspiel zugeschaut hast. Dann hat man ganz am Schluss, als du wieder da gelegen und den anderen beim Ballspiel zugeschaut hast, wieder ein Bild gemacht. Der Unterschied war, dass du das zweite Mal beim Zuschauen definitiv sozial ausgeschlossen gewesen bist. Welches Gefühl haben wir, wenn wir sozial ausgeschlossen sind? Es tut weh. Wo hat das Computerbild geleuchtet? Wieder genau an der Stelle im Gehirn, wo Schmerz weh tut.

Verschiedene Gehirnbereiche

Über zahlreiche solcher Experimente hat man herausgefunden, dass es die verschiedenen Abteilungen im Gehirn gibt. Ein paar wichtige davon möchte ich an dieser Stelle genauer beleuchten, um gewisse Dinge verständlich zu machen. Selbstverständlich ist das wieder stark vereinfacht und zusammengefasst, was ich hier erzähle, denn wir wollen lediglich das Prinzip dahinter verstehen. Eigentlich ist das Thema sehr viel komplexer. Ein Neurologe würde zu meinen Ausführungen sagen, das stimmt schon, ist aber viel komplizierter.

Wenn wir das Gehirn schematisch darstellen, haben wir vorne das Auge, aus dem wir auf die Welt schauen. Darüber, an der Stirn, ist der Frontlappen. Das ist der Bereich, wo wir Menschen so stolz sind Mensch zu sein. Da vorne sitzt unsere Intelligenz, unsere Ratio, unser logisches Denken und ein ganz großer Teil unseres Bewusstseins. Ganz grob könnte man sagen, da vorne ist unser Bewusstsein und der Rest des Gehirns ist alles Unterbewusstsein.

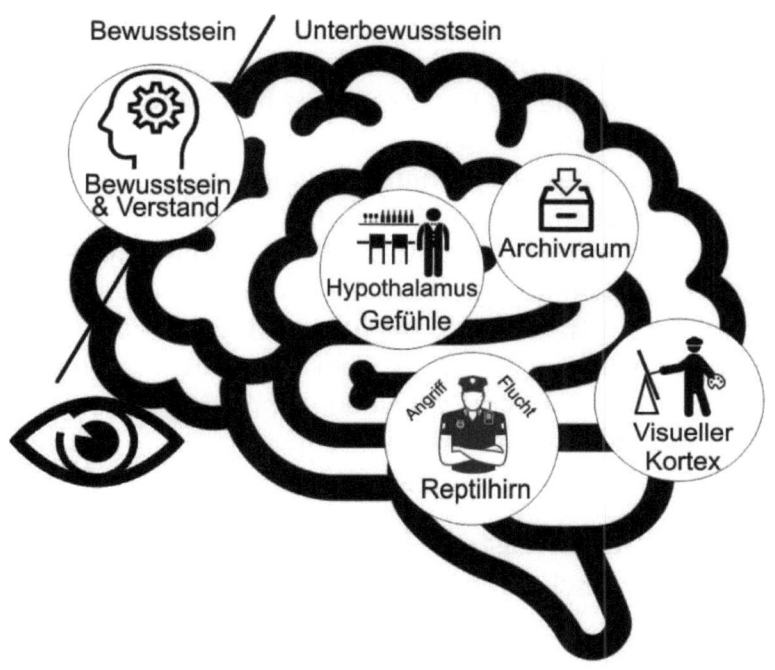

Die meisten Menschen glauben, wir sehen mit den Augen. Das stimmt nicht. Unsere Augen sind nur wie die Linsen einer Kamera. Durch sie kommen Lichtwellen, das sind elektromagnetische Wellen, also quasi ein Licht, in das Auge hinein. Hinten am Auge sind ganz viele Nervenenden. Hier wird dieses analoge Signal in ein digitales Signal umgewandelt. Es läuft dann über ganz viele Filter durchs Gehirn bis in den Hinterkopf. Hier haben wir einen Teil des Gehirns, der visueller Cortex oder optischer Cortex heißt. Was in dieser Abteilung geschieht, können wir uns wie folgt vorstellen: Da sind ganz viele Kunstmaler, die per Fax mitgeteilt bekommen, was sie malen müssen. Sie sind ständig am Malen. All das, was sie malen, ist das, was wir visuell wahrnehmen. Das heißt, alles was du vorne mit den

Augen siehst und schaust, wird eigentlich hinten im Gehirn produziert. Das Problem dabei ist, dass die Kunstmaler nicht wissen, woher sie das Fax kriegen. Sie bekommen es einfach und malen. Nun ist das ja ein digitales Signal, das sie bekommen. Deshalb könnte ich theoretisch den Draht dorthin kappen, einen Computer anschließen und die gleichen elektrischen Impulse in die Abteilung schicken: Die Kunstmaler könnten tatsächlich nicht unterscheiden, ob es wirklich echt ist, was sie malen, also ob es von den Augen gesehen wird, oder ob es vom Computer kommt. Du könntest das nicht unterscheiden, denn unser Gehirn kann es nicht unterscheiden. Matrix grüßt.

Unser Unterbewusstsein kann nicht zwischen echt und unecht unterscheiden

Das bedeutet, ob ich mir einen grünen Stift anschaue oder die Augen schließe und mir einen grünen Stift vorstelle - es sind die gleichen Impulse, die hinten im Gehirn ankommen. Das Gehirn kann nicht unterscheiden, ob ich ihn anschaue oder ob ich ihn mir vorstelle.

Jetzt wirst du mir vielleicht widersprechen wollen und sagen: „Moment, ich kann das sehr wohl unterscheiden. Ich weiß doch ganz genau, ob ich etwas sehe oder ob ich es mir vorstelle." Ja, dein Bewusstseinsteil kann das unterscheiden. Die Abteilung im Hinterkopf kann das nicht. Denn wenn ich das Bewusstsein ausschalte, kann es der Rest des Gehirns nicht mehr unterscheiden. Genau das passiert jede Nacht, wenn du träumst. Wenn du zum Beispiel einen Albtraum hast, siehst du die Bilder, atmest vor Angst vielleicht schnell und fängst an vor Nervosität zu schwitzen. Dann erwachst du. Du brauchst einen Moment bis das Bewusstsein wieder läuft und stellst dann erleichtert fest, uff, das war nur ein Traum. Für dich war es aber für einen kurzen Moment echte, erlebte Realität. Das zeigt, dass alles, was aus anderen Gehirnbereichen an Information kommt, alles, was das Gehirn erlebt, für es einfach echt ist. Dieses Phänomen nutzt man zum Beispiel in der Hypnose. In der Hypnose fährt man einen Teil des Bewusstseins runter. Man nennt das „kritischer Faktor", der ausgeschaltet wird. Dadurch glaubt das Gehirn dann, dass die Suggestionen, die man unter Hypnose macht, echt sind.

Viele Leute denken: „Mich kann man nicht hypnotisieren." Dabei ist jeder Mensch hypnotisierbar. Den hypnotischen Zustand nennt man Trance. Jeder Mensch ist mehrmals am Tag in solch einem Trancezustand, mindestens aber zweimal: Am Morgen, wenn man erwacht und am Abend, wenn man einschläft, geht man durch diese Trancephase durch. Aber auch jedes Mal, wenn du einfach dasitzt, in dich gekehrt, in Gedanken, wenn du im Zug fährst zum Beispiel, oder im Auto auf der Autobahn. Plötzlich schreckst du hoch, oh, wo bin ich überhaupt, wo muss ich aussteigen... Dann warst du in einem Trancezustand, in einem hypnotischen Zustand. Der Trancezustand ist nicht so, wie es oft im Film dargestellt wird, dass man wie ferngesteuert ist. Es ist vielmehr einfach dieser Zustand, wenn man den Fokus nach innen gerichtet hat.

Hypnose-Maschine

Das, was ich im Trancezustand erlebe oder durchdenke, ist – wie gesagt - für das Gehirn echt. Nun gibt es eine regelrechte Hypnose-Maschine. Diese Hypnose-Maschine heißt

Fernseher oder Bildschirm. Der Bildschirm bringt dich in einen Trancezustand und alles, was du auf einem Bildschirm anschaust, alles was du siehst, ist somit für dein Gehirn echt. Jeder Krimi, jeder Horrorfilm wie z.B. die Tagesschau, jeder Liebesfilm, einfach alles, was du im Film, Fernsehen oder Computer-Bildschirm anschaust, ist für das Gehirn echte, erlebte Realität.

Jetzt sagst du vielleicht: „Nein, ich kann das schon unterscheiden. Ich weiß doch, dass das nur ein Film ist und Schauspieler, und dass das nur gestellt ist." Klar, dein Bewusstsein weiß das. Aber ein Teil deines Bewusstseins ist wie gesagt der „Kritische Faktor". Dieser Bewusstseinsteil ist dafür da, Dinge die wir wahrnehmen, kritisch zu überprüfen, also im Bewusstsein Erlebtes, kritisch zu hinterfragen. Genau dieser „Kritische Faktor" ist im hypnotischen Zustand (beim Fernsehen) ausgeschaltet.

Alles was du so wahrnimmst, ist für das Gehirn echte Realität, weil es das Erlebte ohne diesen „Kritischen Faktor" nicht überprüfen kann. Was glaubst du, warum du solche Emotionen erlebst, wenn du einen Film schaust, warum du mitweinst, wenn der Filmheld stirbt oder warum du Trauer, Wut, Angst fühlst und zusammenzuckst? Weil der Gehirnbereich, der für Emotionen zuständig ist, den Unterschied nicht kennt. Für das Gehirn ist es echt.

Hirnprogrammierung

Darum ist es gar nicht so ungefährlich, Bildschirmmedien zu konsumieren. Denn während du dir das reinziehst, laufen Impulse über Synapsen und es bilden sich neue Programme. Wenn ich mir jeden Tag die Horrorsendung Tagesschau anschaue, in der es nur um Negatives geht, Angst-Angst-

Angst-Angst, Gefahr-Gefahr-Gefahr-Gefahr, laufen Impulse über Synapsen und genau das bleibt hängen.

Was glaubst du, warum wir heute so viel Panik- und Angstattacken haben? Das gab es vor 20-30 Jahren noch nicht. Das Problem ist, im Gehirn bleiben nach einem Mal Wahrnehmen keine Details hängen, sondern es bleibt nur ein Grundrauschen hängen. Auch von dem, was ich hier erzähle, bleiben bei dir vom Inhalt etwa drei bis fünf Prozent hängen - nicht viel. Eigentlich müsste ich von daher gar nichts sagen, das lohnt sich ja gar nicht. Aber von der Wirkung, davon, was ich in dir auslöse, bleiben 30 bis 60 Prozent hängen. Darum geht es, um diese Wirkung.

Du kannst einmal mit Freunden einen Test machen am Abend, halb acht oder acht Uhr, Fernseh-Nachrichten. Das sind je nach Sender zwischen sieben und neun Meldungen. In der Regel sind die meisten negativ. Schaut euch mal die Nachrichten an und dann, wenn es zum Wetter kommt, schaltest du aus, drückst jedem einen Zettel in die Hand und sagst: „Schreib auf, welche Meldungen in den Nachrichten gekommen sind." Ich verspreche dir, keiner wird es schaffen, alle Nachrichten aufzuschreiben, weil die Inhalte schon wieder weg sind. Das Einzige, was hängengeblieben ist, wodurch Impulse über Synapsen gelaufen sind, sind Gefühlseindrücke: Angst, negativ, Angst, negativ, Angst, negativ.

Deshalb empfehle ich dir, schmeiße deinen Fernseher auf den Müll. Den brauchst du nicht. Nachrichten, Tagesschau, Zeitungen, Radio, brauchst du alles nicht. Sie sind sogar gefährlich. Die ganzen Computerspiele sind gefährlich. Sie programmieren dein Gehirn um. Bildschirmkonsum programmiert dein Gehirn um.

Was meinst du, warum es solche Sendungen gibt wie „Gute Zeiten, schlechte Zeiten"? Damit werden Gehirne programmiert. In der Psychologie ist das offiziell bekannt. Das sind Massenmanipulationsmittel. Und besonders gut kann man verängstigte Menschen manipulieren. Warum das so ist, darauf komme ich später noch zurück. Über Bildschirmmedien werden aber auch Meinungen, soziale Denkweisen und Verhaltensweisen ins Volk gebracht.

Das wusste und nutzte man beispielsweise auch im kommunistischen Kuba. Die Leute dort hatten nichts zu essen, aber jede Familie hatte einen Fernseher. Die Kubaner konnten zwei Sender empfangen. Der eine Sender brachte nur politische Nachrichten, auf dem zweiten Sender liefen diese ganzen Telenovelas schon von morgens an, 24 Stunden lang. In Zeiten, in denen es bei uns in der Schweiz noch um Mitternacht den Sendeschluss gab, hatten sie in Kuba schon 24 Stunden lang Fernsehen. Nichts zu essen aber 24 Stunden Fernsehen – warum wohl?

Bei allem, was im Fernsehen läuft, auch in den Privatsendern, geht es um Hirnmanipulation. Ich bin kein Verschwörungstheoretiker, sondern das ist einfach nur das, was man im Psychologiestudium lernt. Wie das funktioniert, das weiß jeder Psychologe. Das wirst du aber logischerweise im Fernsehen nirgendwo hören, das werden sie dir im Fernsehen nicht sagen. Aber warum wohl ist Fernsehwerbung so teuer? Weil sie hervorragend funktioniert. Aber du glaubst, du springst nicht drauf an? Darum schmeiß den Fernseher raus, den brauchst du nicht, er ist unnötig.

Also wir merken uns: Der unterbewusste Teil des Gehirns kann nicht unterscheiden, was echt ist und was unecht. Alles, was hier abläuft, wird immer als echt, also als Realität empfunden. Darum ist es wichtig, ein bisschen darauf zu achten, welche Sorte Informationen wir ständig über diese Software rattern lassen. Das ist ganz, ganz entscheidend für unser Leben.

Entstehung von Emotionen

Eine weitere Abteilung ist mitten im Gehirn. Sie ist wie eine kleine Bar mit einem Barkeeper, der Hypothalamus heißt. Dieser Barkeeper ist unter anderem für unsere Gefühle und Emotionen verantwortlich. Er hat grob 20 Flaschen in seinem Regal stehen, in denen Eiweißverbindungen sind, die Peptide heißen. Aus diesen Peptiden-Flaschen kann er verschiedene Drinks mischen - unsere Emotionen. Wenn wir jetzt irgendeine Emotion erleben, bekommt der Hypothalamus aus anderen Gehirnbereichen auch ein Fax wie zum Beispiel: „Mach mal Angst." Dann nimmt er seine Flaschen, mischt etwas zusammen, schüttelt den Mixer und schüttet es ins Blut.

Das ist ein biochemischer Prozess, der da stattfindet. Diese Mischung aus den Peptiden heißt dann Neuropeptid. Das geht also ins Blut, verteilt sich im Körper, dockt an jede Zelle an und wir erleben die entsprechende Emotion wie Angst, Wut, Trauer, Schüchternheit, Minderwertigkeit, aber auch Freude, Verliebtsein, Glück, Zufriedenheit. All das ist Biochemie, die in unserem Körper stattfindet.

Jede Emotion, die du erlebst, hat also nichts mit dem Außen zu tun, sondern ist nur ein biochemischer Prozess, der in deinem Körper stattfindet, nicht mehr. Rein medizinisch gesehen ist jedes Gefühl, das du erlebst, jede Emotion, nur Biochemie in deinem Kopf bzw. deinem Körper. All deine Ängste, all deine Wut, all deine Trauer, all deine Schüchternheit, all deine Minderwertigkeit, all das ist nichts anderes als Biochemie. Wenn wir es also schaffen, den Auftraggeber, der dem Hypothalamus das Fax für unangenehme Gefühle schickt, zu erwischen und ihm eins auf die Mütze zu hauen, und dann einen neuen Auftraggeber hinzusetzen, der dem Hypothalamus andere Aufträge, nämlich für angenehme Gefühle erteilt, dann erlebst du plötzlich andere Gefühle. Das ist zwar nicht leicht, aber das wäre doch ein guter Plan, oder?

Wir merken uns: Hypothalamus, der kleine Barkeeper, ist für alle Gefühle, die du erlebst, verantwortlich, und diese Gefühle sind nichts anderes als ein biochemischer Prozess, der in deinem Körper stattfindet. Diesen Prozess kann man ändern. Denn die Rohstoffe für andere Cocktails hat er. Sie mögen ein bisschen verstaubt sein, weil er sie selten braucht, aber sie sind da und haben kein Ablaufdatum.

Das Reptilhirn

Direkt neben dem Hypothalamus gibt es eine andere Abteilung. Das ist unser Reptilhirn. Das Reptilhirn heißt so, weil es sich evolutionstechnisch seit der Entwicklung des Reptils, das aus dem Wasser kam, nicht verändert hat. Es ist ziemlich klein, so klein wie ein kleiner Fingernagel. Dieser kleine Teil, das Reptilhirn, hat die Aufgabe, uns am Leben zu erhalten. Es ist daher ein ganz wichtiger Teil im Gehirn, es ist quasi die Polizei, die Security-Abteilung.

Es ist ziemlich wichtig, dass man darüber Bescheid weiß, denn dieses kleine Reptilhirn hat die Macht, das gesamte restliche Hirn lahmzulegen, um dafür zu sorgen, dass du in Gefahrensituationen überleben kannst. Das Reptilhirn reagiert nach dem Lust-Unlust-Prinzip. Das heißt, sobald der Hypothalamus irgendwelche Gefühle ausschüttet und der Lust-Unlust-Zeiger ein bisschen in die Unlust fällt, gehen im Reptilhirn die Alarmglocken los. Es fängt an die Kontrolle über den Rest des Gehirns zu übernehmen. Je intensiver die Unlust ist, desto mehr übernimmt das Reptilhirn die Kontrolle. Das Reptilhirn hat drei Reaktionsmöglichkeiten. Es reagiert immer mit Flucht, Angriff oder Totstellen. Es hat nur diese drei Möglichkeiten im Gegensatz zum Verstand, der ganz viele Möglichkeiten hat. Es ist aber sehr viel stärker als der Verstand und kann diesen lähmen oder sogar ganz ausschalten. Sobald wir also irgendeine Unlust erleben, aktiviert sich dieses Reptilhirn, fängt an, immer mehr Kontrolle zu übernehmen und mit Angriff, Flucht oder Totstellen zu reagieren.

Ein Beispielszenario ist folgendes: Stelle dir vor, ich sitze dir gegenüber, habe eine Zigarette in der Hand und unterhalte mich angeregt mit dir. Ich rede viel, es läuft also gerade viel über den Verstand. Langsam brennt dabei die Zigarette herunter und fängt an, mich am Finger zu verbrennen. In dem Moment geht ein Impuls in das Gehirn hoch. Der Impuls wird im Gehirn als Schmerz festgelegt. Daraufhin geht ein Fax zum Hypothalamus, „Produziere mal Schmerz", der nimmt seine Flaschen und mischt, zack, der Cocktail geht ins Blut. Ich erlebe Schmerz. (Das Ganze geht natürlich Millisekunden schnell.) Schmerz heißt, mein Lust-Barometer fällt in die Unlust. Im Reptilhirn gehen die Alarmglocken los und das Reptilhirn übernimmt für einen Moment sofort das

Kommando. Das heißt, mein Gelaber im Verstand vorne wird ausgeschaltet. Ich mache, ohne dass ich darüber nachdenken muss, eine Schüttelbewegung mit der Hand und lasse die Zigarette fallen. Das ist eine Fluchtbewegung - Flucht. Ich sage vielleicht noch: „Verdammte Scheiße, verdammte Scheiße!" - das ist ein Angriff. Ohne dass ich darüber nachdenken muss, noch lange eine Strategie suchen muss, ist einfach automatisch mein Verstand ausgeschaltet und die erste Priorität ist Flucht beziehungsweise Angriff und ich fange an zu kühlen (pusten).

Das macht das Reptilhirn. Der Verstand wäre da ganz anders. Der Verstand sucht logische, vernünftige Lösungen. Das heißt der Verstand würde sagen: „Oh, da brennt es. Was könnte ich jetzt tun? Es gibt Lösung a, Lösung b, Lösung c, oder vielleicht noch e oder f." Bis er eine Lösung gefunden hätte, wäre ich schon längst abgefackelt. Darum ist es wichtig, dass wir das Reptilhirn haben. Dadurch kann man sehr schnell reagieren: Flucht, Angriff, Totstellen. Erst wenn die Gefahr gebannt ist, das heißt in diesem Beispiel, wenn der Schmerz aufhört, der Alarmzustand wieder zurückgeht, dann werden diese Blockaden im Verstand schrittweise wieder freigesetzt. Wie nach einer Betäubungsspritze braucht der Verstand eine gewisse Zeit, bis er wieder aus seinem Dornröschenschlaf erwacht. Erst dann kann ich wieder logisch denken.

Problemzonen des Reptilhirns

Das Problem mit dem Reptilhirn ist aber, dass es immer auf Unlust reagiert, darum auch auf Situationen reagiert, die nicht wirklich lebensbedrohlich sind und uns auch in solchen

Situationen dann mit Angriff, Flucht oder Totstellen reagieren lässt und das logische Denken ausschaltet.

Massenmanipulation

Wenn man Menschen in Angst versetzt, beispielsweise indem man ihr Unterbewusstsein immer wieder mit beunruhigenden Nachrichten füttert, kann man auf diese Weise ihr Reptilhirn aktivieren. Je nach Intensität der Unlust werden sie mit Angriff (auf die Regierung schimpfen) reagieren, mit Flucht (sich irgendwie ablenken, betäuben, nichts hören wollen) oder mit Totstellen (gelähmte Untätigkeit, Schock). Gleichzeitig reduziert sich die Fähigkeit der Menschen, logisch zu denken, da der Verstand durch das Reptilhirn lahmgelegt wird.

In diesem Zustand kann man ihnen Zusammenhänge suggerieren, die sie mit logischem Denken nicht glauben würden. Man kann ihre Zustimmung zu Maßnahmen und Gesetzen erhalten, die sie sonst nie geben würden oder zu Taten bewegen, die sie sonst nicht tun würden. Das ist keine Verschwörungstheorie, sondern klassische Psychologie. Die Nationalsozialisten in Deutschland haben dieses Wissen bekanntlich geschickt eingesetzt, um die öffentliche Meinung in ihrem Sinne zu manipulieren. Es ist längst kein Geheimnis mehr, dass diese Strategie auch heute in verschiedensten Bereichen eingesetzt wird.

Streit

Auch wenn wir uns mit jemandem streiten, können wir das aktivierte Reptilhirn sehr schön beobachten. Dazu möchte ich dir mein Lieblingsbeispiel von Herrn und Frau Meier erzählen.

Herr und Frau Meier sind eine ganz normale Familie mit Einfamilienhaus und Garten. Herr Meier arbeitet in einer Firma im Verkauf. Frau Meier ist Hausfrau und Mutter. Herr Meier ist einer, auf den man sich verlassen kann. Er hat immer um 18:00 Uhr Feierabend, um Punkt 18:30 Uhr ist er immer zuhause. Es ist Freitag. Frau Meier überlegt sich schon am Nachmittag: „Hey, heute überrasche ich meinen Mann nach der Arbeit mit einem romantischen Abend. Ich bringe die Kinder zu den Großeltern, ich koche uns etwas Feines und stelle ein paar Kerzchen auf." Somit ist sie den ganzen Nachmittag schon richtig im Stress, die Kinder versorgen und zu den Großeltern fahren, einkaufen gehen, kochen, vorbereiten, sich selbst in Schale werfen. Sie hat sich eine Riesenmühe gegeben. Eine dreiviertel Stunde bevor ihr Mann zu Hause sein wird, ist alles top.

Es ist jetzt also Viertel vor sechs. Herr Meier freut sich auch schon aufs Wochenende, in einer viertel Stunde hat er endlich Feierabend nach einer anstrengenden Woche. Da klopft es an seiner Türe und sein Chef kommt herein. Herr Meier müsse unbedingt sofort eine Neuberechnung des Angebots vornehmen, da der Kunde am Montag mit den Arbeiten beginnen müsse und deshalb am Wochenende bereits über den Auftrag entscheiden wolle. Daher müsse das Angebot auch heute noch auf die Post, damit es morgen bei denen auf dem Tisch liegt. Herr Meier macht sich mit Unlust an die Neuberechnung des Auftrags. Unlust bedeutet, der Verstand ist schon ein bisschen ausgeschaltet, außerdem will er sich beeilen, wodurch das mit dem Rechnen nicht gleich klappt. Nach mehrmaligem Herumrechnen und der Fahrt quer durch die Stadt zur Hauptpost mitten im Berufsverkehr ist Herr Meier schon sehr in der Unlust. Sein

Handyakku ist schon seit einer Weile tot, so dass er seine Frau nicht anrufen konnte. Es ist kurz vor acht, als er zuhause die Wohnung betritt.

Unterdessen hatte zuhause Frau Meier zunächst in freudiger Erwartung, dann sorgenvoll, da sie ihn telefonisch nicht erreichen konnte, dann erzürnt auf ihn gewartet. Ihr fällt plötzlich ein, dass ihr Mann in der letzten Zeit sehr viel mit seiner Sekretärin zu tun hatte. Jetzt weiß sie auf einmal ganz genau, wo ihr Mann ist. Als er um kurz vor acht die Wohnung betritt, ist auch sie extrem in der Unlust: „Sag mal, wo kommst du denn her?!" Herr Meier wird wütend. Das ist jetzt das Letzte, was er nach diesem ganzen Scheiß brauchen kann. Entsprechend gibt er ihr eine Antwort: „Von der Arbeit, was glaubst du?!" Darüber gerät Frau Meier noch mehr in Rage. Da kommt er um diese Zeit nach Hause und hat nicht einmal angerufen. Sie hat alles vorbereitet, sich so gefreut und dann so eine schnippische Antwort.

Und jetzt geht es los. Reptilhirn 1 schießt eine Rakete. Reptilhirn 2 startet den Gegenangriff. Bum, bum, bum, bum, bum, bum, bum, bum. Ein Wort jagt das andere, bis zu den letzten Angriffen, die meistens knallende Türen sind, weil er dann ins Wirtshaus flüchtet, denn jetzt braucht er ein Bier, und sie heulend ins Schlafzimmer läuft und irgendwas von Scheidung spricht. Und keiner weiß genau, was jetzt eigentlich abgegangen ist.

Eine halbe bis dreiviertel Stunde später, wenn der Verstand wieder langsam anfängt zu arbeiten, tut es einem irgendwie leid. Kennst du das? Jetzt weißt du, warum das so abläuft. Solche Situationen kann man nur mit dem Verstand in den Griff kriegen, aber der arbeitet nicht mehr, wenn das Reptilhirn aktiviert ist. Das Einzige, was da hilft, ist ein Break.

Man kann mit seinem Partner, seiner Partnerin vereinbaren, dass der erste, der merkt, dass ihr anfangt, reptilhirngesteuert zu kommunizieren, sagt: „Stopp. Jetzt machen wir mal eine halbe Stunde, Stunde Pause, jeder geht Kaffeetrinken. Und nachher reden wir weiter." Der Satz: „...und nachher reden wir weiter" ist wichtig, weil sonst die andere Partei einem vorwirft, man laufe immer davon.

Reptilhirngesteuert geht es nur um Flucht und Angriff. Du wirst reptilhirngesteuert nie Lösungen finden, weil man für Lösungen den Verstand braucht, der dann aber nicht aktiviert ist. So funktioniert eben unser Gehirn. Das weiß man heute, weil man Leute in die Tomographen-Röhre stecken und das sehen kann.

Lernblockaden

Es gibt eine weitere typische Situation, in der das Reptilhirn ganz intensiv in unser Leben eingreift. Erinnere dich einmal zurück an die vierte, fünfte Klasse Mathematik. Der Lehrer steht vorne an der Tafel, schreibt und erklärt dir wie man Brüche teilt. Was macht der Lehrer dadurch? Er versucht dir ein neuronales Netz, ein Programm „so teilt man Brüche" zu programmieren. Bei dir laufen also Impulse über Synapsen. In der Mathematik kann man ja nicht sämtliche Lösungen auswendig lernen. Deshalb lernt man Lösungsstrategien. Mit der Lösungsstrategie „so teilt man Brüche" kann man dann zum Beispiel jeden Bruch teilen. Das versucht der Lehrer dir jetzt in den Kopf zu programmieren.

Er zeigt es an der Tafel, dann schaut er in der Klasse herum, sein Blick bleibt bei dir stehen und er sagt: „Du, komm mal nach vorne." Dann klappt er die Tafel auf und da stehen drei Rechnungen. „Ja, komm, ich meine dich, komm nach vorne." Es ist still in der Klasse. Alle Blicke sind auf dich gerichtet. Du spürst wie dein Herz schlägt. Einmal schlucken, du stehst auf und spürst wie weich deine Knie sind. Du gehst an die Tafel und stehst vor diesen Rechnungen.

Bist du in diesem Moment in der Lust oder eher in der Unlust? Wahrscheinlich in der Unlust. Du bist im Flucht-Angriff-Totstellen-Modus, am liebsten würdest du in ein Mauseloch flüchten. Du stehst vor diesen Rechnungen, dein Reptilhirn ist aktiviert. Das bedeutet, dein logisch denkender Verstand ist runtergefahren. Aber genau den bräuchtest du jetzt, um diese frische, noch nicht gut programmierte Strategie "so teile ich Brüche" anzuwenden. Du versuchst also zu rechnen und hast ganz große Schwierigkeiten. So machst du die Erfahrung: „Das ist schwer." Diese Erfahrung - es laufen Impulse über Synapsen - hängt sich an das Programm "so teilt man Brüche" an, mit dem Ergebnisprogramm „so teilt man Brüche, das ist schwer". Gleichzeitig hängt sich im Gehirn an dieses Programm das Programm "Reptilhirn ist aktiviert" an und verkoppelt sich. Dann machst du einen Fehler. Auch das hängt sich an dieses Programm an. Du kannst das nicht, das ist schwer, du machst es falsch.

So bildet sich ein wunderschönes Programm. Das passiert dem Schulkind noch ein, zwei oder drei Mal, und das Programm festigt sich. Jedes Mal, wenn das Kind vor einer Rechenaufgabe steht, einen Bruch teilen muss und das Programm "so teile ich Brüche" aktiviert, aktivieren sich all diese Nebenprogramme mit. Das Reptilhirn aktiviert sich und der Zustand von damals wird wieder hergestellt. Das ist der Mensch, der irgendwann mit 35, 40, 50 Jahren sagt: „Ich kann halt nicht rechnen." Fachlich nennt man so etwas eine Dyskalkulie, eine Rechenstörung. Beim Schreiben und Lesen heißt das gleiche Dyslexie.

Das Kind glaubt: „Ich bin blöd, alle anderen können es, ich kann es nicht," hat eine Blockade, und auch das Programm „ich bin blöd, ich kann das nicht" festigt sich, da es diese Blockade immer wieder erlebt. Dabei hat das mit Blödsein überhaupt nichts zu tun. Es ist der Lehrer, der sich mit Psychologie nicht auskennt und dem Kind eine Fehlprogrammierung in den Kopf gesetzt hat. Mit solch einer Kombination von Programmen könnte selbst der oder die Intelligenteste das nicht lösen, weil sie ihren Verstand braucht, der aber nicht aktiviert ist.

Das was ich hier am Mathematik-Beispiel gezeigt habe, gilt für alles, was wir lernen und was wir erleben. Impulse laufen über Synapsen, und wenn wir negative Erfahrungen machen, ergibt das die Programme für alle anderen Sachen auch. Wenn wir Sachen mit Angst, Wut, Trauer, also mit negativen Emotionen erleben, ist immer dieser Mechanismus mitbeteiligt. Dann glauben wir, wir können es nicht, wir sind doof, wir sind unfähig, sind Versager. Jedes Mal, wenn wir dann wieder erleben, dass wir es wirklich nicht können, wird dieses Programm stärker. Das ist eine Abwärtsspirale.

Man kann das bei solchen Kindern mit einem guten Therapeuten behandeln. Man kann das wieder entkoppeln – „Entkopplung" nennt sich das auch - indem man das Kind andere Erfahrungen machen lässt, zum Beispiel mit Hilfe von Hypnose. Da das Gehirn den Unterschied zwischen nicht echt und echt nicht unterscheiden kann, kann man das Kind in eine Trance versetzen und positive Erfahrungen machen lassen. So kann man es umprogrammieren. Wenn das Gehirn hundert Mal erlebt hat „ich kann es nicht", reicht es nicht nur einmal „ich kann es" zu erleben, da das Ungleichgewicht zu groß ist. Deshalb muss man da noch andere Techniken und Tricks anwenden. Aber es ist möglich, das umzuprogrammieren. So wie man Negatives programmieren kann, kann man auch Positives programmieren. Das Gehirn ist da völlig flexibel. Wie auf die Festplatte eines Computers kann man alles Mögliche draufladen.

Zum Reptilhirn ist zusammenfassend wichtig sich zu merken: Das Reptilhirn übernimmt die Kontrolle, sobald es glaubt in Gefahr zu sein. Das geschieht über Unlust, denn Unlust bedeutet für das Reptilhirn Gefahr. Es übernimmt das Kommando, legt den Rest des Gehirns - vor allem den Verstand - lahm und fängt an mit Flucht, Angriff oder Totstellen zu reagieren. Totstellen ist zum Beispiel, wenn man unter Schock steht. Dann ist man völlig blockiert, denn man kann nicht mehr logisch denken. Den gleichen Mechanismus haben auch Tiere. Tiere reagieren immer mit Angriff, Flucht oder, wenn das nicht mehr geht, stellen sie sich tot. Dadurch ist Evolution überhaupt möglich, dadurch leben wir. Ohne das Reptilhirn würden wir Gefahren nicht ausweichen oder könnten nicht schnell genug darauf reagieren und würden so unser Leben riskieren.

Der Archivraum

Eine weitere interessante Gehirnabteilung ist der Archivraum, in dem alles, was wir bewusst wahrnehmen, abgelegt wird. Man kann es sich vorstellen wie ein Raum mit ganz vielen Karteischränken, die Schubladen mit Fächern haben, in denen man alles ablegen kann. Da werden Bilder,

Töne, Gerüche, Geschmäcker, Tasterfahrungen und so weiter abgelegt. Von hier suchen wir uns immer wieder Informationen heraus. Wenn ich z.B. Palme sage, dann hat jeder ein Bild davon im Kopf, aber jeder hat wiederum ein ganz anderes Bild einer Palme, nämlich das Bild, das man abgelegt hat.

Wenn ich dir jetzt sage: „Zeichne einmal eine Palme", dann gehen die Schallwellen aus meinem Mund heraus bei dir ins Ohr hinein. Dein Bewusstsein nimmt auf, dass du eine Palme zeichnen sollst. Es geht die Treppe runter in den Archivraum und sagt zum Archivar: „Ich brauche ein Bild von einer Palme." Der Archivar schaut unter "P" nach, findet ein Bild von einer Palme - denn du hast schon einmal eine Palme gesehen - und zeigt dem Bewusstsein, so sieht eine Palme aus. Das Bewusstsein bedankt und verabschiedet sich wieder, der Archivar hinterlegt eine neue Aktennotiz - „Bewusstsein war hier, weil ein Typ gesagt hat: „Zeichne eine Palme"" – und legt die Notiz zu der Palme dazu. Das Bewusstsein hat das Bild der Palme wieder vor sich und gibt deiner Muskulatur, deiner Motorik, den Befehl das zu zeichnen.

Wenn ich dir jetzt sage: „Zeichne eine Cherimoya." (Ich gehe davon aus, du kennst Cherimoya nicht.) Was passiert jetzt? Wieder derselbe Ablauf, das Bewusstsein fragt beim Archivar nach, der findet nichts und sagt: „Tut mir leid, ich habe da nichts gespeichert." Er legt jetzt aber eine Aktennotiz ab: „Habe Cherimoya gesucht, keine gefunden." Für Cherimoya gibt es jetzt eine Akte. Das Bewusstsein geht wieder die Treppe hoch mit einem Fragezeichen, und du schaust ratlos auf dein leeres Blatt.

Dass bei dir im Unterbewusstsein im Archivraum eine Akte angelegt ist, kann ich dir beweisen, indem ich dir morgen wieder sage: „Hey, zeichne eine Cherimoya." Es gehen die Schallwellen ins Ohr, das Bewusstsein geht die Treppe runter zum Archivar und der sagt: „Hey, ich habe da eine Akte. Du warst nämlich gestern schonmal da und hast gefragt. Wie sie aussieht, darüber habe ich noch keine Bilder, aber ich bin jetzt dabei Akten anzulegen über Cherimoya." Dein Bewusstsein erinnert sich auf diese Weise, dass ich dich gestern schon auf die Cherimoya angesprochen habe. Aber solange du kein Bild hast, kannst du es dir nicht vorstellen. Wenn man kein Bild hat, sucht sich das Unterbewusstsein etwas ähnliches. Es holt sich dann auch wieder das aus dem Archivraum, was du schon erlebt hast.

So haben wir im Gehirn diesen Archivraum mit ganz vielen Informationen, mit ganz vielen Ablagerungen, aus denen schlussendlich auch unsere Vorstellung entsteht. Je voller und bunter mein Archivraum ist, je mehr ich erlebe, desto mehr Auswahl habe ich natürlich auch, womit ich arbeiten kann.

Zusammenfassung Gehirn

Das Kapitel noch einmal grob zusammengefasst: Wir haben im Gehirn zahlreiche Abteilungen. Der Verstand sitzt im vorderen Bereich unseres Gehirns (Stirn). Er ist Teil des Bewusstseins, das quasi der Bildschirm des Computers ist. Der Rest des Gehirns ist unbewusst. Wir merken nichts davon, das heißt, es ist uns nicht bewusst, was da abläuft. Genauso wie wir von den ganzen Daten und den Programmen, die auf der Festplatte des Computers laufen und verarbeitet werden, nichts mitbekommen. Da läuft so viel, wovon wir keine Ahnung haben.

Hinten auf der Festplatte kann das Gehirn nicht unterscheiden was echt ist und was nicht, so dass alles, was da durchläuft, für das Gehirn immer echt ist. Das bedeutet, dass Informationen, egal ob sie vom Auge kommen, aus der Vorstellung oder vom Bildschirm – weil letzterer das Bewusstsein in Trance versetzt - immer als echt angeschaut und als echt verarbeitet werden.

Hypothalamus, der kleine Barkeeper mit seiner kleinen Bar und seinen 20 Flaschen ist für unsere Gefühle verantwortlich und mischt alles zusammen, was du fühlst. Sämtliche Emotionen sind ein biochemischer Prozess, nichts anderes. Den Auftrag an den Barkeeper kann man ändern, er kann auch andere Emotionen zusammenmixen, die Rezepte dazu hat er. Dazu müssen wir den Auftraggeber erwischen und ersetzen.

Wichtig ist das Reptilhirn, das sich einschaltet, sobald der Hypothalamus negative bzw. Unlust-Gefühle in Umlauf setzt. Es fängt an, die Kontrolle über das restliche Gehirn zu übernehmen, legt den Verstand lahm und lässt uns in den Angriffsmodus gehen oder in den Fluchtmodus - wir ziehen uns ins Schneckenhaus zurück - oder totstellen. Während das Reptilhirn aktiviert ist, zum Beispiel unter Angst, können wir nicht logisch denken, denn der Verstand ist ausgeschaltet.

Lernen bedeutet, Impulse laufen über Synapsen. Je öfter etwas wiederholt wird, desto besser ist dieses Programm. Wenn dazu der Faktor intensive Emotion kommt, beschleunigt das diesen Lernprozess. Beispielsweise in der Schule, über die negativen Emotionen durch die Angst vor dem Lehrer, braucht es nicht viel um das Trauma „ich kann nicht rechnen" zu programmieren. Es entsteht ein dickes, ein Leben lang wirkendes Programm, das läuft und sich durch die Erfahrungen, die man macht verstärkt, so lange bis man es ändert. Man könnte stattdessen in der Schule die Kinder auch positive Erfahrungen machen lassen. Das würde das Lernen sogar beschleunigen und man könnte den emotionalen Effekt auf diese Weise positiv nutzen.

Kapitel 6

Programme & Glaubenssätze

Im vorherigen Kapitel haben wir uns um die Hardware gekümmert, jetzt schauen wir uns die Software, die Programme, genauer an.

Grundprogramme

Es gibt einen Teil der Software, der schon produziert wird, während wir noch im Mutterleib sind. Das sind Programme, die Grundvorgänge in uns steuern wie zum Beispiel Herzschlag, Atmung, Immunsystem, Verdauung. Unser Herz schlägt nicht einfach so. Es ist ein Muskel, der den Befehl braucht: Ziehe dich zusammen - lass los - ziehe dich zusammen - lass los. Dieser Befehl ist ein Programm im Gehirn. Genauso die Atmung: Einatmen - Ausatmen. Diese Grundprogramme laufen im Unbewussten, dem Teil des Gehirns, der von Anfang an schon da ist. Zu diesem Teil haben wir nur begrenzt Zugang. Diese Software können wir nicht groß ändern. Das heißt, wir können zwar durch Übung unsere Atmung recht lange anhalten oder unseren Pulsschlag extrem runterfahren auf 1 bis 2 Pulsschläge pro Minute, aber willentlich ganz ausschalten kann man das nicht. Zu diesem Bereich hat nur der Hersteller dieser Software Zugang, das ist der liebe Gott. Wir Anwender haben keinen Zugang dazu. Wir können daran ein bisschen herumspielen, aber wir können sie nicht wirklich ausschalten.

Bewusstsein

Auf der gegenüberliegenden Seite des Unbewussten haben wir auf unserer schematischen Darstellung des Gehirns einen Teil, den wir unser Bewusstsein nennen. Bewusstsein ist das, was ich weiß, was mir bewusst ist, mein Bildschirm. Dass du gerade ein Buch liest, das ist dir bewusst, das weißt du, das nimmst du wahr, das ist auf deinem Bildschirm, das ist klar. Was du gestern gemacht hast, das ist dir auch bewusst. Damit uns etwas bewusst sein kann, muss diese Information irgendwie ins Gehirn kommen.

Das heißt, uns kann nur etwas bewusst sein, was wir über unsere Sinne aufgenommen haben, also gesehen, gehört, gerochen, geschmeckt oder über den Tastsinn gefühlt haben. Dass zum Beispiel heute Morgen in Manhattan ein Fahrrad umgefallen ist, weißt du erst jetzt. Das ist jetzt in dein Bewusstsein gekommen, weil ich es dir gesagt habe. Hätte ich das nicht gesagt, wäre diese Information, dass heute Morgen in Manhattan ein Fahrrad umgefallen ist, nie Bestandteil deines Lebens gewesen. Du wärest also irgendwann einmal mit neunundneunzig Jahren verstorben und in deinem Leben hätte nie stattgefunden, dass heute ein Fahrrad in Manhattan umgefallen ist. Dadurch, dass ich es gesagt habe, ist es über dein Ohr in dein Bewusstsein gekommen und somit Bestandteil deines Lebens geworden. Es kann nur etwas erlebte Lebenswirklichkeit werden, wenn es über unsere Sinne auf unseren Bildschirm kommt. Sonst existiert es nicht. Ganz viele Dinge, die die letzten Minuten auf der Welt passiert sind, werden nie Bestandteil unseres Lebens sein.

Unser Gehirn verarbeitet pro Sekunde vierhundert Milliarden Bits an Information. Vierhundert Milliarden Bits an Information, die über unsere Sinne hereinkommen, werden hier pro Sekunde verarbeitet! Das ist unheimlich viel. Wenn das alles einfach ungefiltert ins Bewusstsein einströmen und auf den Bildschirm kommen würde, dann würde der Bildschirm explodieren. Wir würden vor Reizüberflutung durchdrehen.

Türsteher

Damit das nicht passiert, haben wir einen Türsteher, der selektioniert, welche Information wichtig ist und welche nicht so wichtig. Alle Informationen, die für uns wichtig sind, lässt er herein auf den Bildschirm. Alles was unwichtig ist, schmeißt er direkt in die Mülltonne. Nun kommt die spannende Frage: wieviel Information selektioniert der Türsteher aus? Sitzt du gut? Halte dich fest.

Von vierhundert Milliarden Bits an Information, die pro Sekunde hereinkommen, lässt unser Türsteher nur zweitausend zu. Diese zweitausend Bits, das Bisschen ist das, was du als deine Lebenswirklichkeit erlebst. Wir haben ein Verhältnis von vierhundert Milliarden zu zweitausend! Das meiste an Information und somit Realität, das um uns herum stattfindet, kriegen wir gar nicht mit, weil unser Türsteher es aussortiert. Dass im Hintergrund Vögel zwitschern, das Auto, das draußen gerade vorbeifährt, oder ein Brunnen, der im Hintergrund plätschert, das hörst du vielleicht jetzt wieder, wo ich es gesagt habe. Die Schallwellen sind aber die ganze Zeit schon, während du dieses Buch liest, in dein Ohr gekommen. Es war einfach weggeblendet. Du bist dabei dieses Buch zu lesen und all diese Geräusche wurden nicht zu deiner erlebten Lebenswirklichkeit. Dass du auf deinem Hintern sitzt, spürst du jetzt wieder, wo ich es dir gesagt habe. Die Reize an den Hintern-Nerven sind aber ständig da. Welche Farbe das Auto hatte, neben dem du gestern geparkt hast, weißt du nicht mehr. Deine Augen haben es wahrgenommen und die Lichtquelle der Farbe ist in dein Gehirn gelangt, aber es ist nicht bis in dein Bewusstsein gekommen.

Das meiste, was um uns herum passiert, sortiert der Türsteher aus. Somit wird es nicht zum Bestandteil unserer erlebten Lebenswirklichkeit. Wir kriegen nur einen Hauch von alldem mit, was wirklich an Realität, an Wirklichkeit da ist. Deshalb hat jeder Mensch immer nur eine subjektive Realität.

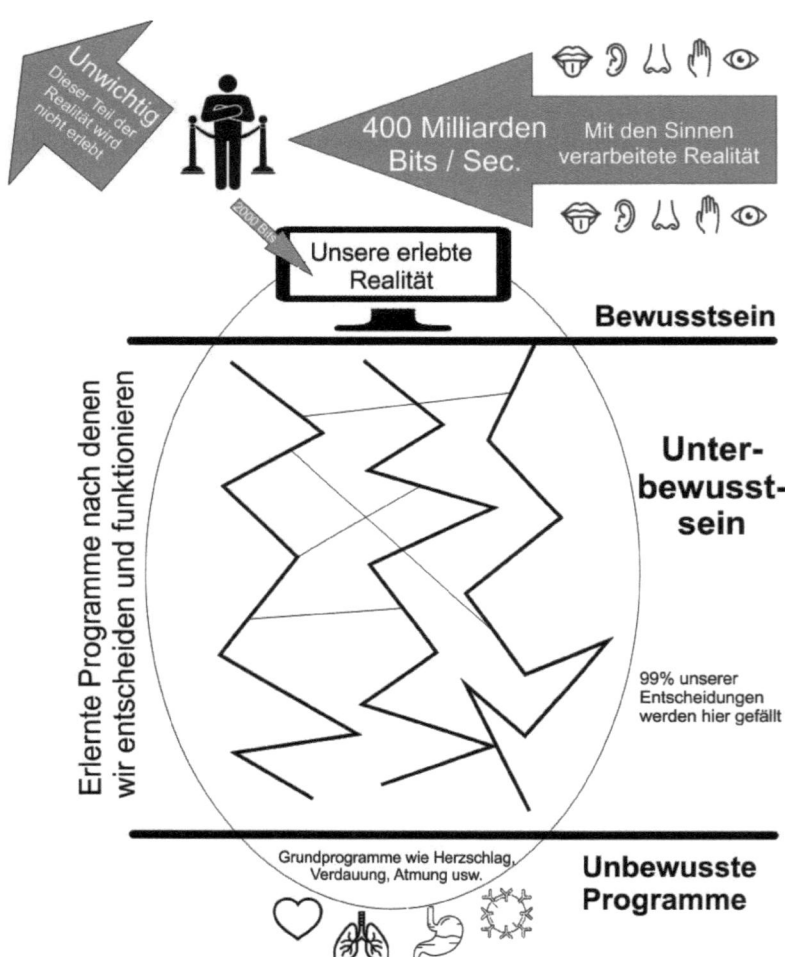

Deine Realität

Deine Realität, deine Wirklichkeit - du meinst vielleicht, das ist DIE Wirklichkeit - ist deine subjektive Wirklichkeit und ist nur ein Bruchteil von der wirklichen Wirklichkeit. Denn die wirkliche Wirklichkeit sind vierhundert Milliarden Bits. Davon nimmt dein Türsteher aus allen Sinneseindrücken ein bisschen heraus. Ein paar Pixel hier, ein paar Pixel da, baut er kleine subjektive Wirklichkeiten und sagt dir, das ist DIE Wirklichkeit.

Wenn ich vierhundert Milliarden Bits ausdrucken würde auf DIN-A4-Papier und ich würde diese DIN-A4-Blätter eines neben das andere hinlegen, hätte ich eine Fläche von 18 x 18 km dessen, was an Realität pro Sekunde über die Sinneseindrücke durch unseren Kopf rattert. Dein Türsteher bastelt daraus auf ein einziges DIN-A4-Papier eine Zusammenfassung und sagt dir, das ist die Realität.

Kein Mensch hat überhaupt die Fähigkeit, die wirkliche, vollständige Realität wahrzunehmen. Er kann immer nur seine eigene subjektive Realität wahrnehmen. Darum ist es auch völlig unwichtig, was andere sagen. Denn keiner hat auch nur den geringsten Plan von dieser Welt. Auch der Intelligenteste, Gescheiteste und Beste nicht. Lass dich also nicht beeindrucken von anderen, die glauben, sie wissen mehr und sind besser. Das ist Blödsinn, denn sie haben auch nur eine subjektive Realität – nämlich ihre subjektive Realität. Wenn einer sagt, du bist schlecht, du bist nicht richtig, du bist dumm, du bist nicht liebenswert, dann ist das in SEINER Realität zwar Tatsache, hat aber überhaupt nichts mit der wirklichen Realität zu tun. Er ist genauso blind wie du. Von vierhundert Milliarden Bits kann auch er nur zweitausend wahrnehmen.

Als ich einmal in Zürich als Türsteher an der Tür einer Disco stand, kam einer – es war schon kurz vor Feierabend – sturzbesoffen an und wollte rein. Als ich ihn nicht reinlassen wollte, fing er an mich zu beschimpfen: „Du Arschloch, du Wichser, …" eben diese ganzen schönen Worte. Ich stand da und war ziemlich entspannt. Ich war solche Situationen gewöhnt. Irgendwann kam mir die Überlegung, dass der Typ eigentlich Recht hat mit all diesen Beschimpfungen. Denn die einzige Information, die er über mich hat und somit bewusst wahrnimmt, also seine subjektive erlebte Realität ist, ich versaue ihm jetzt den Abend. Er wollte noch ein bisschen Spaß haben heute, das hat er jetzt nicht mehr, weil ich ihn nicht reinlasse.

Es gäbe mindestens vierhundert Milliarden Bits an Informationen über mich. Er hat aber nur die wenigen wahrgenommen, dass ich ihm jetzt den Abend versauen will. Er zieht daraus seinen Schluss, dass ich der hinterletzte Trottel sein muss. Mit den wenigen Informationen, die er hat, stimmt sein Schluss, nur hat seine Realität nicht viel mit mir zu tun. Wer mich besser kennt weiß, dass ich ziemlich entspannt bin und man mit mir auch viel Spaß haben kann. Nur weiß er das alles nicht, kann es zurzeit auch nicht wahrnehmen und hat so den falschen Schluss gezogen.

Deshalb, weil wir eigentlich so gut wie nichts wissen, weil wir von allem was es gibt, von vierhundert Milliarden Bits, nur zweitausend Bits wahrnehmen, ist zwangsweise jeder Schluss ein falscher Schluss, weil er immer nur aus einem winzig kleinen Bruchteil der gesamten Realität gezogen wird. Er ist immer subjektiv. Jeder, der dich bewertet, fällt eine subjektive Entscheidung aus einer subjektiven Realität. Damit hat er jedoch nicht Recht, denn das ist gar nicht möglich. Das gleiche gilt natürlich, wenn du jemanden bewertest.

Jetzt möchtest du vielleicht einwenden, ein Fachmann, beispielsweise ein Psychologe, der kennt sich mit Menschen aus. Wenn der eine Einschätzung zu einem Menschen macht, dann ist das sicher richtig. Nein, selbst er ist genauso blind wie alle anderen und hat keine Ahnung, was um ihn herum abgeht. Die Geschichte zeigt es uns ja. Es waren die Intelligentesten und die Besten, die Größten, die Schlauesten, die Verehrtesten, die Geachtetsten, die Menschen, die es wirklich wissen, die es ganz genau gewusst haben - und wer etwas anderes behauptet hat, wurde getötet, weil sie es so sicher gewusst haben - dass die Erde flach ist und dass sich die Sonne um diese flache Scheibe dreht. Also vergiss das alles. Wir werden in hundert Jahren lachen über das, was ich dir heute erzähle. Das ist viel sicherer, als dass das alles stimmt, was ich hier erzähle. Ich erzähle auch nur einen Teil der Wirklichkeit, weil wir die ganze Wirklichkeit gar nicht im Gehirn verarbeiten und erfassen können.

Wenn dein Leben gerade scheiße ist …

Wenn also deine Welt jetzt im Moment scheiße ist, ist das auch nur ein kleiner Ausschnitt des Ganzen. Du ziehst einfach diesen kleinen Scheiß daraus, denn dein Türsteher sucht sich einfach diesen kleinen Scheiß heraus und das wird dann zu deiner erlebten Realität. Das ist dein Bewusstsein. Es existiert aber viel mehr da draußen in der Welt. Deine Wirklichkeit, deine erlebte Realität, ist für dich trotzdem echt. Du erlebst es ja jeden Tag, dass du beispielsweise gemobbt wirst oder dass du nicht gut bist, dass du es nicht kannst. Dein Kritiker im Kopf sagt dir jeden Tag, dass du nicht gut genug oder nicht richtig bist. Das ist schon deine wirkliche Welt. Aber es ist eben nur DEINE Welt. Es ist nicht DIE Welt. Es gibt eine riesige Plattform von allem anderen auch.

Die Türen zur Hölle oder zum Paradies liegen direkt nebeneinander. Du kannst einfach entscheiden, gehe ich da lang oder gehe ich dort lang. Du kannst dich für deine Horror-Welt entscheiden, in der du vielleicht jetzt drin bist. Diese Horror-Welt ist eine Fake-Welt. Wenn du dir stattdessen einfach eine wunderschöne bunte Barbie-Welt zusammenbaust, eine tolle Welt, dann ist das auch eine Fake-Welt. Klar, es sind von vierhundert Milliarden Bits auch nur zweitausend. Es ist genauso Fake wie der andere Fake. Die Frage ist aber, wo fühlst du dich besser? Wann bist du eine größere Bereicherung für die gesamte Welt? Ja, natürlich, wenn man sich alles schönredet und schönlebt, ist das auch nur Fake. Genauso wie das andere auch. Aber hier fühlst du dich besser und bist zu ganz anderen Sachen fähig als in der Horror-Welt. Bessere Gefühle bedeuten, das Reptilhirn ist weniger aktiviert, weniger Blockade im Hirn, du bist schlauer, kreativer, du hast neue Ideen. In der Horror-Welt kannst du nicht kreativ sein, weil das restliche Hirn ausgeschaltet ist, wenn du in der Angst, in der Panik, in der Unsicherheit bist. Dann funktioniert natürlich auch nichts. Wie soll das auch gehen, wenn das Gehirn gelähmt ist? Das hat nichts damit zu tun, dass du schlecht bist oder unfähig oder ein Versager. Das hat damit zu tun, dass das menschliche Gehirn so funktioniert. Wenn man in dieser negativen Welt drin ist, kann man nicht kreativ sein. Das ist ein bisschen eine Pattsituation, aber da können wir uns in kleinen Schritten wieder herausbewegen. Dann kommen plötzlich auch neue Ideen und Phantasien und du wirst wieder kreativer, wenn du dich von den Dingen, die dich blockieren, langsam verabschiedest.

Du kannst anfangen dich für die andere Welt zu öffnen, denn die ist genauso da. Deine Realität entsteht in deinem Kopf und sonst nirgends. Die Plattform der Welt bietet alles – das eine wie das andere auch. Wichtig ist, dass wir den Zugriff darauf kriegen. Das ist das einzige Problem. Genau dafür wird dir das I Love Me Prinzip einfache, aber sehr wirkungsvolle Wege zeigen.

Die Entstehung unserer Programme

Zwischen dem Unbewussten, also den Programmen, auf die wir keinen Einfluss haben, und dem Bewusstsein, unserer erlebten Realität, ist ein riesengroßer Raum – das Unterbewusstsein. Wenn wir auf die Welt kommen, ist dieser Raum fast leer. Medizinisch gesehen ab der achten Schwangerschaftswoche sind die ersten Ansätze des zentralen Nervensystems gebildet. Dann fängt das Gehirn an die ersten Programme zu schreiben, während das Kind noch nicht einmal Augen und Ohren, Nase und Geschmackssinn hat.

Man fragt sich deshalb vielleicht, wie es Programme schreibt ohne Input über die Sinnesorgane. Wie wir ja gelernt haben sind Emotionen ein biochemischer Prozess, also Chemie. Diese Chemie, die Neuropeptide, sind im Blut der Mutter. Wenn die Mutter während der Schwangerschaft Gefühle wie

Angst, Wut, Trauer – aber auch die positiven Emotionen - erlebt, erlebt sie das Kind mit. Das sind die ersten Erfahrungen, die wir im Mutterleib machen. Wenn wir auf die Welt kommen, ist also schon etwas programmiert, aber noch nicht ganz so viel, das Unterbewusstsein ist noch fast leer.

Durch das, was wir im Laufe der Zeit auf der Welt erleben, werden wir immer weiter programmiert. Alles was wir heute können, alles was wir heute tun, alles was heute in unserem Leben ist, ist irgendwo ein Programm. Hast du zu etwas kein Programm, so ist es in deinem Leben inexistent, dann kennst du es nicht. Nehmen wir als Beispiel eine einfache Sache wie Laufen. Wie hast du Laufen gelernt? Sozusagen von Fall zu Fall, oder? Aufstehen, hinfallen, aufstehen, hinfallen. Aufstehen - hinfallen, Impulse laufen über Synapsen. Irgendwann hat sich dadurch im Gehirn die Abteilung gebildet, die für das Laufen verantwortlich ist. Wie kompliziert und wie komplex das Laufen ist, daran erinnert man sich erst dann wieder, wenn z.B. jemand einen Unfall oder einen Schlaganfall hat und diese Abteilung im Gehirn, die für das Laufen verantwortlich ist, neu aufgebaut werden muss. Schlaganfall bedeutet, da gibt es in der Abteilung ein Feuer, sie brennt ab. Dann muss das Gehirn nebendran wieder eine neue Abteilung bauen, aber beim Neubau merkt man wie schwierig das ist. Wenn Ingenieure Roboter bauen, die auf zwei Beinen laufen, sieht man wie komplex überhaupt das Laufen ist.

Programmbeispiel Sprache

Auch das Sprechen ist ein Programm. Dass zum Beispiel die Schallwellenkombination „grüner Stift" das bedeutet, was es für uns bedeutet, das ist ein Programm. Ein Chinese hat dafür ein anderes Programm. Einem Chinesen kannst du „grüner Stift" sagen so oft du willst. Er versteht das nicht, denn er hat dazu kein Programm. Für ihn ist das einfach irgendeine Melodie. Er sagt dann vielleicht „Lǜ bǐ". Dafür hast du dann kein Programm (sofern du kein chinesisch kannst), so dass du dich fragst, ist das etwas zum Essen oder was?

Für alles was du kannst oder machst, gilt: Es gibt dafür ein erlerntes Programm in deinem Gehirn. Hast du kein Programm, existiert es nicht. Es ist wie bei deinem Computer. Hast du kein Textverarbeitungsprogramm, kannst du keine Texte verarbeiten. Der Computer ist in so einem Fall noch gnädig und fragt, ob er dir ein passendes Programm im Internet suchen soll. Der Verstand sagt das nicht. Der sagt einfach – gar nichts.

Auch Grammatikregeln sind Beispiele für Programme, die du beherrschst, obwohl du nicht einmal weißt, dass es sie gibt. Mein Lieblingsbeispiel von Dr. Manfred Spitzer ist die Grammatikregel "Verben die auf -ieren enden bilden ihr Partizip Perfekt ohne ge- am Anfang." Hast du diese Grammatikregel schon einmal gehört? Deutsch für Ausländer, die müssen das lernen. Ich gebe ein Beispiel: Ich habe mir „die Haare geschnitten", von „schneiden". Ich habe mir aber „den Bart rasiert" und nicht „gerasiert". Ich bin am Wald entlang „gelaufen" von „laufen", aber ich bin am Wald entlang „spaziert" und nicht „gespaziert".

Jetzt könntest du sagen: „Moment, nein, ich kenne die Regel zwar nicht, aber meine Eltern haben das Partizip Perfekt immer so gesagt. Deshalb habe ich die Wörter so im Gehirn abgelegt und sage sie auch so." Okay, das könnte ja sein, wäre auch eine Möglichkeit. Ich sage dir trotzdem, du beherrschst diese Regel. Ich kann es auch beweisen.

Ergänze einmal im Kopf folgende Sätze: Es treffen sich im Wald ein paar Zwerge um zu „quangen". Einen Tag später treffen sich zwei von diesen Zwergen und sagen: „Hey, gestern war es richtig lustig, wir haben den ganzen Abend __." („Gequangt" - nicht wahr?) Ein paar Wochen später treffen sich wieder ein paar Zwerge um zu „pattieren". Einen Tag später treffen sich zwei Zwerge und sagen: „War richtig lustig, wir haben den ganzen Abend __ ." („Pattiert" - nicht wahr?) Du kannst plötzlich Verben konjugieren, die es gar nicht gibt, die also deine Eltern nie gesagt haben. Du machst es automatisch gemäß der Regel, weil es sich anders „komisch anfühlt". So ist unser Unterbewusstsein vollgepackt mit Programmen, von denen wir gar keine Ahnung haben.

Programmbeispiel Autofahren

Ein weiteres Beispiel ist Autofahren. Vielleicht erinnerst du dich an deine erste Fahrstunde, in der du dich schwitzend auf jeden einzelnen Schritt konzentrieren musstest: Zündung, dann Kupplung drücken. Blinker, Schulterblick, dann langsam Kupplung loslassen. Super, jetzt noch Gas geben, toll, jetzt vom ersten in den zweiten Gang schalten. Ganz bewusst wieder die Kupplung gedrückt, Schalthebel in den zweiten Gang. Alles läuft ganz bewusst über das Bewusstsein.

Heute bist du unterwegs auf der Autobahn, schwatzend mit der besten Freundin, die nebendran sitzt, ermahnst vielleicht noch die Kinder, die hinten herumturnen, und plötzlich merkst du: „Scheiße, jetzt habe ich die Ausfahrt verpasst." Das heißt, du bist gar nicht bewusst beim Autofahren. Wie oft hast du geschaltet, wie oft hast du geblinkt, was hast du gemacht? Keine Ahnung. Ein völlig automatisches Programm läuft im Unterbewusstsein einfach ab.

Programme und dein Verhalten

So ist es mit allem. Alles was du tust, was du nicht tust, alles was du kannst, was du nicht kannst, alles ist ein Programm. Jede Entscheidung, die du fällst, fällst du anhand eines Programms. Ob du im Café einen Kaffee oder Tee nimmst, ist nicht deine freie Entscheidung. Vergiss das mit freier Entscheidung.

Es ist ein Programm, das du durch Erfahrungen gelernt hast. In wen du dich verliebst, dein Beuteschema, ist ein Programm (aus deinen ersten fünf Lebensjahren, wie wir noch sehen werden). Du entscheidest nicht aktiv, du entscheidest anhand deiner Erfahrungen, anhand deiner Programmierung. Du glaubst, du hast einen freien Willen, aber du entscheidest nicht frei, sondern anhand deiner Erfahrungen. Wenn du dich jetzt für ein Glas Wasser entscheidest, ist das ein Programm, weil du die Erfahrung gemacht hast, dass Wasser das Beste ist, um das Durstgefühl, das du gerade hast, wegzumachen. Darum nimmst du ein Glas Wasser, jemand anderes nimmt eine Fanta, der nächste eine Cola oder einen Ice Tea, weil er andere Programme hat und sagt, Ice Tea ist besser, Wasser ist langweilig, damit kann ich gar nichts anfangen. Alles was wir tun, ist über ein

Programm gesteuert. Diese Programme haben unglaublichen Einfluss auf so viele Dinge.

Das hat folgendes Experiment eindrücklich gezeigt. Man hat mit ein paar tausend Leuten diesen Test gemacht. Die Teilnehmer wurden in kleine Klassen von 30 Leuten geteilt und die Klassen jeweils in ein Zimmer gesetzt. Sie bekamen die Aufgabe, kurze Sätze, deren Wörter vertauscht waren, zu richtigen Sätzen zusammenzusetzen. So sollten sie zum Beispiel den Satz „Scheint Sonne die heute schön" zu „Heute scheint die Sonne schön" korrigieren. Ohne dass sie es wussten, hat dafür eine Gruppe einfach irgendwelche Sätze bekommen und eine andere Gruppe hat Sätze bekommen, die in jedem zweiten Satz ein Wort enthielten, das man mit „Alt sein" in Verbindung bringt wie Rente, Rollator oder graue Haare.

Man hat die Teilnehmer nun eine längere Zeit diese Aufgaben machen lassen und ihnen gesagt, dass jeder, sobald er mit den Aufgaben fertig ist, seine Unterlagen in den beigefügten Umschlag stecken, den Raum leise verlassen und am Ende des Flures in eine Kiste werfen solle. Das war die Aufgabe. Was man gemessen hat, war die Zeit, die die Probanden brauchten, um von der Türe aus dem Zimmer heraus bis zur Kiste zu gehen und den Umschlag hineinzuwerfen. Diese Zeit hat man gemessen - mehr nicht. Hundert Prozent derjenigen, die sich mit den Sätzen rund um das Thema "Alt sein" befasst hatten, haben für den Weg zur Kiste mehr Zeit gebraucht als die der anderen Versuchsgruppe. Sie haben sich also unbewusst langsamer bewegt.

Das zeigt uns, dass es so vieles gibt, was uns unbewusst beeinflusst und steuert, worauf wir im Leben nicht kommen würden. Wir glauben, wir entscheiden in solch einer Situation selbst wie schnell wir laufen. Pustekuchen. Gar nichts entscheidest du. Es sind deine Programme. Deshalb ist es doch recht spannend herauszufinden, nach welchen Programmen du eigentlich funktionierst.

Programmierung durch Überlebenstrieb

Bisher habe ich über eher förderliche Programme gesprochen wie Laufen, Sprechen, Autofahren. Es gibt aber auch noch zahlreiche andere Programme, die uns auch das Leben manchmal schwer machen. Um die Entstehung dieser Programme zu verstehen, stelle dir Folgendes vor.

Da ist die befruchtete Eizelle. Neun Monate lang macht es blubb, blubb, blubb und diese Zelle teilt und teilt sich. Es entsteht ein Menschlein, ein Embryo, irgendwann entsteht auch ein Bewusstsein, die Wahrnehmung der Welt, vielleicht die ersten Eindrücke und Gefühle. Vielleicht die ersten Bilder, die ersten Töne entstehen, wenn die Ohren und so weiter auch entwickelt sind. Es kommt immer mehr Leben von außen dort hinein. In dieser Zeit, am Anfang des Lebens, ist das ganze Universum der Mutterleib. Da gibt es kein draußen, denn davon hast du in diesem Stadium keine Ahnung. Dass du irgendwann einmal zur Schule und zur Arbeit musst und Steuern bezahlen, das ist da überhaupt noch kein Thema. Das ganze Universum ist dieser Mutterleib und du bist eins mit dem Universum. Du und die Mutter, ihr seid eins.

Das läuft neun Monate so. Dann machst du den Kopfsprung und auf einen Schlag ist alles anders. Du bist plötzlich in einer ganz anderen Welt. Es ist laut, hell, kalt, hektisch - einfach alles ist komplett anders! Das ist das erste Trauma, das wir erleben. Stell dir vor, du erwachst am nächsten Morgen und alles ist anders. Es ist einfach alles nicht mehr so wie es bis jetzt war. Es gibt kein Bett mehr, du hast keine Füße mehr, es gibt keine Sonne, alles ist auf dem Kopf, alles ist völlig anders. Du hast keine Ahnung mehr, was jetzt abgeht. Wie würdest du dich fühlen? Wahrscheinlich unsicher. Nun ja - dem Kind geht es genauso. Du hast zwar diesen inneren Trieb zum Überleben. Du willst überleben. Du weißt auch, du musst überleben. Aber du hast keine Ahnung wie. Du bist in einer völligen Abhängigkeit zu deinen Eltern. Du weißt, wenn du nicht gesehen wirst, nicht geliebt wirst, wenn du keine Sicherheit und Geborgenheit hast, wirst du nicht überleben. Es geht also um Leben oder Tod.

Das klingt dramatisch - und das ist es auch. Wir sind als Kinder in dieser absoluten Abhängigkeit und daraus entstehen diese Bedürfnisse, die wir haben. Jeder von uns will gesehen werden, jeder will geliebt werden, jeder will Sicherheit, jeder will Geborgenheit, dann kommt das Bedürfnis nach Abenteuer hinzu, wenn man anfängt zu krabbeln und die Welt zu entdecken. Diesen Dingen - gesehen werden, geliebt werden, Sicherheit, Geborgenheit, Abenteuer, Lustbefriedigung - rennen wir ein Leben lang nach. Wir tun alles, um diese Dinge zu bekommen. Das weiß zum Beispiel auch die Werbung oder das Marketing. Dort baut man die Konzepte auf diesen Bedürfnissen der Menschen auf und das Produkt wird gekauft.

Für Liebe müssen wir etwas tun, Liebe bekommen wir nicht umsonst

Als Erwachsener weißt du natürlich, dass ein bisschen Hungergefühl nicht lebensbedrohlich ist. Als neugeborenes Kind weißt du das nicht. Wenn das Gefühl Hunger aufkommt, weißt du nicht, dass es gleich etwas zu essen gibt. Das heißt, Hunger haben löst eine Todesangst aus. Wenn ich nichts zu essen bekomme, verhungere ich, sterbe ich. Ich muss zuerst öfter die Erfahrung machen - das ist das erste Lebensjahr, in dem dieses Grundvertrauen aufgebaut werden sollte – dass ich, wenn ich Hunger habe, etwas zu essen bekomme.

Das gilt auch für alle anderen Bedürfnisse, die wir das erste Jahr wiederholt erleben müssen. Geborgenheit und Sicherheit zum Beispiel. Es ist jemand da, es beschützt mich jemand, wenn der Säbelzahntiger kommt - aus der Evolutionsgeschichte gesehen. Ich werde gesehen und ich werde geliebt. Dann kann ich überleben.

In dieser Ausgangslage kommen wir auf diese Welt und das erste, was wir erleben ist, so wie du bist, bist du nicht richtig. Aus dir muss zuerst einmal etwas werden. Liebe und Geborgenheit bekomme ich nicht einfach so. Ich muss für Liebe bezahlen. Wir zahlen ein Leben lang für Liebe. Wie bezahlen wir? Zum Beispiel durch Anpassung. Wenn ich schön brav bin, dann hat Mami mich lieb, dann kann ich überleben. Wenn ich stark bin, wenn ich mein Zimmer aufräume, gute Schularbeiten mache, wenn ich dies mache, wenn ich das mache. Wenn ich tue, was andere wollen, dann werde ich geliebt, dann kann ich überleben. Ich erlebe das immer wieder, Impulse laufen über die entsprechenden Synapsen, es bilden sich Programme. So werden wir programmiert und sind gezwungen, wenn wir überleben wollen, diese Deals einzugehen.

Typische Programmierung für Jungen und Mädchen

Jungen werden zum Beispiel so programmiert: Du bist ein richtiger Mann, du musst stark sein. Das Kind lernt also, wenn ich geliebt werden will, muss ich stark sein. „Sei kein Weichei, ein Indianer kennt keinen Schmerz." Okay, wenn ich überleben will, muss ich stark sein. Dann haben sie mich lieb. Ich will überleben, ich will stark sein. Impulse laufen über die Synapsen. Daraus entsteht: Ich muss stark sein, ich bin stark, ich bin stark, ich bin stark. Dieses Programm „ich bin stark" ist irgendwann so gut programmiert, dass der Junge mit 35, 40, 50 Jahren beim Therapeuten sitzt und sagt: „Meine Frau schickt mich zu Ihnen. Sie sagt, ich kann keine Gefühle zeigen."

Mädchen hingegen müssen in der Regel brav sein. Das Kind lernt, ich muss brav sein, dann werde ich geliebt, dann werde ich gesehen, dann kann ich überleben. Ich muss brav sein, ich will überleben. Ich will brav sein, ich bin brav, ich bin brav, ich bin brav. Auch das Mädchen sitzt mit 35, 40, 50 Jahren beim Therapeuten und sagt: „Ich kann mich nicht durchsetzen. Ich kann nicht Nein sagen und Sex macht auch keinen Spaß, (weil ich doch brav sein muss)."

Programmierung durch Vergleiche

Ich möchte es nochmals betonen. Am Anfang dieser Programmierung geht es darum zu überleben. Das ist nicht Nichts, es ist das blanke Überleben. Auf diese Weise werden wir mit ganz vielen Programmen programmiert.

Wir lernen, so wie du bist, bist du nicht richtig. „Solange du deine Füße unter meinem Tisch hast, machst du, was ich sage." „Reiß dich zusammen." „Sei brav." Unser Selbstbewusstsein wird zerstört durch gutgemeinte Ratschläge wie Vergleiche: „Nimm dir ein Beispiel an deinem Bruder, wie schön er immer die Hausaufgaben macht." „Nimm dir ein Beispiel an Eva, die so brav die Erwachsenen grüßt." Uns werden als Vergleich gute Verhaltensweisen von anderen vorgehalten und dabei erleben wir aus Kinderperspektive: „Die anderen sind ja alle besser als ich und ich bin nicht gut genug. Ich mache es falsch, ich bin schlechter als die anderen." Jedes Mal, wenn wir wieder verglichen werden – obgleich die Eltern es ja gut meinen - erleben wir als Kind eine Bestätigung für den Glaubenssatz: „Die sind besser als ich und ich bin ein Versager." Es laufen Impulse über Synapsen und dieses Programm wird besser und besser.

Programmierung durch Über- oder Unterforderung

Wir werden auch programmiert, indem wir über- oder unterfordert werden. „Du kannst das noch nicht, du bist zu klein." „Das schaffst du eh nicht, hab' ich es dir doch gesagt." „Jetzt hast du das wieder kaputtgemacht!" „Lernst du das eigentlich nie?" „Bist du eigentlich blöd?" „Du bist viel zu faul." Das sind solche Sätze, die wir in der Kindheit alle gehört haben. Dabei laufen Impulse über Synapsen. So entstehen Glaubenssätze wie: „Ich bin nichts, ich kann das nicht." Oder: „Ich muss mich zusammenreißen. Ich muss brav sein. Ich muss so sein. Ich muss das tun. Ich muss jenes tun." Mit all diesen Programmen laufen wir heute durch das Leben. Wir sind immer noch schön brav, angepasst, stark, immer noch vor dem Hintergrund „Mami, hast du mich jetzt lieb? Papi, hast du mich jetzt lieb?" Es steckt immer noch das gleiche Kind in uns, das sich entsprechend verhält.

Programmierung durch Aufträge

Wir bekommen auch unbewusst Aufträge, wie zum Beispiel der Junge von Mami: „Du bist ja mein gescheiter Junge, du bist so gescheit." Der Junge folgert daraus: „Aha, wenn ich gescheit bin, hat sie mich lieb, dann kann ich überleben. Ich muss gescheit sein." Daraus wird dann später der Klugscheißer, der sich meistens eine jüngere Frau sucht, die er belehren kann. Sobald diese ihm nachkommt, auch eine eigene Meinung entwickelt und sich durchsetzt, schmeißt er sie weg, denn dann wird sie uninteressant. Oder der Junge erhält den Auftrag: „Du bist so ein fleißiger Junge." Das gibt dann später den Treiber, den überarbeiteten Manager, der immer fleißig, fleißig, fleißig ist. Oder der Auftrag: „Du bist ein braver Junge." Das sind die Frauenversteher, die alles tun, was die Frau ihnen sagt.

Programmierung durch Vorbild

Das ist aber noch nicht alles. Wir kommen auf die Welt und haben noch kaum Programme. Wir wissen nicht, wie sich beispielsweise ein Stift anfühlt, wie er sich bewegt, was das ist, wie er riecht, wie er schmeckt. Wir müssen erst in allem Erfahrungen machen.

Wir wissen auch nicht, was ein Mann und was eine Frau ist. Irgendwann merken wir dann zum Beispiel als Mädchen, oh mein Brüderchen hat da etwas, das habe ich nicht. Da gibt es ja einen Unterschied - Männlein und Weiblein. Aber was bedeutet das jetzt, eine Frau zu sein, was heißt das, Mann zu sein? Die erste Frau, mit der wir in der Regel zu tun haben, ist unsere Mutter. Also schauen wir uns eben Mami an. Ebenso ist das mit dem ersten Mann in unserem Leben, in der Regel Papa. Unsere ersten Vorbilder für das Frausein oder Mannsein sind unsere Eltern beziehungsweise die Erwachsenen, bei denen wir aufwachsen.

Als Kind unserer Eltern entscheiden wir uns immer zwischen zwei Möglichkeiten: Entweder übernehmen wir ihre Muster eins zu eins und werden genau gleich, oder wir gehen in die Rebellion und machen genau das Gegenteil. Um deinen Programmen auf die Spur zu kommen, kannst du dich deshalb fragen:

Wie war denn meine Mutter? Wie habe ich sie erlebt? War meine Mutter eine stolze Frau? Hat sie ihre Weiblichkeit stolz gelebt? Wie hat sie ihre Sexualität gelebt? War das ein Tabuthema? Wie ist sie mit Emotionen umgegangen? Wie hat sie auf Probleme reagiert? Was für ein Männerbild hatte deine Mutter, beziehungsweise was hat sie über Papa gesagt? „Kind, suche dir bloß nicht so einen wie dein Papa!" oder „Junge, werde bloß nie so wie dein Alter!" Das ist ein unbewusster Auftrag, den wir annehmen: „Mama, ich möchte geliebt werden, ich mache es so wie du sagst."

Wir übernehmen diese Muster alle eins zu eins oder gehen in die Rebellion, genau ins Gegenteil. Da gibt es das bekannte Beispiel der beiden Brüder: Papa war Alkoholiker. (Das war seine Strategie um mit unangenehmen Gefühlen wie Ängsten umzugehen.) Von den zwei erwachsenen Söhnen trinkt der eine nie Alkohol und begründet es mit dem Satz: „Mein Vater war Alkoholiker. Ich werde nie Alkohol anfassen." Rebellion. Sein Bruder ist ebenfalls Alkoholiker und begründet das auch mit dem Satz: „Mein Vater war Alkoholiker." Die gleiche Strategie.

So übernehmen wir die Muster eins zu eins oder machen genau das Gegenteil. Das kann auch in gewissen Bereichen das eine sein und gleichzeitig in anderen Bereichen das andere. Wenn also dein Partner oder deine Partnerin dir in manchen Situationen sagt, du seist genauso wie deine Mutter, und es dich nervt, dann wird er oder sie wahrscheinlich Recht haben.

Ich hatte einmal eine Klientin, die hatte Probleme mit Beziehungen. Ihre Mutter war alleinerziehend. Sie war drei Jahre alt gewesen, als der Vater sie verlassen hat. Im Gespräch sagte sie, sie habe nie wirklich lange Beziehungen. Darauf habe ich sie gefragt, wie lange ihre Beziehungen im Schnitt denn dauerten. Sie überlegte und ihr blieb der Atem stehen, als sie sagte: „Drei Jahre." Du erkennst es: „Papa, ich nehme nie einen Mann länger als drei Jahre. Genau so lange wie du da warst für mich."

Solche Muster erkennt man plötzlich, wenn man das Verhalten der Eltern analysiert. Ein anderes typisches Beispiel ist das Mädchen, das das Gefühl hatte, dass Papa nie da war, nie anwesend, es nie wahrgenommen hat. Es wäre so gerne von Papa gesehen worden. Das ist dann die Frau, die sich nie für die schwärmenden Verehrer interessiert, sondern sich immer zu den Typen hingezogen fühlt, die ihr die kalte Schulter zeigen: „Hey, Papa, ich nehme einen, der genauso ist, wie du warst." Oder sie geht in die Rebellion, würde zwar schon gerne den coolen Typen haben, aber sagt sich nein, so einen nicht und sucht sich so einen Alditaschenträger. Den findet sie zwar langweilig, aber sie ist in der Rebellion, und das hat dann genauso wieder mit ihrem Papa zu tun.

Ich habe jetzt ein paar wenige Beispiele für unsere Programmierungen aufgezählt. Es gibt dafür unendliche Möglichkeiten. Wir haben immer eine Mischung aus vielen solchen Programmierungen dazu, wie ich mich verhalten muss, damit ich geliebt werde und überleben kann. Diese Glaubenssätze, Verhaltensmuster und Strategien fahren wir auch heute noch. Diese Strategien sind es auch, die uns Dinge tun lassen, die wir gar nicht wollen, oder uns eben von Dingen abhalten, die wir gerne tun würden. Wir fahren sie so lange weiter, bis sie uns erstens bewusst werden, und wir zweitens anfangen sie zu verändern. Das ist ein Prozess, der dein Leben verändert.

Programmierung der vier großen Lebenslügen

Auch durch die Gesellschaft, in der wir aufwachsen, werden wir programmiert. Zu der Software, die uns durch unsere Gesellschaft in das Gehirn programmiert wird, gehören unter anderem die vier großen Lebenslügen.

Du bist, was du hast

Die erste Lüge ist: Du bist, was du hast. Du musst haben, um jemand zu sein. Wir identifizieren uns über das, was wir haben. Selbst wenn du vielleicht meinst, du bist nicht so auf das Haben fixiert, sondern eher sozial eingestellt, steckt das in dir drin. Dafür gebe ich dir folgendes Beispiel: Wenn du durchs Stadtzentrum spazierst und dich dort ein bettelnder Penner anspricht, dann wirst du diese Person duzen. Spricht dich ein Herr im Anzug an, wirst du ihn siezen.

„Du bist, was du hast" ist so gut einprogrammiert und danach leben wir. Wir glauben, wir müssen haben, damit wir jemand sind. Das beginnt schon in der Schule. Wir brauchen Markenklamotten, damit wir jemand sind. Wenn ich also bin, was ich habe, und entdecke, dass andere mir das wegnehmen wollen, dann muss ich noch mehr haben. Denn wenn mir das was ich habe weggenommen wird, dann bin ich ja auch nichts mehr.

Daraus entsteht die Gier, und das ist eines der größten gesellschaftlichen Probleme, die wir auf der Welt haben, die Gier. Mehr, mehr, mehr. Ich brauche immer mehr, weil ich glaube, ich bin, was ich habe. Das ist aber eine große Lüge.

Du bist nicht, was du hast. Du bist ein wunderbares göttliches Wesen. Du bist unglaublich! Du bist ein Wunder! Ich kenne Leute, die fahren die schönsten Autos und sind die größten Arschlöcher. Ich kenne aber auch Menschen, die sich kein Auto leisten können und herzensgute Menschen sind. Es hat überhaupt nichts mit dir zu tun, was du hast. Das ist nur eine Verpackung. Je glänzender die Verpackung ist, desto schlechter ist meistens das Produkt, das darin steckt. Ein sehr gutes Produkt braucht keine glänzende Verpackung, denn es überzeugt mit seiner Qualität. Eine glänzende Verpackung will immer von etwas ablenken. Leider ist unsere Gesellschaft genau darauf programmiert.

Du bist, was du tust

Die zweite große Lüge ist: Du bist, was du tust. Das ist der große Treiber in uns. Ich muss immer tun, tun, tun, ich muss gut sein. Schon in der Schule bist du mehr wert, wenn du im Sportunterricht schneller klettern kannst. Du bist beim Fußball mehr wert, wenn du mehr Tore schießt. Du bist mehr wert, wenn du schneller rennen kannst. Mit den Langsamen wollen wir nichts zu tun haben, das ist der Abschaum. Du bist, was du tust, du musst tun und du musst es gut tun. Auch das ist eine Lüge.

Du bist nicht das, was du tust. Jeder von uns tut manchmal Doofes. Jeder von uns tut manchmal scheinbar Schlechtes. Jeder von uns hat Dinge, die er kann, andere kann er nicht.

Wir wachsen aber in dem Glauben auf, um etwas zu sein, um geliebt und gesehen zu werden, sprich zu überleben, muss ich aufpassen, was ich tue, und ich muss gut sein: „So wird nie etwas aus dir." „Hausaufgaben machen, sonst ..." „Du musst besser sein in der Schule." Du bist, was du tust. Du bist nichts, wenn du das nicht machst, wenn du das nicht schaffst. Das ist so eingeprägt in unserem Kopf und das ist völliger Schwachsinn. Du bist nicht das, was du tust. Du bist einfach so wie du bist, ein göttliches Wunder.

Du bist, was andere über dich denken

Die dritte große Lüge ist: Du bist, was andere über dich denken. Somit muss ich ständig ein Image aufrechterhalten. Ich muss ständig irgendetwas tun, was ich gar nicht tun will, weil ich ja bin, was andere über mich denken.

Das lernen wir auch schon von Kind an. „Was denken bloß die Nachbarn." Das haben wir tausend Mal in dieser oder einer ähnlichen Form gehört. Wir lernen also - „was denken die Nachbarn", Impulse laufen über Synapsen - es ist wichtiger, was die anderen denken, als was du dabei fühlst. Bauchgefühl ist unwichtig. Wichtiger ist, die Nachbarn beziehungsweise die anderen zu befriedigen. Was denken die bloß. „Was denkt bloß deine Tante, wenn du wieder so eine Schulnote nach Hause bringst." Du bist, was andere über dich denken.

Das Problem dabei ist aber, wie ich oben dargelegt habe, dass die anderen nur eine subjektive Wahrnehmung von zweitausend Bits aus vierhundert Milliarden Bits haben. Wenn ich bin, was andere denken oder was andere wahrnehmen, dann werde ich es nie allen recht machen können, weil jeder eine andere subjektive Wahrnehmung hat. Das wird nie aufgehen. Darum ist das eine Lüge. Es kann gar nicht sein, dass ich das bin, was andere denken. Nur weil irgendjemand denkt, du seist scheiße, nur weil jemand denkt, du seist hässlich, nicht liebenswert, du nervst, du seist zickig, was auch immer, ist das nicht wahr, denn es ist seine subjektive Wahrnehmung. Es mag in seinem Leben wirklich so sein, hat aber rein gar nichts mit dir zu tun.

Du bist für die Gefühle anderer verantwortlich

Die vierte große Lüge ist: Du bist für die Gefühle anderer verantwortlich, und andere sind für deine Gefühle verantwortlich.

Das kann nur eine Lüge sein, denn das kann gar niemand erfüllen. Wenn du mich zum Beispiel fragst, ob ich dir nächsten Samstag beim Umzug helfen kann, und ich habe absolut keinen Bock auf Umzug, weil ich schon für nächsten Samstag mit einer Freundin ausgemacht habe, dass wir Kaffeetrinken gehen, kann ich dir jetzt nicht „nein" sagen, weil ich glaube, dass du dich dann im Stich gelassen fühlst. Weil ich nun glaube, ich sei für dein Gefühl im Stich gelassen zu sein verantwortlich, bin ich in totalem Stress, weil ich jetzt ja meine Freundin enttäuschen muss, mit der ich zum Kaffee verabredet bin, und für ihr Gefühl der Enttäuschung dann ja auch wieder verantwortlich bin.

So ist man den lieben langen Tag ständig damit beschäftigt, sich um die Gefühle aller Menschen zu kümmern, denen man begegnet, und gerät ständig in solche Gewissenskonflikte. Für die eigenen Gefühle habe ich dann gar keine Energie mehr, aber um die müssten sich ja dann wieder die anderen kümmern. Das ist überhaupt nicht leistbar und völlig hirnrissig. Ich bin für deine Gefühle nicht verantwortlich. Das Gefühl, das du erlebst, dass ich dich im Stich gelassen habe, das habe nicht ich gemacht. Das erlebst du aufgrund deiner persönlichen Programme und Geschichte. Denn wenn ich in der beschriebenen Situation zu meiner Freundin sagen würde, dass ich ihr nicht helfen komme, weil ich mit dir ein Bierchen trinken gehe, dann sagt sie vielleicht: "Kein Thema, dann frage ich jemand anderen," und fühlt sich gar nicht im Stich gelassen, weil sie das Programm nicht hat. Du aber hast vielleicht das Programm und fühlst dich darum in dieser Situation elendig im Stich gelassen von mir. Das hat dann aber nichts mit mir zu tun.

Darum kannst du dir merken: du bist nicht für die Gefühle der anderen verantwortlich. Nie. Andere sind auch nicht für deine Gefühle verantwortlich. Das ist eine Lüge.

Kapitel 7

Glaubenssätze

Allerdings haben wir gute Vorprogramme – wie das Programm „Du bist nichts" – an die eine solche Lüge natürlich wunderbar andocken kann. Die Außenwelt bestätigt mir, dass ich nichts bin, deshalb glaube ich, dass ich ganz sicher nichts bin. Dann erlebe ich nochmal in irgendeiner Situation „ich bin nichts", zum Beispiel, wenn sich jemand beleidigt von mir abwendet, also wird das sicher die Wahrheit sein.

So akzeptieren wir eine Wahrheit, die gar keine Wahrheit ist. So bilden wir Glaubenssätze wie „Ich bin nicht liebenswert", „So wie ich bin, bin ich nicht richtig", „Ich bin schwach" und so weiter, obwohl das alles nicht wahr ist. Diese Lügen sind aber so gut in unseren Kopf einprogrammiert, dass wir, ohne dass wir es merken, danach leben. Genau wie die Testpersonen aus dem Beispiel oben, die den Flur langsamer entlanggelaufen sind, ohne sich dessen bewusst zu sein.

Sich Glaubenssätze bewusst machen

Die Lösung ist hinschauen, erkennen, sich seiner Programme bewusst werden. Nach welchen Programmen funktioniere ich, welche Glaubenssätze habe ich? Was, glaube ich, ist die Wahrheit, und diese Wahrheit zu hinterfragen. Ist es denn wirklich wahr? Stimmt das wirklich, was ich da als Realität erlebe, zum Beispiel dass ich so schlecht bin, dass ich so oder so sein muss, dass ich dies oder das machen muss? All das, worüber du dir ganz sicher bist, anfangen zu hinterfragen. Du wirst feststellen, es ist nicht wahr. Es ist nur ein Teil der Wahrheit. Es ist zwar deine subjektive Lebenswirklichkeit, aber es ist nicht DIE Wahrheit. Wenn du das festgestellt hast, kannst du anfangen das zu ändern. Auch das geht nicht Hokuspokus eins-zwei-drei und schon ist es gut. Wir haben diese alten Programme schließlich jahrzehntelang richtig gut in unserem Gehirn trainiert. Wir sind inzwischen richtig gut darin, uns selbst fertigzumachen. Die "Ich bin nichts"-Programme und ähnliche trainieren wir ja auch weiter. Aber wir können anfangen, sie in kleinen Schritten zu verändern. Jeden Tag ein kleiner Schritt und sie werden sich verändern. Diese Programme sind der Schlüssel zum Erfolg, denn sie haben gravierende Konsequenzen für unsere Wirklichkeit, für unser Leben.

Das Auswahlkriterium des Türstehers

Wie ich bereits beschrieben habe, wählt der Türsteher deines Bewusstseins aus vierhundert Milliarden Bits pro Sekunde an Realität zweitausend Bits aus und präsentiert sie dir als Wirklichkeit. Nach welchem Kriterium entscheidet der Türsteher, was wichtig und was nicht wichtig ist für deine Realität? Anhand von deinen Programmen!

Das kann man sich folgendermaßen vorstellen: Da kommt ein Sinnesimpuls herein. Der Türsteher schaut nach, ob er dazu ein Programm hat. Er findet ein Programm, er drückt auf den Knopf und - zack – startet das Programm. Findet er kein Programm, wirft er den Impuls raus, denn er wird als unwichtig erachtet.

Stell dir beispielsweise vor, du gehst bei deiner Arbeit in die Cafeteria und da sind gerade zwei Kolleginnen am Quatschen. In dem Moment, als du den Raum betrittst, hören die beiden auf zu quatschen und laufen auseinander. Du siehst das mit deinen Augen. Der Türsteher bekommt den Impuls und schaut nach, ob er ein Programm dazu hat. Findet er keines, denkst du vielleicht, die beiden haben ihre Kaffeepause anscheinend beendet, oder denkst dir nichts weiter. Findet er eines wie „Ich bin falsch. Keiner mag mich, ich bin nicht liebenswert", dann erlebst du in diesem Augenblick: „Aha, die beiden haben über mich gequatscht. Irgendetwas habe ich wieder falsch gemacht." Du erlebst das als deine Realität, als deine Wirklichkeit mit allen Emotionen, die dazu gehören, wie etwa Trauer, Schuld, Scham oder Kleinheit. Auch wenn die beiden etwas ganz anderes besprochen haben und das nichts mit der Wahrheit zu tun hat. Es ist deine erlebte Realität. Du wirst diese Realität auch nicht überprüfen, denn für dich ist es sicher, du hast ja den Beweis, mit dir stimmt etwas nicht.

WuWu

Ich möchte das noch an einem anderen Beispiel verdeutlichen. Es sitzen drei Freunde zusammen. Max, Hans und Frank. Max ist als Kind mit Hunden aufgewachsen und hat gute Erfahrung mit Hunden gemacht. Er liebt Hunde. Hans hingegen wurde einmal als Kind von einem Hund gebissen und hat somit schlechte Erfahrungen mit Hunden gemacht. Er hat Angst vor Hunden. Frank hat keine speziellen Erfahrungen mit Hunden, ihm sind Hunde egal.

Die drei sitzen also zusammen und plötzlich schaut ein Hund durch die Türe ins Zimmer und macht „WuWu". Dieses „WuWu" ist nichts anderes als eine Schallwelle, die durch das Ohr (Sinne) unserer drei Freunde aufgenommen wird, im Gehirn verarbeitet wird und schlussendlich beim Türsteher landet. Der schaut jetzt jeweils im Unterbewusstsein der drei nach, ob es da ein Programm gibt, das zu diesem „WuWu" passt.

Bei Max findet der Türsteher das positive Programm aus der Kindheit, drückt auf den Knopf und ganz automatisch, ohne dass Max etwas dafür kann, freut er sich riesig über den Hund in der Tür. Ganz anders bei Hans. Bei ihm findet der Türsteher das negative Programm aus der Kindheit, drückt ebenfalls auf den Knopf, und Hans fällt sofort in eine kleine Panikattacke und zittert am ganzen Körper. Bei Frank schließlich findet der Türsteher erst einmal kein Programm, daher nimmt Frank den Hund zuerst gar nicht wahr. Erst nachdem er sieht, dass Max sich freut und Hans vor Angst zittert, realisiert er, dass ja ein Hund in der Türe steht.

Es ist die absolut gleiche Realität, das „WuWu", aber es sind drei ganz unterschiedliche erlebte Wirklichkeiten. Es ist ganz egal, was da draußen in der Welt passiert, entscheidend für unsere erlebte Realität ist, was für ein Programm wir dazu haben.

Arschengel

Dieses Prinzip gilt für alles, was wir wahrnehmen. Wenn dein Chef zu dir kommt, dir einen Stoß Blätter auf deinen Schreibtisch wirft und sagt: „Hey, bitte, können Sie das noch korrigieren?", und du dich jetzt klein, nicht geachtet, scheiße behandelt fühlst, hat dieses Gefühl rein gar nichts mit deinem Chef zu tun. Was der Chef macht, ist nur „WuWu". Wenn du ein Programm hast wie „Ich bin scheiße, ich bin nichts wert", drückt er auf den Knopf und genau das Programm startet jetzt. Wenn du das Programm nicht hast, dann nimmst du die Blätter, wirfst sie dem Chef hin und sagst: „Mach deinen Dreck selber", fühlst dich aber nicht schlecht dabei.

Das habe ich jetzt ein bisschen übertrieben dargestellt. Aber in diesem Beispiel ist der Chef das, was man einen Arschengel nennt. Diesen Begriff hat Robert Betz kreiert. Der Arschengel ist ein Arsch, weil er natürlich bei dir etwas auslöst, was sich nicht gut anfühlt, weil er dich verletzt, weil er dir weh tut, weil du traurig wirst, Angst hast, unsicher wirst und so weiter. Er ist aber auch ein Engel, weil er dir sagt: „Hey, du, mein lieber Schatz, du hast da ein Programm laufen. Das darfst du dir anschauen." Er ist dein Spiegel. Dein Partner ist auch ein Arschengel, wenn er dich nervt, oder deine Kinder oder wer auch immer. Du bist umgeben von Arschengeln. Jeder Mensch, der dir auf den Zeiger geht, der bei dir negative Gefühle auslöst, ist ein Arschengel.

Weil unsere Programme im Unterbewusstsein laufen, haben wir sie nicht im Bewusstsein. Wir bemerken sie nicht. Wir erleben daher nur die Konsequenzen unserer Programme auf dem Bildschirm. Der Arschengel hält mir den Spiegel vor, so dass ich meine Programme erkennen kann. Er zeigt mir, dass ich ein Problem habe mit Selbstwert, mit Angst, mit diesem Gefühl, mit jenem Gefühl.

Er ist wie der normale Spiegel, der mir beispielsweise zeigt: „Hey, Junge, du hast einen Pickel auf der Nase!" Den sehe ich sonst genauso wenig. Jetzt käme ich aber nie auf die Idee, da am Spiegel herum zu drücken. Sondern ich weiß, dass ich den Pickel auf meiner eigenen Nase behandeln muss. Der Chef oder meine Partnerin zeigt mir genauso ein Problem auf, aber ich muss nicht am Chef herumdrücken oder am Partner oder der Partnerin. Die sind nur die Spiegel. Sie zeigen mir, dass ich hier etwas habe, woran ich arbeiten darf. Nur bei mir kann ich es ändern.

Ich könnte versuchen, alle Arschengel zu beseitigen, aber es kommen immer wieder neue. Sie kommen so lange, bis ich dieses Thema aufgearbeitet habe. Wenn ich nämlich keinen Knopf mehr habe, kann ihn auch niemand mehr drücken und das Problem ist gelöst.

Ändere deine Realität

Du kannst deine Realität ändern, denn – nochmals zur Wiederholung - deine erlebte Wirklichkeit ist nicht die Wirklichkeit da draußen. Dieser Hund ist einfach ein Hund. Die Freude oder die Angst, die er dich erleben lässt, ist ein Programm von früher, das einfach abläuft, und hat nichts mit diesem Hund zu tun. Das was du erlebst, wenn der Chef dir die Blätter hinschmeißt, hat nichts mit dem Chef zu tun, sondern mit deinen früheren Erlebnissen.

Das gilt für alle Gefühle. Weil du ein Programm hast, wird in deinem Kopf der Knopf gedrückt. Du erinnerst dich wie ich vorher beschrieben habe, was dann passiert: Es geht ein Fax an den Hypothalamus, den Barkeeper. Er setzt die Gefühle zusammen und schüttet sie ins Blut, du erlebst das Gefühl. Gefühle sind Lernturbos, das Programm wird stärker. Für dich ist das deine erlebte Lebenswirklichkeit. Es ist aber eine subjektive Wirklichkeit. Du kannst die Welt da draußen nicht ändern.

Die Welt ist wie sie ist, die Hunde bellen so wie sie bellen. Du kannst aber dein Programm zum Bellen verändern. Du kannst dein Programm dazu ändern, wie andere mit dir umgehen und irgendwann stört es dich nicht mehr. Irgendwann ist es dir scheißegal. Soll er doch herumtoben wie er will, es betrifft mich nicht. Ich habe auch kein Gefühl, das ich verdrängen muss, denn es entsteht gar nicht mehr, weil ich das Programm nicht mehr habe und der Hypothalamus folglich nicht mehr diesen Cocktail mixt.

Das klingt jetzt schneller und einfacher gemacht als es ist. Das Aufspüren unangenehmer Programme ist eine Never Ending Story. Es macht aber Spaß, weil du merkst, wie du dadurch immer freier wirst. Es geht bekanntlich nicht um die Goldmedaille, sondern darum, kleine Schritte zu gehen und sich überhaupt einmal auf den Weg zu machen, denn es lohnt sich. Wie gesagt, jeden Tag ein bisschen Psychohygiene, wie jeden Tag Zähneputzen, dranbleiben und du befreist dich mehr und mehr. Das ist etwas, das man tun muss, wenn man das Steuer für das Leben wieder in die Hand nehmen will. Dein Leben verändert sich in kleinen Schritten. Wenn du dann nach einem Jahr zurückschaust, denkst du: „Scheiße, da hat sich so viel verändert!"

Um diese Reise zu starten und dein Leben komplett zu verändern, gibt es ein paar einfache Möglichkeiten. Die stelle ich dir in diesem Buch vor.

Kapitel 8

Spielregeln des Lebens

Wenn ich mit einem Kind ein Spiel spiele wie „Mensch ärgere dich nicht", beziehungsweise in der Schweiz „Eile mit Weile", oder „Monopoly" oder ähnliches, dann erkläre ich ihm die Spielregeln, bevor ich anfange zu spielen. Denn wenn ich ein Spiel spiele, ohne die Spielregeln zu kennen, ist die Chance, dass ich das Spiel verliere, sehr groß. Es macht daher keinen Spaß, ein Spiel zu spielen, bei dem man die Spielregeln nicht kennt.

Jeder Fußballspieler weiß zum Beispiel, dass nach der Hälfte des Spiels gewechselt wird. Wenn ein Fußballspieler nicht wüsste, dass in der Halbzeit gewechselt wird, würde er in der zweiten Halbzeit nur noch Eigentore schießen. Er würde nicht verstehen, warum plötzlich seine Anstrengungen nicht mehr zählen. Er macht das Gleiche wie vorher, aber plötzlich ist es ganz anders, es geht nicht mehr so weiter.

In der Halbzeit wird gewechselt

Das ist im Fußball völlig klar. Im Leben jedoch wissen die wenigsten Menschen, dass in der Halbzeit gewechselt werden muss, dass in der zweiten Lebenshälfte, dem Nachmittag des Lebens, nicht mehr die gleichen Dinge zählen wie in der ersten Hälfte. Die meisten haben keine Ahnung davon, dass da eine Veränderung stattfindet, und sind dann völlig überrascht. Sie machen genauso weiter wie vorher und schießen plötzlich Eigentore. Plötzlich funktioniert das nicht mehr. Und dann fängt man an zu projizieren. Der Fußballspieler würde dann dem Schiedsrichter die Schuld geben und allen anderen Idioten, die sich ja nicht auskennen. Wir projizieren dann das Problem genauso auf irgendwelche anderen Menschen oder Ereignisse. Es sind aber nicht die anderen, die uns Eigentore schießen lassen, sondern wir kennen die Spielregeln nicht. Die Spielregeln sind grundsätzlich einfach die Naturgesetze.

Naturgesetze sind wie Spielregeln

Schwerkraft zum Beispiel ist ein Naturgesetz. Wenn ich etwas in der Luft halte und es loslasse, was passiert? Es fällt herunter. Das überrascht niemanden wirklich, denn das Gesetz der Erdanziehungskraft, dass etwas herunterfällt, wenn die Anziehungskraft stärker ist als das, was es festhält, kennt jeder. Das ist ein Naturgesetz. Dieses Naturgesetz können wir für uns nutzen.

Wenn wir zum Beispiel Skifahren gehen, nutzen wir genau dieses Gesetz und haben Spaß dabei. Die Schwerkraft zieht uns mit den Skiern oder dem Snowboard den Hang hinunter. Es ist aber genau das gleiche Gesetz, das wirkt, wenn wir die Treppe herunterfallen und uns den Fuß brechen. Hier ist es auch die Schwerkraft, die dafür gesorgt hat. Es ist das gleiche Gesetz, nur macht das jetzt ein bisschen weniger Spaß.

Genauso ist es mit allen anderen Naturgesetzen auch. Sie gelten und wirken, ob wir sie kennen oder nicht, ob wir sie akzeptieren oder nicht. Wir können sie aber auch für uns nutzen – oder eben nicht. Ich möchte dir ein paar Naturgesetze vorstellen, die uns weniger geläufig sind als die Schwerkraft, die du für dich ausprobieren und nutzen kannst. Als Wegweiser, als Spielregeln, um Spaß zu haben, um glücklich zu sein, um dir dein Leben so aufzubauen, wie du es gerne hättest. Wieder ist dabei das Bauchgefühl das zentrale Instrument.

Resonanzgesetz

Ich fange mit einem Gesetz an, das schon einigermaßen bekannt ist. Das Resonanzgesetz ist durch verschiedene Bücher und Filme wie „The Secret - das Geheimnis" oder „Bestellung im Universum" seit einigen Jahren in unseren Breitengraden bekannter geworden. Das Gesetz der Resonanz sagt nichts anderes als „Gleiches zieht Gleiches an".

Man kennt das aus der Musik. Wenn ich zwei Stimmgabeln mit einem hohen C habe und ich schlage die eine an, dann fängt die zweite an mit zu vibrieren. Auch Akustiker kennen das bei Konzerten als Problem. Wenn der Gitarrist nämlich einen Ton spielt, fängt die entsprechende Seite des Klaviers auf der Bühne auch an zu schwingen. Das muss der Akustiker aussteuern.

Was hier im Beispiel der Musik gilt, gilt auch in ganz vielen anderen Lebensbereichen. Du ziehst genau das in dein Leben, in dessen Resonanz du bist. Gleiches zieht Gleiches an.

Das spürst du, wenn du zum Beispiel ins Büro kommst und da herrscht dicke Luft. Du gehst da rein und du merkst sofort, da stimmt etwas nicht. Wenn nun alle scheiße drauf sind, also in negativer Resonanz sind, passiert Folgendes: Entweder du gehst in die gleiche Resonanz, Gleiches zieht Gleiches an, du gehst in die gleiche Schwingung und bist plötzlich auch scheiße drauf. Oder du hältst das nicht aus, Ungleiches stößt sich ab, und musst gehen. Du erfindest schnell einen Grund zur Ausrede und gehst wieder. Das kennst du genauso im Positiven. Wenn du scheiße drauf bist, und du gehst an einen Ort, wo Leute sind, die alle gut drauf sind, gehst du entweder in die gleiche Resonanz, du passt dich an und bist plötzlich auch besser drauf. Oder du sagst, ich halte die Menschen hier nicht aus, ich muss nach Hause. Gleiches zieht Gleiches an, Ungleiches stößt sich ab.

Jetzt kannst du dir einmal die Frage stellen: in welcher Resonanz bin ich denn grundsätzlich in meinem Leben so unterwegs mit meinen Gedanken, meinen Gefühlen, meinen Glaubenssätzen? In welcher Resonanz bin ich bezüglich meiner Gesundheit? In welcher Resonanz bin ich bezüglich meiner Partnerschaft? In welcher Resonanz bin ich bezüglich meines Geldes? In welcher Resonanz bin ich grundsätzlich bezüglich des Lebens? Genau das, was du glaubst, die Resonanz, in der du bist, genau das ziehst du in dein Leben und von dem wirst du noch mehr bekommen.

Das weiß der Volksmund schon lange: „Der Teufel scheißt immer auf den größten Haufen." Da wo schon Geld ist, geht noch viel mehr Geld hin. Diese Gesetze kennt man. Das ist nicht neu.

Die Reichen sind in einer Resonanz von Kapitalismus, Geld. Die sind einfach da drin und kriegen immer mehr, dafür müssen sie gar nicht viel tun. Die finanziell Schwachen sind in der Resonanz von: „Ich habe kein Geld, ich bin arm, ich kriege nichts", in einer Mangel-Resonanz. Genau das wird dann immer größer. Wenn ich zum Beispiel ständig in meiner Krankheit bin, „oh ich bin so krank, ich bin so krank", wird genau das größer. Wenn ich aber anstatt in die Krankheit in die Gesundheit gehe, dann kann ich wieder heilen.

Das Gleiche ist mit Problemen oder Lösungen. Es wurden noch nie Probleme gelöst. Je mehr man sich um Probleme kümmert, umso mehr Probleme gibt es. Man muss sich nicht um Probleme kümmern, sondern man muss sich um Lösungen kümmern. Wenn ich in die Resonanz von Lösungen gehe, dann finde ich Lösungen. Wenn ich in die Resonanz von Problemen gehe, finde ich mehr Probleme. Darum macht es gar keinen Sinn lange über Probleme zu diskutieren. Das kann man kurz andiskutieren, sodass man ein Bild hat, worum es geht, und dann aber sofort in die Lösung. Das kannst du auch als Schlagfertigkeits-Taktik verwenden. Wann immer jemandem einfällt über Probleme zu diskutieren, sagst du sofort: „Okay, was ist die Lösung? Was müssen wir tun, damit es besser kommt?" Wenn dein Chef dich anmotzt, und du hast tatsächlich Scheiße gebaut, dann sagst du: „Richtig, so und so ist es, scheiße. Okay und jetzt, was können wir tun?" Entweder hört er danach auf zu motzen oder, wenn er weiter rummotzt, kannst du ihn ganz freundlich fragen: „Ja, lieber Chef, möchten Sie jetzt mit mir über das Problem reden - oder sind Sie daran interessiert, dass wir eine Lösung finden?"

Experimente zum Resonanzgesetz

Der japanische Wissenschaftler Masaru Emoto ist bekannt für seine Wasser-Experimente, die das Resonanzgesetz sichtbar machen. Er hat untersucht, inwieweit Wasser auf Resonanzen, auf Schwingungen reagiert und diese speichert. Dazu hat er Folgendes gemacht. Er hat destilliertes Wasser genommen und es in zwei Flaschen abgefüllt. Die eine Flasche hat er mit positiven Begriffen wie „Liebe", „Vertrauen", „Dankbarkeit" beschriftet, die zweite Flasche mit negativen Begriffen wie „ich kille dich", „Dummkopf", „Arschloch", „ich hasse dich". Dann hat er die Flaschen über Nacht im Labor stehen gelassen. Am nächsten Tag hat er Wasser von beiden Flaschen genommen, hat es jeweils schockgefroren und die entstandenen Eiskristalle unterm Mikroskop fotografiert.

Er hat in zigtausenden solcher Experimente gezeigt: Wasser aus Flaschen mit positiven Begriffen ergibt schön klar und gleichmäßig strukturierte Kristalle. Wasser aus Flaschen mit negativen Begriffen ergibt chaotische, unstrukturierte Kristalle. Dazu findet man ganz viele Bilder im Internet. Masaru Emoto hat das Wasser auch mit Musik beschallt. Musik von Mozart gibt zum Beispiel ganz klare Strukturen, Hardrock dagegen eher chaotische Strukturen.

Über Musik spürst du das Resonanzgesetz ja selbst. Du hast andere Gefühle und bist in einer anderen Stimmung, ob du auf einer Techno-Party bist oder einem Violinkonzert, ob du Meditations-Musik hörst oder Rockmusik. Du kannst dein Gefühlsleben, deine Stimmung und Schwingung mit Musik verändern.

Das Reis-Experiment

Es gibt ein Experiment, das auch von Emoto stammt, und das du zu Hause selbst machen kannst. Ich habe es auch ausprobiert – es funktioniert tatsächlich! Du kochst ganz normalen Reis. Den gekochten Reis füllst du in zwei leere und saubere Marmeladengläser ab und schraubst den Deckel drauf. Ich habe beide Gläser vorher ausgekocht, um sicher zu gehen, dass sie steril sind und das Experiment nicht durch irgendwelche Verunreinigungen beeinflusst wird. Jetzt beschriftest du das eine Glas mit positiven Worten und das andere mit negativen. Dann stellst du die beiden Reisgläser irgendwo hin, wo du öfters dran vorbeiläufst, und beschimpfst am besten noch ab und zu den „bösen" Reis und lobst den „lieben" Reis.

Was in den nächsten sechs bis acht Wochen passiert, ist absolut faszinierend. Der positive Reis kann fermentieren, das heißt, den kannst du nach acht Wochen ungekühlt noch essen. Der andere Reis geht kaputt und verschimmelt. Inzwischen habe ich schon einige positive Feedbacks von Leuten bekommen, die das Experiment gemacht haben, nachdem sie es von mir gehört hatten.

Wenn Gedanken und Worte solch einen Einfluss auf Wasser haben, dann überlege einmal, welchen Einfluss sie auf uns haben! Vor allem, wenn man bedenkt, dass unser Körper zu 70 bis 90 Prozent aus Wasser besteht! Gedanken und Worte haben Schwingungen und Wirkungen. Darum sollte man ein bisschen vorsichtiger sein, was man so denkt, sagt und tut.

Praktische Nutzung des Resonanzgesetzes

Ein Beispiel für den praktischen Einsatz des Resonanzgesetzes sind Bahnhöfe. Die Bahnhofsbetreiber, die dieses Projekt begonnen haben, hatten das Ziel, die in den Bahnhofsgebäuden hausenden Obdachlosen und Drogensüchtigen zu vertreiben, da die Kosten für die Reinigung und den Sicherheitsdienst der Gebäude immer höher wurden. Man hat angefangen über die Lautsprecher klassische Hintergrundmusik zu spielen, um der chaotischen Resonanz der Obdachlosen die strukturierte Resonanz der klassischen Musik entgegenzusetzen. Tatsächlich waren kurz darauf alle verschwunden. Sie hielten das nicht aus. Viele Bahnhöfe wenden inzwischen diese Technik an.

Eine andere recht bekannte Nutzung des Resonanzprinzips im Alltag ist das Bestellen eines Parkplatzes beim Universum. Das haben die meisten schon einmal ausprobiert. Wenn du daran glaubst, also in der Resonanz bist, dass es funktioniert, dann funktioniert es auch. Wenn du aber skeptisch bist und denkst, es funktioniert sowieso nicht, dann sagt das Universum: „Dein Wunsch sei mir Befehl, genauso ist es, es funktioniert nicht." Wenn du in der negativen Resonanz bist, wird es nicht funktionieren. Dabei genügt es aber auch nicht, nur zu denken „Ich kriege einen Parkplatz, ich bekomme das, ich darf das, es funktioniert, es funktioniert". Wenn du es denkst, aber gleichzeitig genau das Gegenteil fühlst, funktioniert das nicht. Wenn du mit Gedanken und Gefühlen vollkommen in die richtige Resonanz gehst, kannst du im Universum quasi alles bestellen was du möchtest.

Wie das Resonanzgesetz funktioniert

Warum das so funktioniert, dafür gibt es verschiedene Erklärungsversuche. Man kann Resonanzfelder messen. Das ist nicht irgendein esoterischer Schwachsinn, sondern in der Physik kann man diese Schwingungen ganz deutlich messen. Man hat inzwischen sogar festgestellt, dass sich über solche Schwingungen DNA verändert. Selbst darüber hat man Experimente gemacht, wo sich die DNA verändert.

Bei den Bestellungen im Universum genügt es deshalb nicht einfach nur etwas zu denken, sondern man muss auch in das Gefühl hineinkommen, weil Gefühle nach den Messungen eine viel stärkere Schwingung ausstrahlen als Gedanken. Um die Herzgegend - man sagt ja auch, man fühlt mit dem Herz - sind die zu messenden Frequenzwellen viel stärker als in der Kopfgegend. Dennoch ist es nicht egal, was man denkt, denn unsere Gedanken haben Einfluss auf unsere Stimmung, unsere Gefühle.

Quantenphysik

Aber kann es sein, dass man über das Resonanzgesetz tatsächlich materielle Dinge in sein Leben „bestellen" kann, beziehungsweise wie lässt sich das erklären? Ein Erklärungsansatz hierfür führt uns in die Quantenphysik. Quantenphysik ist ein Bereich der Physik, der in Universitäten gelehrt und gemacht wird. Du hast bestimmt schon vom Teilchenbeschleuniger CERN gehört. Dort machen sie so verrückte Sachen. Das, was ich hier jetzt erzähle, ist also nicht Esoterik, sondern knallharte universelle Universitäts-Wissenschaft. In der Quantenphysik geht es um Atome, die kleinsten Lego-Teilchen, aus denen diese Welt besteht. Ich habe noch in der Schule gelernt, dass ein Atom, nehmen wir zum Beispiel ein Wasserstoffatom, aus einem Atomkern in der Mitte und einem Elektron besteht, das um den Kern herum saust. Dieses Modell ist bereits veraltet. Nach heutigem Stand der Wissenschaft bewegt sich das Elektron nicht. Es taucht an einer Stelle auf und verschwindet dann an einer anderen Stelle wieder. Gleichzeitig taucht es wieder woanders auf und verschwindet wieder. Es legt aber den Weg von der einen zur anderen Stelle nicht zurück.

Alles im Universum, was Materie ist, was man anfassen kann, besteht in seinen kleinsten Teilchen aus Atomen. Wenn ich jetzt solch ein Atom anschaue - beim Wasserstoffatom ist das am einfachsten, ein Atomkern und ein Elektron - und ich blase gedanklich dieses Atom auf bis es so groß ist, dass der Atomkern die Größe von einer Erbse hat, dann hätte jetzt das

Elektron die Größe von einem Stecknadelkopf. Dann hätten wir also eine Erbse und einen Stecknadelkopf. Die Distanz zwischen den beiden wäre jetzt natürlich auch größer. Weißt du wie groß sie wäre? Einhundert Meter!

Das bedeutet, im kleinsten Baustein harter Materie, dem Atom, haben wir auf der Größe eines Fußballfeldes in einem Tor eine Erbse liegen, die ist Materie, die kann ich anfassen, und im anderen Tor liegt ein Stecknadelkopf, ebenfalls Materie. Der Rest ist nichts. Ein Atom besteht zu 99,999999999 Prozent aus Nichts! Vakuum nennt sich das in der Physik. Dieses Nichts ist aber nicht einfach nichts, sondern man sagt, das ist Energie und gespeicherte Information.

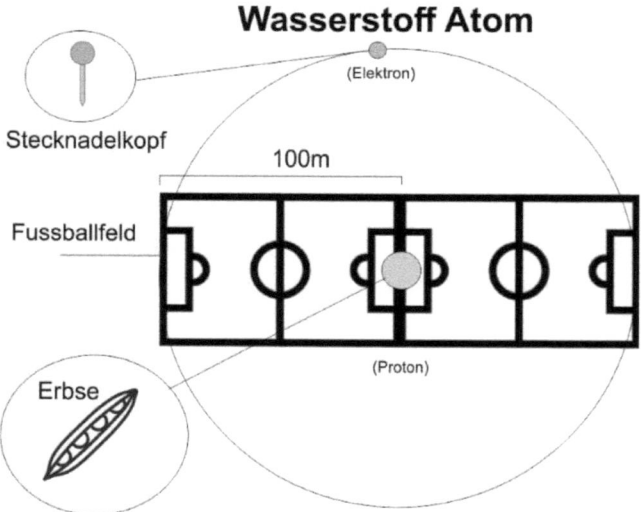

Wasserstoff Atom

Stecknadelkopf

(Elektron)

100m

Fussballfeld

(Proton)

Erbse

Ein Atom besteht zu 99,999999999% aus Nichts (Vakuum)
Auf der Fläche von 2 Fussballfeldern ist nur eine Erbse und ein Stecknadelkopf Materie

Das heißt, wenn man mich mit meinen fast zwei Metern Körpergröße nähme und bei mir das ganze Nichts einmal wegließe, dann wäre ich noch zwanzig Mikrometer groß. Man bräuchte ein Mikroskop, um mich zu sehen, ich hätte aber das gleiche Gewicht.

Alles im Universum besteht aus 99,999999999 Prozent aus Nichts. Anders ausgedrückt: den Tisch, der vielleicht vor dir steht, gibt es nicht. Das ist für unseren Kopf schwer begreiflich, ist aber tatsächlich so. Das ist, was uns die Quantenphysik heute erklärt: es gibt keine Materie.

Der Physiker Hans-Peter Dürr, Träger zahlreicher Auszeichnungen für seine Arbeit und langjähriger Leiter des Max-Planck-Instituts in München, inzwischen leider verstorben, wurde einmal im Schweizer Fernsehen interviewt, da war er schon über achtzig Jahre alt. Man hat ihn gefragt: „Herr Dürr, wenn Sie Ihr Leben in einen Satz packen würden, wie würde dieser Satz lauten?" Der Quantenphysiker Hans-Peter Dürr antwortete: „Ich habe quasi mein Leben - über fünfzig Jahre - damit verbracht herauszufinden, was Materie ist. Heute weiß ich, es gibt keine Materie."

Es gibt den Tisch nicht. Das nächste Mal, wenn es dir so richtig scheiße geht und alles Kacke ist, denke einfach daran. Es ist doch egal. Die Tendenz geht immer mehr dahin, dass wir einfach nur ein Computerspiel sind. Die Wissenschaft geht immer mehr in die Richtung, dass es gar nichts Materielles gibt. Aber dennoch, wenn ich den Fuß am Tisch anstoße, tut es weh. Es tut trotzdem weh. Das ist eine ganz verrückte Welt, die uns die Quantenphysik da aufzeigt.

Das Doppelspalt-Experiment

Nun hat man in der Quantenphysik angefangen, die Elektronen ein bisschen genauer zu untersuchen. Unter anderen gibt es solch ein Experiment, das als Doppelspalt-Experiment bekannt geworden ist. Man hat darin bildlich gesprochen folgendes gemacht. Man hat eine Wand aufgestellt, die mit Klett-Stoff bezogen war. Dann hat man mit einem Meter Abstand eine zweite glatte Wand davorgestellt, aus der zwei Spalten ausgeschnitten waren.

Wenn man nun mit einer Tennisball-Pistole Tennisbälle auf die vordere Wand schießt, prallen viele Bälle an der ersten Wand ab. Ein paar jedoch gehen durch die Spalten durch und bleiben dahinter an der Klett-Wand kleben. Entsprechend wird es hinter den beiden Spalten auf der Klett-Wand zwei Streifen von Tennisbällen geben. So verhalten sich Teilchen.

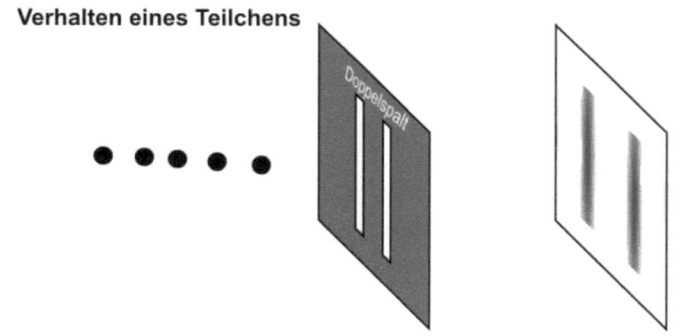

Verhalten eines Teilchens

Eine Welle dagegen verhält sich ganz anders. Du kennst das, wenn du einen ganz ruhigen See vor dir hast und da ein Steinchen reinwirfst. Dann breitet sich kreisförmig eine Welle aus. Ein Teilchen ist immer nur an einer Stelle, eine

Welle ist an vielen Orten gleichzeitig. Sie hat keinen Anfang und kein Ende.

Wenn ich nun das oben beschriebene Spiel mit einer Welle mache, das heißt, ich setze das ganze Experiment ein bisschen ins Wasser und werfe das Steinchen, dann geht die Welle weiter kommt zur ersten Wand und geht durch die zwei Spalten durch. Dahinter gehen zwei Wellen weiter, irgendwann berühren sie sich gegenseitig und es ergibt ganz viele kleine Wellen. Auf der zweiten Wand schlagen sie sich in einem Muster mit ganz vielen kleinen Streifen nieder. Wenn ich also mit Teilchen auf die Doppelspalt-Wand schieße, gibt es dahinter zwei Streifen, wenn ich mit einer Welle darauf schieße, gibt es ein Muster mit ganz vielen Streifen (Interferenzmuster).

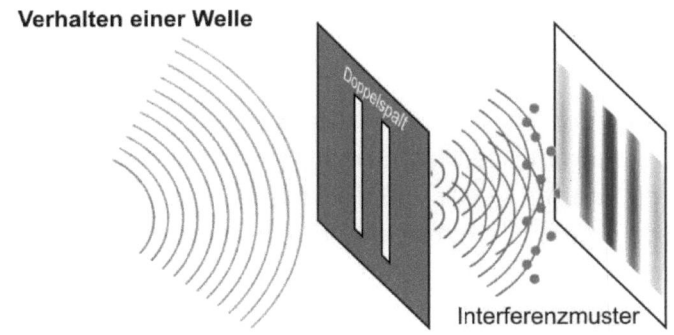

Verhalten einer Welle

Doppelspalt

Interferenzmuster

Die Physiker in dem Experiment gingen ja davon aus, dass das Elektron ein Teilchen ist. Sie erwarteten, dass sich die Elektronen in dem Experiment also gleich verhalten würden wie im obigen Vergleich die Tennisbälle. Sie haben das Experiment gemacht und mit Elektronen zunächst auf eine

Wand geschossen, die nur einen Spalt hatte. Es hat auf der zweiten Wand tatsächlich nur einen Streifen gegeben.

Dann haben sie mit Elektronen auf die Wand mit zwei Spalten geschossen und eigentlich erwartet, dass es auf der zweiten Wand das Muster mit zwei Streifen ergibt. Zu ihrer großen Überraschung hat es aber plötzlich das Muster mit ganz vielen kleinen Streifen ergeben.

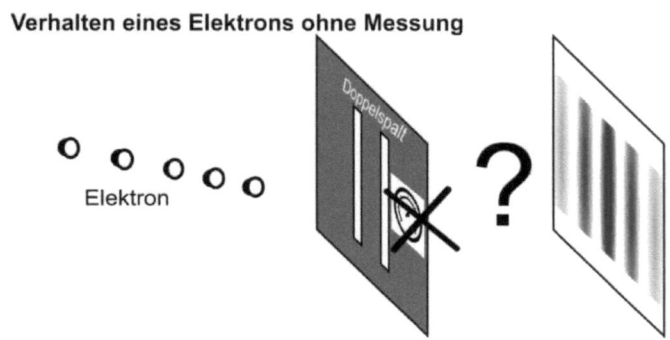

Das ist eigentlich von der klassischen Physik her nicht möglich, denn dieses Muster machen nur Wellen und keine Teilchen. Darüber waren die Wissenschaftler völlig verblüfft und überfordert. Sie haben mehrere verschiedene Versuche gemacht, um vielleicht irgendwo einen Fehler zu finden, den sie gemacht haben könnten. Das Ergebnis blieb immer das gleiche. Daraufhin haben sie beschlossen zu messen, wie viele Teilchen durch die Spalten gehen, und haben ein Messgerät hinter die erste Wand gehängt, das gezählt hat.

Sobald man aber ein Messgerät installiert hatte, haben sich die Teilchen plötzlich anders entschieden, und es hat das Muster mit den zwei Streifen gegeben.

Verhalten eines Elektrons mit Messung

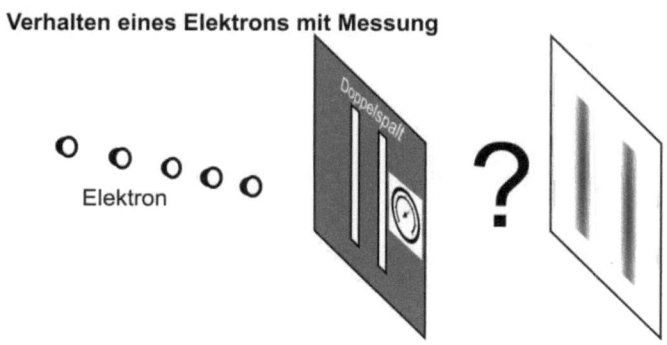

Nur durch den Messvorgang. Jetzt waren die Wissenschaftler komplett verblüfft. Sie haben daraufhin beim nächsten Versuch das Gerät ausgeschaltet, aber am Platz gelassen. Da hat es wieder das Wellen-Muster gegeben. Ganz als ob es die Teilchen merken würden, ob gemessen oder nicht gemessen wird.

Die Kopenhagener Deutung

Die Schlussfolgerung daraus ist ein Problem für die Wissenschaft: Anscheinend verändert der Beobachter das Resultat. Die Wissenschaft ist jedoch immer Beobachter. Die Teilchen merken anscheinend, ob wir sie beobachten oder nicht und verhalten sich je nachdem anders. Wenn wir sie messen, verhalten sie sich wie ein Teilchen, wenn wir sie nicht messen, verhalten sie sich wie eine Welle.

Die derzeit anerkannteste Erklärung der Wissenschaft für dieses Phänomen ist die sogenannte Kopenhagener Deutung. Sie besagt, dass dieses Elektron gar nicht ein fixes Teilchen ist, sondern wie eine Welle überall an allen Stellen ist. Es ist eine Welle von Möglichkeiten, es kann überall sein. Erst durch den Messvorgang hängt es sich in eine Entität, in eine Realität ein. Das heißt, die Wissenschaft sagt heute, dass dieses Teil, dieses Atom erst dadurch besteht, dass wir es anfangen zu messen.

Physiker wie Thomas Campbell oder Ulrich Warnke erklären das so, dass wir durch das Messen, das Hinschauen, Sinn und Bedeutung geben. Erst wenn man etwas misst, das heißt, wenn man etwas Sinn und Bedeutung gibt, rastet dieses Teilchen in eine wirkliche Realität ein. Sinn und Bedeutung geben kann nur, wer oder was ein Bewusstsein hat.

Wenn man diesen Gedanken weiterdenkt, sagt die Wissenschaft, dass wir Menschen oder auch Tiere durch unser Bewusstsein realitätserschaffende Wesen sind. Mit anderen Worten, wir erschaffen diese Welt, denn die ganze Welt besteht aus Atomen. Die Atome existieren aber erst dann, wenn ihnen Sinn und Bedeutung gegeben werden. Sinn und Bedeutung geben wir Menschen hauptsächlich über Gefühle, gepaart mit unseren Gedanken.

Das ist völlig abgefahren und man kann sich das kaum vorstellen. Ich möchte nochmal betonen: Das ist reine Wissenschaft! Unvorstellbar, wohin uns die Forschung hier noch bringen wird. Eines beweist es aber jetzt schon: Diese Welt, auf der wir leben, ist ganz anders als wir glauben. Da gibt es noch Dimensionen, die können wir uns gar nicht vorstellen.

Durch unsere Resonanz erschaffen wir Realität

Warum ich über diese wissenschaftliche Erkenntnis an dieser Stelle so ausführlich berichte ist, weil das eine mögliche Erklärung für das Resonanzgesetz ist. Durch unsere Resonanz, eben durch Gefühle und Gedanken geben wir Sinn und Bedeutung, erschaffen dadurch Realität.

Das heißt, mit deinen Gefühlen, mit deinen Ängsten, deinen Freuden, deinen Resonanzen, in denen du dich bewegst, erschaffst du deine eigene Realität und ziehst die entsprechenden Dinge in dein Leben. Ich weiß zwar nicht, ob diese Erklärung zu hundert Prozent richtig ist, aber ich weiß aus eigener Erfahrung und inzwischen aus den Erfahrungen von hunderten von Menschen, dass das Spiel funktioniert. Wenn ich mich in die richtigen Resonanzen begebe, passieren in meinem Leben Dinge und ich kann mir manchmal gar nicht vorstellen, warum. Es funktioniert einfach.

Ich habe dieses Gesetz zum Beispiel in meiner Sicherheitsdienst-Karriere unbewusst schon angewandt, bevor ich wusste, dass es das gibt. Für mich war klar - ich war also immer in der Resonanz - wenn ich schon diesen Job mache, dann will ich die besten und größten Leute um mich haben. Ich habe ziemlich bald aufgehört mit diesen blöden Aufträgen wie Türsteher, Nachtwächter und so weiter und gesagt, wir machen nur noch Personenschutz.

Ich war so unterwegs im Höher-Schneller-Weiter, nur das Beste, so in der Resonanz, dass ich genau solche Leute angezogen habe, ohne mich auch nur einmal irgendwo zu bewerben. Plötzlich hatte ich die größten Politiker und Wirtschaftsleute in der Schweiz und zum Teil weltweit als

Kunden, obwohl ich nicht bei einem dieser Leute Akquise gemacht hatte. Sie sind alle über die komischsten Wege zu mir gekommen und haben mich angefragt.

Das hat mit Resonanz zu tun, das ist mir erst viel später bewusst geworden, nachdem alles zusammengebrochen war. In meiner großen Lebenskrise, als alles zusammenbrach, kam ich in die Resonanz einer Opferhaltung, als es nicht mehr so lief wie ich geglaubt hatte. So kam der negative Stein ins Rollen, und je mehr ich in der Opferhaltung war, desto mehr hat das Universum gesagt: „Du möchtest Opfer sein? Dein Wunsch sei mir Befehl. Das kannst du haben." Daraufhin ist alles zusammengebrochen. Im Nachhinein ist mir so viel klar geworden.

Das Leben ist perfekt organisiert. Du bekommst alles was du willst. Gehe in die Resonanz. Fange an, das mit kleinen Dingen zu üben, mit unwichtigen, denn du hast anfangs noch einen Kritiker im Kopf, der meint, das geht nicht. Es wird deshalb nicht auf Anhieb klappen. Mit der Zeit bekommst du aber mehr Vertrauen und umso besser wird es funktionieren. Du wirst staunen, was in deinem Leben möglich ist.

Polaritätsgesetz

Das zweite Gesetz ist eine noch viel wichtigere Spielregel des Lebens. Es ist eines der wichtigsten Gesetze überhaupt im Universum, das über allen anderen steht. Das ist das Gesetz der Polarität. Es besagt: „Alles hat zwei Seiten."

Du kennst sicher das Symbol von Yin und Yang. Der Kreis, der eine dunkle Seite und eine helle Seite hat. Das Gesetz der Polarität sagt, alles hat zwei Seiten. Es gibt nichts, was nur eine Seite hat.

Jede Münze hat zwei Seiten. Beim Strom beziehungsweise Magnetismus gibt es Plus- und Minus-Pol. Tag und Nacht. Männlein und Weiblein. Es kann nur groß geben, wenn es auch klein gibt. Ist beispielsweise ein Elefant groß oder klein? Er kann groß sein im Verhältnis zu einer Maus, er ist aber auch klein im Verhältnis zu einem Jumbo-Jet. Damit das eine sein kann, braucht es immer das Gegenteil. Es braucht immer beide Seiten. Wenn ich von einer Münze eine Seite wegnehme, ist die ganze Münze weg. Wenn ich auf meiner spirituellen Finca nur positive Energie haben möchte und deshalb den „negativen Strom" überall wegnehme, dann fließt kein Strom mehr. Dann geht gar nichts mehr. Es kann nur Berge geben, wenn es Täler gibt und es kann nur Täler geben, wenn es Berge gibt. Das eine braucht immer das andere.

Es gibt nichts was nur positiv ist, es gibt nichts was nur negativ ist. Alles Positive hat auch irgendwo etwas Negatives und alles Negative hat irgendwo auch etwas Positives. Um etwas vollkommen zu machen, komplett wie der komplette Yin-Yang-Kreis, braucht es immer zwei Seiten: die Nacht und den Tag, das Helle und das Dunkle, das Gute und das Böse. Das besagt dieses Polaritätsgesetz. Alles hat zwei Seiten.

Alles hat einen Preis

Das Polaritätsgesetz hat noch einen zweiten Aspekt: die Natur gleicht immer aus. Stelle dir eine Null-Linie vor. Diese ist die Mitte. Wenn du jetzt in eine Richtung ausschweifst, sagen wir du gehst heute Abend Party machen und schweifst damit von der Null-Linie hundert Punkte ins Plus ab, dann hast du morgen einen dumpfen Kopf und bist damit hundert Punkte im Minus entfernt von der Mitte. Das Gegenteil kommt immer mit.

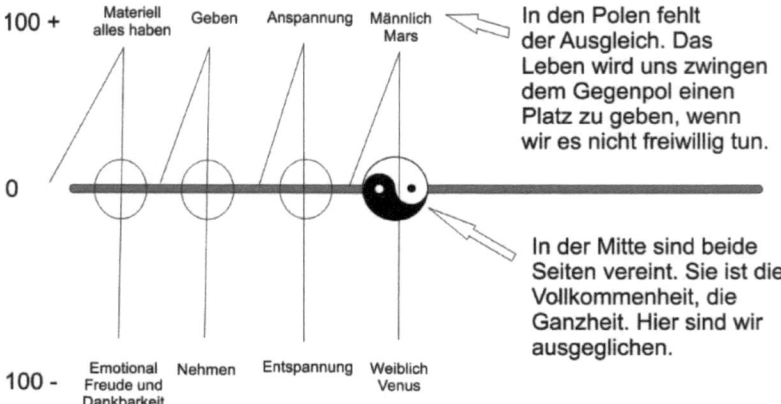

Polaritätsgesetz

100 + Materiell alles haben, Geben, Anspannung, Männlich Mars

In den Polen fehlt der Ausgleich. Das Leben wird uns zwingen dem Gegenpol einen Platz zu geben, wenn wir es nicht freiwillig tun.

0

In der Mitte sind beide Seiten vereint. Sie ist die Vollkommenheit, die Ganzheit. Hier sind wir ausgeglichen.

100 - Emotional Freude und Dankbarkeit erleben, Nehmen, Entspannung, Weiblich Venus

Wie bereits gesagt kann man im Universum bestellen, was man will, man bekommt es (Resonanzgesetz). Was dabei aber viele Leute vergessen ist, du kannst auch bei Amazon bestellen, was du willst, oder im Wirtshaus, du bekommst es auch, aber am Schluss bezahlst du immer die Rechnung.

Erst wenn die Rechnung bezahlt ist, wenn der Austausch Null ergibt, dann ist es ausgeglichen. Alles hat seinen Preis. Am Schluss ergibt es immer Null. Bei allem was wir tun, kommt das Gegenteil mit. Es muss immer ebenfalls seinen Platz haben, damit wir in die Mitte kommen.

Vera F. Birkenbihl, Bestseller-Autorin, war Psychologin und Management Trainerin. Sie hat das einmal in einem Vortrag vor fünfhundert Leuten sehr gut deutlich gemacht. Sie kann extrem gut E-Piano spielen. Sie hat dort auf der Bühne ihr Piano gehabt und mit einem Finger „Alle meine Entchen" gespielt. Dann hat sie in das Publikum gefragt, wer das auch kann. Fünfhundert Leute haben ihre Hand gehoben. Daraufhin sagte sie: „Gut, dann kommt jetzt Teil 2", und hat irgendetwas richtig Schweres, von Beethoven oder so, wahnsinnig gut runtergeklimpert, so dass alle gestaunt haben. Dann hat sie wieder in das Publikum gefragt, wer das kann. Zwei oder drei Leute haben gesagt, sie würden das auch hinkriegen. Darauf erklärte Vera F. Birkenbihl, das sei falsch. Können würde das jeder im Saal. Die Frage sei aber nicht, ob du es kannst, die Frage sei, ob du bereit bist, den Preis dafür zu bezahlen. Der Preis ist in diesem Fall, dass du so wie sie über viele Jahre jeden Tag ein bis zwei Stunden Klavierspielen übst.

Alles hat zwei Seiten und es hat alles seinen Preis. Ich möchte dazu noch zwei kurze Geschichten aus meinem Leben erzählen. Die eine ist die einer reichen russischen Familie, für die ich zwölf Jahre lang als Bodyguard gearbeitet habe. Sie können sich finanziell alles auf der Welt leisten, was man sich mit Geld kaufen kann. Eines Tages kam der Mann nach Hause, meistens war er die ganze Woche unterwegs. Wir, das Personal, haben ihn unter uns „Papa" und seine Frau „Mama" genannt. An irgendeinem Freitagabend kam er also nach Hause, sie stand am Hauseingang und hat ihn begrüßt, Küsschen links, Küsschen rechts, und er hatte so eine kleine Schachtel dabeigehabt, die er ihr zur Begrüßung übergeben hat. Sie hat sie aufgemacht, „oh schön", hat die Schachtel wieder zugemacht, am Sideboard die Schublade aufgezogen, die Schachtel in die Schublade geknallt, Schublade zu, und hat gefragt: „So, gehen wir jetzt etwas essen oder soll der Koch hier noch etwas kochen?" Die zwei sind dann essen gegangen. Gleich darauf kam die Chef-Haushälterin zu mir und fragte: „Haben Sie DAS gesehen?!" Ich antwortete: „Ja, Papa hat Mama irgendein Kettchen mitgebracht." Da sagte sie: „Kettchen? Wissen Sie, was das war? Das war ein Collier, das kostet 1,8 Millionen Dollar!"

Ich weiß nicht, wie du als Frau reagieren würdest, wenn dein Partner vom Arbeiten kommt und dir einfach so spontan sagt: „Du Schatz, ich habe dir etwas mitgebracht, 1,8 Millionen." Du würdest wahrscheinlich tot umfallen oder überlegen, wo er das gestohlen hat. Diese Leute können sich alles kaufen, materiell haben sie alles, was sie wollen. Aber an allem, was man sich kaufen kann, haben sie keine Freude mehr. „Papa" ist immer nur im Stress gewesen mit seinem blöden Handy, immer Stress, Stress, Stress. Er konnte das alles gar nicht genießen, was er hatte. Er hatte auch an nichts mehr Freude.

Das Einzige, woran er so ein bisschen Freude hatte, wo man seine Augen ein bisschen leuchten sah, war sein Sohn, für dessen Personenschutz wir hauptsächlich beauftragt waren. Wir hatten eine Art Super-Nanny-Job für ihn. Aber diese Freude an seinem Sohn war überschattet von einer riesengroßen Angst, dem Kind könnte etwas passieren. Und diese Angst war nicht unberechtigt. Er hatte auch einmal eine Tochter, die in Moskau entführt wurde. Er wollte Lösegeld zahlen, aber der Polizist, der den Deal machen sollte, war korrupt und hat sich die Kohle geschnappt. Seine Tochter wurde umgebracht, zerstückelt und in Moskau verteilt. Es hat alles seinen Preis. Das ist die eine Geschichte.

Die andere Geschichte spielt in Brasilien. Ich hatte einmal eine brasilianische Freundin, wodurch ich oft mit ihr in Brasilien war, ihre Familie besuchen, die in Rio de Janeiro in den Favelas lebte. Ich hatte es mir in dieser Zeit zur Gewohnheit gemacht, am letzten Tag unseres Familienbesuches einkaufen zu gehen, im Schnitt im Wert von hundert Dollar. Mir hat der Hunderter nicht weh getan und in Brasilien bekam man recht viel für das Geld. Ich habe eingekauft, nachdem ich gesehen habe, was dort im Stadtviertel die Leute brauchen, ein neues Paar Turnschuhe, ein T-Shirt, ein Pack Windeln für eine werdende Mutter, einfach solches Zeug, das man eben braucht. Dann bin ich durch das Viertel gegangen und habe den Leuten das verteilt. Mich hat es nichts gekostet, mir war der Hunderter egal, aber die Reaktion der Leute dort war überwältigend - da hat es oft Tränen gegeben. Als ich einer Mutter ein Pack Stoffwindeln geschenkt habe, das vielleicht drei Dollar gekostet hat, hat sie geweint, mich umarmt und gesagt, der liebe Gott schicke mich. Materiell haben diese Menschen nichts. Aber an allem haben sie noch Freude. So hat alles zwei Seiten und für alles zahlst du den Preis.

Über das Gegenteil zur Mitte

Alles hat zwei Seiten und die zweite Seite kommt immer mit. Auch wenn die zweite Seite vielleicht zunächst im Schatten verborgen ist. Leute, die immer unterwegs sind, immer im Stress, immer am Tun, immer aktiv, wenn die nicht freiwillig Pause machen, dann sagt das Leben irgendwann einmal „Stopp". Es haut sie um, Burnout, und sie werden gezwungen den Preis zu bezahlen, die zweite Seite zu beachten und ganz viel Pause zu machen, denn dann geht nichts mehr. Das weiß ich aus eigener Erfahrung. Aber auch Leute mit Helfersyndrom, die immer allen anderen helfen und nicht nach sich selbst schauen. Das Leben sorgt schon dafür, dass auch sie irgendwann einmal nehmen dürfen. Sie brechen irgendwann einmal zusammen, sind vollkommen leer und brauchen Hilfe. Die gegensätzliche Seite kommt immer mit. Die Natur gleicht immer aus. Am Schluss ergibt es immer Null. Dieses Gesetz findest du überall.

Nun weiß ich allerdings: so wie mein Russe möchte ich nicht leben. Das fühlt sich nicht gut an, das ist kein schönes Leben. Aber so wie die armen Leute in Brasilien möchte ich auch nicht leben. Das ist auch kein schönes Leben. Wo geht es mir am besten? In der Mitte.

Wenn es uns gut geht, sagen wir ja auch, ich fühle mich in meiner Mitte. Ich fühle mich doch recht ausgeglichen, in der Mitte. Die **Medi**tation - „**Medi**" bedeutet im Lateinischen „Mitte" - die **Medi**-tation bringt mich in die Mitte. Früher (heute nicht mehr) war es auch die Idee der **Medi**-zin, die Menschen wieder in ihre Mitte zu bringen. Das macht die traditionelle chinesische Medizin noch heute. Die Schulmedizin nicht. Sie versucht Umsätze zu generieren. **Medi**-kament. Der alte lateinische Name dafür war auch

Re**medi**um. „**Re**-" heißt zurück und „**Medi**um" heißt Mitte. Du bringst dich auch über die Gegenseite in die Mitte, wenn du dich zum Beispiel verbrannt hast, denn dann kühlst du das. Oder wenn du eine Entzündung hast, wenn es gezündet hat, dann wird auch gekühlt. Wenn du aber „erkaltet" bist, also erkältet, dann gibst du Hitze, indem du heißen Tee trinkst, Ingwer isst, eine wärmende Creme auf die Brust streichst. Du schaffst diesen Ausgleich, um wieder in die Mitte zu kommen. Wenn die Medi-zin oder das Re-medium dich wieder in die Mitte gebracht hat, also wenn die Krankheit verschwunden ist, dann bist du ge-**heil**t. Die **Heil**-igen schließlich, sind alle in ihrer Mitte.

Die Mitte als Vollkommenheit und Paradies

Auch die Geschichte von Adam und Eva in der Bibel ergibt hier einen Sinn. Dazu muss man Folgendes wissen: Die Bibel wie wir sie kennen, hat in dieser Geschichte einige Übersetzungsfehler aus der Ur-Bibel. Das kann man heute sogar bei Wikipedia nachlesen. Adam bedeutet im Alt-Hebräischen der „Mensch", der vollkommene Mensch. In der Urform der Bibel heißt es weiter, dass Gott dann aus der Hälfte des Menschen (nicht aus der Rippe) das Weib erschaffen hat. Das ist ein großer Unterschied zur uns bekannten Version. Erst dann erkennen die beiden ihre Polarität - Männlein und Weiblein. Wenn sie zusammen gehen in der Mitte, dann entsteht ein neues Kind, neues Leben.

Jeder Mann hat einen weiblichen Teil in sich, jede Frau einen männlichen Teil. Wenn du nicht beide Teile lebst, bist du nicht glücklich. Wenn wir Männer nicht auch ab und zu ein bisschen den weiblichen, den feinen, den emotionalen Teil leben, oder wenn ihr Frauen nicht auch einmal wie Mars der Krieger auf den Tisch klopft und euch durchsetzt, dann sind wir nicht in unserer Mitte. Zur Polarität gehören beide Seiten dazu.

Die Geschichte von Adam und Eva ist hierfür eine Metapher. Bevor Gott aus der Hälfte des Menschen das Weib erschaffen hat, war der Mensch vollkommen. Dann hat er das Vollkommene geteilt, in das Weibliche und das Männliche. In dem Augenblick, als sie vom Baum der Erkenntnis gegessen haben, das heißt, als sie sich erst bewusst geworden sind, ich bin Mann und ich bin Frau, und nicht mehr vollkommen, sind sie aus dem Paradies vertrieben worden.

Das Paradies ist nicht irgendwo im Himmel oben ein Ort, sondern das Paradies meint diesen Ort: die Vollkommenheit, wenn du in deiner Mitte bist, wenn du einfach vollkommen bist.

Schattenthemen sind Teil der Polarität

Carl Gustav Jung hat diesen Aspekt sehr gut aufgearbeitet. Teile von uns, die wir nicht leben, werden zu unseren Schattenthemen. Das Problem ist folgendes. Wir kommen auf diese Welt als vollkommene Wesen. Da unterscheiden wir noch nichts um uns herum. Irgendwann fangen wir an zu unterscheiden und wir merken, da gibt es ein Ich, und wenn es ein Ich gibt und ein Du gibt, kann Ich nicht Du sein. Damit gehen wir in eine Polarität und sind nicht mehr in der Mitte. Wir sind dann entweder Ich oder Du. Wenn ich aber Ich bin, kann ich nicht Du sein, das heißt, einen Teil fange ich an auszugrenzen.

So ist aber unsere materielle Welt beschaffen, in der wir hier leben. Wir können immer nur in einem Pol sein. Wir kommen nicht in die Mitte. Wenn ich mich für A oder B entscheide, schließe ich immer eines aus. Selbst wenn ich sage, ich entscheide mich nicht, schließe ich die Entscheidung aus. Selbst nicht zu entscheiden, ist eine Entscheidung. Ich bin immer hier oder da. So fangen wir in der Kindheit an, für uns Strategien zu entwickeln. „Ich muss brav sein, ich muss ordentlich sein, ich muss so oder so sein." Wenn ich dann einen Glaubenssatz habe, zum Beispiel „ich bin fleißig", und ich entscheide mich dafür, dass ich „ein fleißiger Mensch" bin, dann schließe ich bei mir das Faulsein aus, weil ich ja fleißig bin. Dieser ausgeschlossene Teil von mir wird zu meinem Schattenthema. Damit ist dieser Teil aber nicht weg, er geht ins Verborgene, in den Schatten.

Um vollkommen zu sein, braucht es aber beide Seiten. Das Fleißigsein wie das Faulsein. Das findet sich auch in den Lehren Buddhas. Es kam einmal ein Mann zu Buddha und bat ihn: „Buddha, Buddha, bitte lehre mich." Buddha fragte ihn: „Hast du schon einmal gestohlen?" Der Mann sagte: „Bewahre, bewahre, ich bin ein ehrenwerter Mann, ich würde nie stehlen!" Worauf Buddha zu ihm sagte: „Dann geh stehlen, und dann werde ich dich lehren."

Alles, was wir an uns ablehnen, ist ein Schattenthema. Es gehört aber zu uns dazu. Alles, zu dem wir NEIN sagen, hält uns davon ab in der Mitte zu sein, vollkommen zu sein. Vollkommen heißt, der Dieb und der Bestohlene zu sein. Die Heilige und die Hure, beides gehört zu dir. Der Faule und der Fleißige. Wenn du nur fleißig bist, ist es genauso falsch, wie wenn du nur faul bist. Wenn du nur stiehlst, ist es genauso falsch, wie wenn du nur bestohlen wirst. Aber um die

Bedeutung von „stehlen" zu verstehen, um voll und ganz zu wissen was „stehlen" ist, musst du beide Seiten einmal erlebt haben. Wenn du nur bestohlen oder nur geschlagen wirst, oder wenn du nur stiehlst oder nur schlägst, dann hast du nur eine Seite erlebt und bist nicht vollkommen.

Um vollkommen zu werden, müssen wir anfangen die Teile, die wir an uns ablehnen, anzunehmen. Denn das sind unsere Schattenteile, mit denen wir ein Leben lang immer wieder konfrontiert werden, weil das Leben den Ausgleich will. Wir dürfen anfangen, uns mit diesen Teilen anzufreunden und auch JA dazu zu sagen. Ich darf auch faul sein, ich darf auch so und so sein. All das, worüber du sagst, das bin ich nicht, das darf ich nicht, all diese Teile zuzulassen ist der Weg, um in die Mitte zu kommen, „heil" (ganz) zu werden und schlussendlich „heil-ig" zu werden.

Schattenthemen erkennen und annehmen

Du magst jetzt vielleicht einwenden: „Ich bin doch nicht faul! Es ist doch nicht gut, faul zu sein!" Nein, wenn du nur faul bist, ist das nicht gut, denn dann bist du wieder nur auf einer Seite. Aber du darfst auch einmal faul sein und nichts tun. All diese gesellschaftlich missbilligten Dinge, die darfst du auch. Es muss am Schluss Null ergeben, sonst sorgt das Leben dafür. Du kannst jedes Finanzamt bescheißen, das Universum nicht. Keine Chance, du bezahlst den Preis. Der Ausgleich findet immer statt. Auch das ist ein Teil der Persönlichkeitsentwicklung, dass man anfängt die Teile, die man ablehnt, zuzulassen.

Wenn du meinst, du weißt gar nicht, was du an dir ablehnst, dann ist das bei dir schön ins Unbewusste abgeschoben. Dann kommen sicher die Arschengel in dein Leben und konfrontieren dich ständig mit diesen Themen. Du wirst nur faulen Menschen begegnen und wirst dich darüber aufregen. Du wirst dich aufregen und ärgern über die ganzen Faulen um dich herum. Deine Kinder sind faul, die Arbeiter sind faul, die Politiker sind faul, es sind alles nur Faule. Das wird dann dein Thema, faul sein, weil du es ablehnst. Negative Gefühle sind deine Alarmglocke: „Schau hin, da läuft etwas schief!" Sie zeigen dir ein Programm auf. Erst wenn du es zulässt und sagst, ja, man darf auch faul sein, dann löst sich das Problem auf. Dann fallen die Faulen bei diesem Beispiel nicht mehr in dein Bewusstsein. Das ist Polarität.

Da sind wir wieder beim Bild von unserer Lebensstraße. Wenn wir schön in der Mitte gehen, dann flutscht es, dann ist alles da, was wir brauchen, dann müssen wir uns um nichts sorgen. Das macht jede Ameise und jeder Käfer so. Der ist in seiner Mitte, der macht sich nicht diese Gedanken, der sagt nicht, ich darf nicht faul sein, ich darf nicht dies, ich darf nicht das. Der ist im Flow, er lebt und für ihn ist gesorgt. Wenn wir da aber ausbrechen in die eine oder die andere Richtung und nicht in unserer Mitte sind, weil wir eine Seite weglassen, dann zwingt uns das Leben über irgendeine Form von Druck wie über schmerzhafte Dinge, die wir erleben, in die Mitte. Es presst uns wieder in die andere Richtung. So auch mit einer Krankheit. Als ob die Krankheit uns sagen möchte: Hey, du musst etwas ändern. Krankheiten kommen nicht einfach so, sondern damit wir wieder in die Mitte kommen. Wenn wir allerdings nicht auf die Krankheit hören und stur weiter so machen wie vorher, dann leiden wir. Dann tut es weh, dann ist es unangenehm, dann läuft die Sirene, beziehungsweise das unangenehme Gefühl weiter, bis wir wieder in der Mitte sind.

Wenn wir es also schaffen, JA zu sagen und allem ausgeglichen begegnen, alles zulassen, einfach so wie es ist, anstatt sinnlos gegen irgendetwas zu kämpfen, was sowieso ist wie es ist, dann flutscht es. Das ist das Polaritätsgesetz, das so elementar ist, dass man es sogar in der Zeit findet: Es gibt Zukunft und es gibt Vergangenheit. Wo spielt sich das Leben ab? Im Hier und Jetzt - in der Mitte. Eigentlich gibt es keine Zukunft und keine Vergangenheit. Die Zukunft gibt es noch nicht und Vergangenheit ist vorbei. Eigentlich gibt es immer nur das Hier und Jetzt - die Mitte.

Kausalitätsgesetz

Die dritte Spielregel, das dritte Gesetz, ist das Kausalitätsgesetz. Das ist das Gesetz von Ursache und Wirkung. Es besagt: jede Wirkung hat eine Ursache und jede Ursache hat eine Wirkung.

So einfach gesagt versteht man das natürlich nicht wirklich, darum schauen wir uns die zwei Teile des Kausalitätsgesetzes genauer an. Was ist Wirkung? Wirkung ist das, was wirkt, es ist die „Wirk-lichkeit". Die deutsche Sprache ist verdammt ehrlich, wenn man hinhört. Die „Wirk-lichkeit" wirkt jetzt gerade. Sie ist das, was wirk-lich jetzt gerade wirkt. Dass du jetzt gerade dieses Buch liest, das ist Wirklichkeit, das ist die Wirkung, das ist so. Das hat auch eine Ursache. Die mag bei jedem Leser eine andere sein, aber es hat eine Ursache, warum du das jetzt gerade tust. Die Ziele, die du letzte Woche erreicht hast. Auch das ist Wirklichkeit, die hast du erreicht. Das hat auch eine Ursache. Die Ziele, die du vor drei Wochen nicht erreicht hast. Auch das ist Wirklichkeit und auch das hat eine Ursache. Deine momentane Lebenssituation, Partnerschaft, finanzielle, gesundheitliche

Situation, so wie dein Leben gerade ist, das ist Wirklichkeit, so ist es, und auch das hat eine Ursache. Alles was jetzt wirklich ist, Tatsachen, die sind, das ist die Wirkung, das ist die Wirklichkeit.

Was aber ist Ursache? Ursache – sagen Max Planck und Albert Einstein - Ursache ist immer Geist. Es sind immer unsere Gedanken. Jeder Stift, bevor er geschaffen werden konnte, war erst einmal eine Idee. Unsere Gedanken sind die Grundsteine der Ursache. Unsere Gedanken erzeugen nämlich unsere Gefühle. Denke ich etwas Schönes, bekomme ich positive Gefühle. Denke ich etwas Negatives, bekomme ich negative Gefühle. Je nachdem, welche Gefühle ich habe, komme ich in eine Stimmung. Positive Gedanken, positive Gefühle, positive Stimmung - negative Gedanken, negative Gefühle, negative Stimmung. Jetzt kommt der springende Punkt dazu: Je nachdem, welcher Stimmung ich bin, verhalte ich mich anders. Positive Gedanken, positive Gefühle, positive Stimmung, ich gehe raus, treffe Freunde, unternehme etwas. Depressive Gedanken, depressive Gefühle, depressive Stimmung, ich bleibe zu Hause, sperre mich in mein Zimmer ein, unternehme nichts. Je nachdem, habe ich ein ganz anderes Leben. Gedanken - Gefühle - Stimmung - Handlung. Gedanken steuern das Leben! Verändere deine Gedanken und dein Leben wird sich ändern. Ursache sind immer die Gedanken. Die Wirkung ist die Realität.

Gedanken säen – Wirklichkeit ernten

Der Volksmund weiß das, und in der Bibel steht es auch: „Ihr werdet ernten was ihr gesät habt." Das stimmt. Ich habe noch nie einen Bauern gesehen, der Weizen gesät hat und dann völlig erstaunt ist, dass es tatsächlich Weizen gegeben hat. Wenn du also mit deiner Ernte, mit dem was du in deinem Leben als Wirklichkeit erlebst, nicht zufrieden bist, dann würde ich einmal die Saat wechseln, das heißt die Gedanken ändern. Wer immer das Gleiche tut, wird immer das Gleiche bekommen. Das ist völlig logisch. Wenn du etwas möchtest, was du noch nie hattest, dann musst du etwas tun, was du noch nie getan hast. Das ist Ursache und Wirkung. Die meisten Menschen tun jedoch immer das Gleiche und sind völlig erstaunt, dass sie immer das Gleiche erleben. Alles, was du in deinem Leben gut findest, das kannst du weiter so säen, aber bei allem, was du nicht gut findest, musst du die Saat ändern, das heißt, du musst deine Gedanken, die du dazu hast, überprüfen.

Ein Großteil der Menschen ist mit seinem Leben nicht zufrieden. Es ist also normal, dass man nicht zufrieden ist mit seinem Leben. Es ist normal bedeutet, es ist die Norm. Wenn du das Gleiche haben willst wie diese Menschen, dann musst du genau das Gleiche tun wie sie. Dann kannst du das gleiche Leben leben wie sie. Wenn du aber sagst, nein ich möchte das nicht, weil ich zufrieden sein möchte mit meinem Leben, dann würde ich dir empfehlen, nicht das Gleiche zu tun wie die Norm. Ist ja logisch, denn wer das Gleiche sät, wird das Gleiche ernten. Du musst also etwas tun, was sie nicht tun, du darfst also nicht so sein wie die Norm.

Wenn du anfängst, nicht mehr so zu sein wie die Norm, dann wird die Norm sagen: „Du bist aber nicht mehr norm-al!" Wenn du nicht mehr in der Norm also norm-al bist, sondern aus der Norm rausrückst, dann werden die Norm-alen sagen: „Du bist ver-rückt!" Dann sagst du einfach: „Genau richtig. Vielen Dank, dass du es erkannt hast. Gott sei Dank. Denn das Leben ist mir zu kostbar und zu kurz, um das Gleiche zu bekommen, was die meisten haben." Das heißt, du darfst ruhig ein bisschen mutiger sein, darfst verrückt sein. Das ist kein Schimpfwort. Du musst es nicht so tun wie die Norm, außer du möchtest das haben, was die Norm hat. Du darfst es anders machen, du darfst verrücken. Das geht über das Denken. Wer immer das Gleiche denkt, wird immer das Gleiche bekommen. Wer immer das Gleiche tut, wird immer das Gleiche bekommen. Wenn du etwas möchtest, was du noch nie hattest, musst du etwas denken und tun, was du noch nie getan hast. Ändere deine Gedanken.

Ich gebe dir ein Beispiel des Mentaltrainers Andreas Ackermann. Es gibt Leute, die haben immer zu wenig Geld. Immer fehlt ihnen Geld. Nun kommt so jemand zu dir und fragt, ob du ihm nicht 1000 Euro geben könntest, dann könnte er all seine Schulden bezahlen und alles wäre gut. Angenommen, du hast genug Geld und gibst ihm die 1000 Euro. Er bezahlt alle seine Schulden, alles wieder gut. Jetzt wird es nicht lange gehen und er hat wieder 1000 Euro Schulden. Warum? Weil er gleich denkt, gleich fühlt, gleich handelt. Die gleiche Handlungsweise, die ihn in die Schulden gebracht hat, bringt ihn wieder in die Schulden. Man ändert deshalb Probleme nicht einfach mit Geld, sondern dadurch, dass die Leute anfangen, anders zu denken. Anders denken, heißt anders handeln. Ursache - Wirkung.

Anderes Beispiel: Brasilien. In den Favelas war ein Teil schon ziemlich am Abbröckeln, so dass die Regierung gesagt hat, da müsse sie etwas tun. Es war kurz vor den Wahlen, und dann hat man ja auch Geld, um etwas zu tun. Man hat also ein Hochhaus mit Sozialwohnungen gebaut, um allen Bewohnern der Favela eine Wohnung zu geben. Dann hat man alle dorthin umgesiedelt. Es vergingen keine drei Monate und das Hochhaus war völlig verslumt. Warum das? Wenn jemand in den Slums lebt, in der Favela, dann denkt er wie ein Slumsbewohner. Wenn er jetzt umzieht, nimmt er sein Denken mit und denkt auch in der neuen Wohnung immer noch wie ein Slumsbewohner. In den Slums war es zum Bespiel völlig normal, dass wenn ich pinkeln muss, dann pinkle ich halt irgendwo in die Ecke. Wenn ich das in einem Hochhaus mache, kommt das nicht gut. Das fängt an zu stinken. Wenn ich trotzdem noch wie als Slumsbewohner denke und mich so verhalte, na klar verslumt das. Ursache und Wirkung.

Darum müssen wir anfangen, unser Denken zu überprüfen und zu verändern. Ändere dein Denken und dein Leben wird sich ändern. Überprüfe deine Gedanken. Es sind nur Glaubenssätze. Sind sie wirklich wahr? Dazu werde ich später noch eine Technik vorstellen.

Auf welcher Denk-Ebene bist du unterwegs?

Es gibt drei Denk-Ebenen. Viele Menschen, vielleicht kennst du auch solche, sind auf der untersten Denk-Ebene unterwegs. Das ist die Denk-Ebene der Zerstörung, das ist die Negativdenke, das sind die Leute, die immer nur rumjammern. Neidische Leute gehören auch dazu. Wir sind alle ab und zu auch auf dieser Ebene. Aber es gibt Menschen, die sind hauptsächlich dort. Denen geht es nicht gut. Die haben kein schönes Leben. Die zweite Denk-Ebene ist die Ebene des Festhaltens. Ja nichts ändern, ja nichts anders machen. „Seit hundert Jahren machen wir es schon so." Im

Leben der Menschen auf dieser Denk-Ebene passiert auch nicht wirklich viel. Dann gibt es die oberste Denke-Ebene, das ist die Ebene der Schöpfung, der Liebe, das sind Leute, die kreativ unterwegs sind, die Ideen haben, die Ideen umsetzen, die Neues ausprobieren, die in Lösungen statt in Problemen denken. Das ist die oberste, die dritte Denk-Ebene.

Wir alle turnen auf diesen drei Denk-Ebenen rum, sind manchmal ganz oben, aber auch manchmal ganz unten oder manchmal ein bisschen am Festhalten. Das ist völlig normal. Aber eine dieser drei Denk-Ebenen ist unsere dominierende Ebene. Das hat Konsequenzen auf dein Leben. Darum ist es spannend, sich zu fragen, auf welcher Denk-Ebene bin ich denn hauptsächlich unterwegs, zum Beispiel bei der Arbeit? Wir verbringen ja viel Zeit an unserem Arbeitsplatz. Auf welcher Denk-Ebene sind wir und unsere Firma? Sind wir auf der obersten Denk-Ebene, haben wir neue Ideen, sind wir innovativ? Denken wir in Lösungen anstatt Problemen? Haben wir neue Produkte, wovon der Kunde oder irgendjemand sonst einen Nutzen hat? Oder sind wir eher auf der Ebene des Festhaltens, ja nichts verändern, wir haben es schon immer so gemacht, also werden wir es weiter so machen? Oder sind wir eher auf der untersten Ebene der Zerstörung? Haben wir Mobbing, machen wir uns das Leben schwer, bekämpft eine Abteilung die andere? Du weißt ja, wenn du in diesen Resonanzfeldern beziehungsweise in diesen Resonanzen bist, wirst du genauso werden. Viel Spaß.

Oder zu Hause meine Familie - auf welcher Denk-Ebene sind wir da? Sind wir auf der obersten Denk-Ebene, lösen wir gemeinsam Probleme? Helfen wir uns, sind wir füreinander da oder sind wir eher auf der Ebene des Festhaltens? Man trifft sich am Abend vor dem Fernseher, was auch praktisch ist, weil man nicht miteinander reden muss. Oder sind wir in der Familie auf der untersten Denk-Ebene? Ist da viel Streit, viel Krieg, man macht sich gegenseitig das Leben zur Hölle? Auf welcher Denk-Ebene sind wir da unterwegs? Das hat Konsequenzen für dein Leben. Ursache und Wirkung.

Wenn du mit der Wirkung, mit der Wirklichkeit, in der du heute lebst, nicht glücklich und zufrieden bist, dann musst du die Ursachen ändern, das heißt, dein Denken. Dann musst du dir Gedanken über deine Gedanken machen. Deine Gedanken überprüfen, deine Glaubenssätze überprüfen und sie ändern. Andere Gedanken, andere Gefühle, andere Stimmung, andere Handlungen. Wenn du mit der Ernte deines Lebens nicht zufrieden bist, nimm eine andere Saat. Du kannst ruhig ein bisschen Mut haben, verrückt zu sein. Nicht norm-al, nicht wie die Norm. Die Norm ist ein schlechtes Vorbild. Sei DU, sei einzigartig. Hab Mut, Neues auszuprobieren, etwas zu wagen.

Mut zum Erfolg bei neuer Saat

Vielen Leuten fehlt der Mut, weil sie glauben, bei ihnen geht es sowieso schief: „Ich bin halt nicht so ein erfolgreicher Mensch." Nun, es gibt Erfolgsstrategien und Erfolgsregeln, die man herausgearbeitet hat, indem man ein paar hundert richtig erfolgreiche Menschen aus der Geschichte genommen und deren Biographien quasi übereinandergelegt hat. Man hat diese Biographien auf Gemeinsamkeiten untersucht und auf diese Weise ganz viele Punkte herausgefunden, die alle erfolgreichen Menschen haben. Daraus hat man eine Erfolgsstrategie entwickelt.

Wenn man sich an diese Punkte hält, ist man garantiert erfolgreich.

Eine dieser Regeln ist zum Beispiel, dass erfolgreiche Menschen mehr Misserfolge haben als Erfolge. Wir glauben immer, erfolgreiche Menschen seien immer nur erfolgreich. Das ist völliger Blödsinn. Die goldene Regel ist, von zehn Versuchen gehen sechs bis neun Versuche schief. Dazu gibt es das schöne Bild von einem Jongleur, der wunderbar im Zirkus mit Tellern jongliert und unten siehst du aber, wie viele Scherben von heruntergefallenen Tellern es gegeben hat, bis er das konnte.

Das geht allen großen, erfolgreichen Leuten so. Die haben alle viele Misserfolge gehabt. Wir glauben aber, erfolgreich ist man nur, wenn man immer Erfolg hat. Das ist nicht wahr. Der Unterschied ist aber, erfolgreiche Leute probieren etwas, es funktioniert nicht, sie probieren es nochmal ein bisschen anders, es funktioniert trotzdem nicht, aber sie probieren es nochmal. Viele Leute - die Erfolglosen - probieren etwas, es funktioniert nicht, und sie sagen, okay, ich kann es nicht, und lassen es liegen. Der Erfolgreiche probiert es ein zweites Mal, ein drittes Mal. Spätestens jetzt hören die meisten auf. Ein Erfolgreicher macht weiter und probiert es noch ein viertes, ein fünftes, sechstes, vielleicht ein siebtes, achtes, vielleicht ein neuntes Mal, bis er die ersten Erfolge hat.

Es lohnt sich wirklich einmal Biographien zu lesen von Edison, der die Glühbirne erfunden hat, wie seine Geschichte ist, von einem Walt Disney oder anderen berühmten Leuten. Ein Milchmixer-Vertreter, der unterwegs war und plötzlich ein modernes Lokal entdeckte, das zwei Brüdern gehörte, in das er mit einstieg, indem er ein zweites genau gleiches Lokal eröffnete. Das Lokal lief überhaupt nicht und war immer kurz vor der Pleite. Die zwei Brüder sagten irgendwann, das wird sowieso nie funktionieren, haben es aufgegeben und ihm die ganzen Rechte an diesem Restaurantkonzept verkauft. Die zwei Brüder, das waren die Gebrüder Mc Donald gewesen. Ich finde das Essen von McDonald's zwar nicht so cool, und würde lieber nichts essen als das, was man da bekommt, aber diese Geschichte ist trotzdem spannend.

Oder ein Walt Disney. Er kam aus einer Familie aus ärmsten Verhältnissen, hatte keine richtige Schulbildung, weil er als Kind schon arbeiten musste, um die Familie zu ernähren. Im Ersten Weltkrieg musste er in den Krieg, kam vom Krieg zurück, keine Ausbildung, nichts, seine Verlobte war inzwischen mit einem anderen verheiratet. Er hatte zwar nichts, hatte nichts gelernt, aber er hatte eine Leidenschaft: Er zeichnete gerne. Also eröffnete er ein Zeichnerbüro. Früher, als es noch keinen Computer und kein Photoshop gab, mussten alle Plakate und Ähnliches noch gezeichnet werden. Walt Disney mietete sich also irgendwo in einem Kellergewölbe ein und zeichnete. Er ging pleite, hat es wieder probiert und ging nochmal pleite, ging wieder ins Armenhaus und ernährte sich von der Suppenküche, weil er nichts hatte. Erst beim dritten Versuch hat er dann einen Auftrag gekriegt und den ersten Zeichentrickfilm von Alice im Wunderland gezeichnet. Das war sein erster Durchbruch. Dann kam aber die große Krise und wieder ist alles zusammengebrochen. Meuterei in seinem Betrieb, Riesenstress. Er hatte Aufträge und konnte sie nicht erfüllen. Wieder stand er kurz vor der Pleite. Heute schauen wir weltweit Walt Disney Filme an.

So kannst du die Biographien durchgehen, es ist immer die gleiche Geschichte: es ist nicht so, dass diese Menschen immer nur erfolgreich sind. Sie haben ganz viele Misserfolge und das gehört dazu. Glaube deshalb nicht, dass du falsch bist, wenn du einmal einen Misserfolg hast. Das gehört dazu. Wie hast du laufen gelernt? Bist du aufgestanden und sofort Marathon gelaufen? Wohl kaum. Sondern mit ganz vielen Misserfolgen. Wie oft bist du auf die Schnauze geflogen! Aber du bist wieder aufgestanden und wieder hingefallen, aufgestanden, wieder hingefallen, aufgestanden, hingefallen. Heute kannst du laufen. Vorher waren da aber ganz viele Misserfolge.

Beispiele für dieses Gesetz findest du auch in allen anderen Bereichen deines Lebens. Du bist drangeblieben, und dann hat es funktioniert. Darum sei mutig. Probiere Dinge aus, auch wenn nicht alles sofort funktioniert. Gehe diesen Schritt. Lauf, geh ins Leben raus, lebe dein Leben! Wenn etwas nicht funktioniert, dann ändere den Samen. Probiere es anders. Immer das Gleiche machen, das so nicht funktioniert, ist auch doof. Mache es immer ein bisschen anders, bis es funktioniert. Jeder Misserfolg ist ein Verkehrsschild in Richtung Erfolg. Du kannst viel mehr und du bist viel mehr als man dir eingeredet hat.

Zu den Spielregeln des Lebens gehören nochmals zusammengefasst die drei Gesetze.

Resonanzgesetz: Gleiches zieht Gleiches an, Ungleiches stößt sich ab. Bringe Gedanken und vor allem Gefühle in die richtige Resonanz.

Polaritätsgesetz: alles hat zwei Seiten. Das Leben gleicht immer wieder aus.

Kausalitätsgesetz: Ursache und Wirkung. Wenn du mit der Wirkung, mit der Wirklichkeit, nicht zufrieden bist, musst du etwas anderes säen. Ändere deine Gedanken und dein Leben wird sich ändern.

Probiere es aus, fange an mit diesen Gesetzen zu spielen.

Kapitel 9

Emotionen & Gefühle

Gefühle sind Salz und Pfeffer des Lebens. Leben ohne Gefühle ist fad, langweilig, nicht lebenswert. Gefühle machen das Leben bunt. Sie geben dem Leben überhaupt einen Sinn.

Gleichzeitig ist es aber in unserer Gesellschaft ein Tabu, Gefühle zu haben. Es gehört sich nicht: „Reiß dich zusammen!" Keinem von uns wurde jemals in der Kindheit beigebracht, wie man mit Gefühlen richtig umgeht. Denn wenn das Kind das erste Mal bewusst Gefühle wahrnimmt und zur Mutter geht und im übertragenen Sinn sagt: „Du Mama, ich habe da etwas, ein Gefühl, was tue ich damit?", dann sagt die Mutter: „Tu es weg, mach es weg."

Das läuft dann ungefähr so ab: Das Kind kommt und sagt: „Mama, ich bin traurig." Dann sagt die Mama: „Oh, du musst nicht traurig sein, ist doch alles gut. Du musst jetzt nicht traurig sein." Das Kind ist aber traurig. „Du musst es nicht." Aber ich bin traurig, ich habe da irgendwas, das ist Trauer. Was mache ich damit? Mach es weg. Oder das Kind drückt aus: „Ich bin wütend." Darauf die Mutter: „Es gibt gar keinen Grund wütend zu sein. Geh in dein Zimmer!" Oder: „Mama, ich habe Angst." „Du musst jetzt keine Angst haben. Alles ist gut." Nein, nichts ist gut. Ich habe Angst. Was tue ich damit? Uns wird beigebracht: Mach es weg. Aber was mache ich damit?

Gesellschaftstabu Emotion

So sind wir eine Gesellschaft, in der Emotionen gar nicht gehen. Wenn irgendjemand laut herumschreit oder brüllt oder auch nur, wenn jemand laut lacht und wir wissen nicht warum, dann macht uns das Angst. Wenn jemand im Restaurant allein am Tisch sitzt und plötzlich laut anfängt zu lachen, schauen alle rüber und fragen sich, versteckte Kamera oder was ist mit dem los? Braucht er einen Arzt? Und wenn jemand laut herumschreit: „Hm, Security hier?" Du siehst, Emotionen gehen gar nicht.

Auch was ich als Therapeut immer wieder erlebt habe, veranschaulicht das. Wenn du als Therapeut arbeitest, kommen Leute logischerweise nicht zu dir, weil sie dir sagen wollen, dass ihr Leben so toll ist, sondern weil irgendetwas eben nicht toll ist, weil etwas Trauriges, Schlimmes, Unangenehmes passiert ist, weil ein Problem da ist. Die Leute kommen zu dir in die Sprechstunde und dann redet man über Themen, die nicht wirklich lustig, sondern oft traurig und emotional belastend sind. Ja, und dann kommt es schon vor, dass da Tränen fließen. Wenn dann die Tränen fließen, erlebe ich es immer und immer wieder, dass die Leute sagen: „Entschuldigen Sie bitte, ich muss schon wieder weinen." Also „ent-schuldige" mich bitte!

Hallo, wo ist da die „Schuld"? Was muss da „ent-schuldigt" werden? Das ist doch völlig hirnrissig! Aber für uns ist das so etwas von normal. Wir bekommen ein riesengroßes Schamgefühl, wenn wir Emotionen zeigen. Das ist furchtbar! Wir sind eine Gesellschaft von Menschen, die Emotionen weg machen.

Emotionen müssen fließen

Wie ich bereits in den vorherigen Kapiteln ausführlich erörtert habe, sind Emotionen biochemische Prozesse im Körper. Du erinnerst dich an den Hypothalamus, die kleine Bar mitten im Gehirn mit dem Barkeeper, der mit seinen 20 Flaschen fleißig die Cocktails mixt, sie dann ins Blut schüttet und zack, erleben wir die Emotionen. Biochemie – das ist die medizinische Sicht. Nun gibt es aber noch die energetische Sicht auf die Emotion. Eine Emotion ist immer auch eine Energie. Von Energien wissen wir, dass sie nicht einfach verschwinden. Energien müssen fließen. Genauso ist es mit den Emotionen. Emotionen müssen gelebt werden, sonst werden wir krank. Emotionen sind Energien, die fließen müssen. Wenn ich Emotionen verdränge, sind sie nicht weg. Sie sind nur verlagert.

Stelle dir zur Veranschaulichung folgende Situation vor. Es ist früh morgens vier Uhr. Du erwachst, alle im Haus schlafen. Du hast Durst und möchtest in die Küche gehen, etwas trinken. Ganz leise stehst du im Dunkeln auf, die Straßenlaterne scheint durch das Fenster hinein und gibt dir ein bisschen Licht, aber es ist recht finster. Du gehst ganz leise den Flur entlang in Richtung Küche. Als du in die Küche hineingehst, stößt du dich mit dem kleinen Zeh so richtig heftig am Küchentischbein. Circa eine halbe Sekunde bevor es jetzt weh tut, weißt du schon, jetzt tut's gleich weh. Wenn du jetzt laut herausschreien kannst, ist dieses herausschreien sehr befreiend. Stimmts? Das ist genau diese Energie, die fließen muss. Da kommt eine Energie hoch, Schmerz in diesem Fall, und die muss einfach mit einem lauten „Wooooaah!" raus. Dann ist es gut.

Jetzt möchtest du aber morgens um vier Uhr nicht das ganze Haus wecken. Das heißt, da kommen - ich nenne es jetzt einmal hundert Kilo Schmerz - von unten hoch und jetzt musst du hundert Kilo Gegendruck geben, um nicht laut herauszuschreien. Ist diese Energie jetzt weg? Nein. Sie fließt zwar nicht da heraus, wo sie herausfließen sollte. Aber sie fließt jetzt auf eine andere Ebene. Sie wandelt sich jetzt zum Beispiel in Wut um, sucht sich einen neuen Weg und geht hinaus, indem du zischst: „Verdammter Scheiß-Tisch, verdammter Scheiß-Tisch!" So geht sie raus.

Nur jetzt ist sie falsch adressiert. Sie richtet sich jetzt auf den Tisch, der aber gar nichts dafürkann. Diese Energie hat jetzt einen falschen Adressaten bekommen und fließt in Form von Wut auf den Tisch. Gut für dich, denn du bist die Energie los, schlecht für den Tisch, aber dem ist das Gott sei Dank ziemlich egal.

Jetzt gibt es aber noch einen Weg, die dritte Ebene, wohin die Energie abfließen kann, wenn das nicht reicht. Das ist, wenn sie zum Beispiel in die personifizierte Ratio fällt, wenn du nämlich dann sagst: „Dieses verdammte Arschloch, ich habe ihm gesagt, ich will keinen Tisch in der Küche!" Jetzt ist die Energie auf eine Person bezogen. Falsch adressiert, denn diese Person kann nichts dafür, dass du nicht aufgepasst hast und dir den kleinen Zeh gestoßen hast. Das gleiche Beispiel ist, wenn du barfuß ins Kinderzimmer gehst und auf einen Lego-Stein trittst, und dann das dreijährige Kind zur Rechenschaft ziehst. Ich spreche nicht vom Aufräumen - das ist ein anderes Thema. Ich spreche vom Lego-Stein, auf den du getreten bist, weil du nicht aufgepasst hast.

Falsch adressierte Emotionen

Diese beiden falsch adressierten Wege, auf denen die Energie fließt, sind ein großes Problem unserer Gesellschaft. Falsch adressierte Emotionen sind die Ursache dafür, dass Hooligans oder sonstige Rowdys U-Bahnstationen zerstören, sowie für Fremdenfeindlichkeit, Rassendiskriminierung, Hass, Wut und Aggression, die wir überall spüren. Das sind alles falsch adressierte Energien wie Ängste, Wut, Trauer oder Ähnliches. Emotionen, die eben auch nicht richtig adressiert werden können, weil die Menschen gar nicht wissen, wem sie die Schuld geben sollen für die Arbeitslosigkeit, für dies, für jenes. Dann suchen sie sich eben jemanden aus, der das dann – falsch adressiert - abkriegt. Die Leute müssen aber diese Energie fließen lassen. Das ist ein soziales Problem, das wir haben, weil wir Emotionen falsch adressiert rauslassen.

Ein Gedankenbeispiel dazu: Der Chef arbeitet sehr viel, ist selten zu Hause, und seine Frau ist deshalb frustriert. Sie hat aber als Kind einmal gelernt, dass man als Mädchen brav sein muss. Also ist sie brav und sagt nichts, ist aber frustriert. Dadurch hat sie weniger Lust auf Sex. Nun ist er frustriert, weil er zu wenig Sex bekommt. Er will aber auch brav sein. „Ist ja alles gut. Reiß dich zusammen...", hat er als Kind gehört, also sagt er auch nichts. Er nimmt die Frust-Energie aber mit zur Arbeit. Dort motzt er einfach seinen Mitarbeiter ein bisschen mehr an. Der Mitarbeiter möchte seinen Job ja nicht verlieren, also besser auch nichts sagen, behält diese Energie, diese Emotion, bei sich und nimmt sie mit nach Hause. Dort motzt er jetzt seine Frau ein bisschen mehr an. Seine Frau ist - auch ein Mädchen - schön brav und sagt auch nichts, lässt aber die Energie in Form von Aggression eben ein bisschen an den Kindern aus, indem sie sie wegen

Kleinigkeiten schimpft. Die Kinder sind in der absoluten Abhängigkeit, können also auch nichts tun und fangen an, das Meerschweinchen zu quälen. Nur weil der Chef zu viel arbeitet, kriegt also das Meerschweinchen des Mitarbeiters jetzt alles ab.

Dieses Beispiel ist natürlich etwas überspitzt und vereinfacht gezeichnet, aber es zeigt, wie sich solche Energien verlagern und irgendwo hinwandern, wenn sie falsch adressiert sind. Das ist zwar im Moment gut für denjenigen, der die Emotion hat, denn immerhin geht sie dann irgendwo hinaus, aber es bekommen die Falschen ab, was wiederum zu Konsequenzen wie unnötigem Stress und Ärger an anderer Stelle führt.

Gegen sich selbst gerichtete Energien

Es gibt noch einen vierten Weg, wohin die Energie fließen kann, wenn sie nicht direkt dort abfließen kann, wo sie entsteht. Das ist der schlimmste Weg. Das ist, wenn die Energie wieder auf mich selbst zurückfließt, zum Beispiel in Form von Autoaggression. Die Autoaggression fängt in den ganzen lieblosen inneren Dialogen an, die wir ständig mit uns führen wie: „Ich kann das nicht, ich schaffe es nie, ich bin nicht gut genug, mich mag eh keiner, auf mich kommt es nicht an." Autoaggression aus nicht gelebten Emotionen verlagert sich sodann in ganz viele Krankheitsbilder wie beispielsweise Allergien. Sämtliche Allergien sind Autoaggressions-Krankheiten. Warum? Es findet ein Krieg auf Körperebene statt. Das Immunsystem bekämpft irgendetwas, was völlig harmlos ist. Irgendwelche Blütenpollen, Erdbeeren und Ähnliches, Dinge, die eigentlich den Körper nicht angreifen.

Der Kampf, der eigentlich außen stattfinden sollte, indem man sich durchsetzt, indem man sich für sich selbst stark macht, indem man sich kämpferisch für sich einsetzt, findet da nicht statt. Die Emotionen, die nach außen nicht gelebt werden, werden dann eben auf Körperebene gelebt.

Krankheiten als Zeichen nicht gelebter Emotionen

So kann man auch jede andere Krankheit deuten. Bei jeder Erkältung kann man sich fragen: „Was hat mich erkalten lassen?" Es ist nicht das kalte Wetter draußen. Wenn es nämlich das kalte Wetter wäre, müssten alle Ski- und Snowboarder ständig krank sein. Das sind sie aber nicht, weil sie dabei Spaß haben und das Feuer der Leidenschaft am Skifahren leben. Da ist erkalten nicht möglich. Wenn aber beispielsweise die Kinder Snowboarden und Spaß haben, die Mutter jedoch nicht snowboardet und jedes Wochenende neben der Piste warten muss, bis die Kinder runtergefahren sind, hat sie irgendwann einmal die Nase voll und hustet den Kindern eins, also Erkältung. Mit Husten geht ganz viel Aggression raus. Versuche einmal das Husten zurückzuhalten, dann merkst du, wieviel Kraft da hochkommt. Das ist eine Energie, die fließt. Es ist auch nicht der Wind, der einen erkältet, sonst wären alle Windsurfer ständig krank. Das sind sie aber auch nicht, weil sie Spaß dabei haben. Da ist es beispielsweise die Freundin, die das Wochenende mit an den Baggersee muss und keinen Bock dazu hat, aber warten muss, bis er fertig gesurft hat. Die hat dann auch irgendwann die Nase voll.

Sehr interessant sind auch Magenprobleme. Unser Magen ist dafür da, um zu verdauen. Wenn ich ein Schnitzel esse, geht es bekanntlich in den Magen, dort werden hauptsächlich

Eiweiße durch die Magensäure aufgespalten, damit sie dann weiter in den Darm und in die Blutbahn gelangen können. Das ist die Aufgabe des Magens, er muss verdauen. Wenn ich jetzt aber ständig Seelisches schlucke und schlucke und schlucke, denkt der Magen, okay ich mache meinen Job, ich verdaue. Es ist aber nichts da, was er verdauen kann. Also fängt der Magen an, sich selbst zu verdauen. Seine schützende Schleimschicht wird dadurch, dass er sich selbst verdaut, langsam zerstört. Das nennen wir ein Magengeschwür. Eine größere Aggression als das, was der Körper da macht, nämlich sich selbst zu verdauen und sich selbst zu zerstören, kann man sich kaum vorstellen.

Der Nocebo-Effekt am Beispiel der Grippe-Welle

Dieses Beispiel erzähle ich in meinen Seminaren schon seit fünfzehn Jahren, weil es durch viele Studien, die schon über zwanzig Jahre alt sind, bestens belegt ist.

Unsere jährlichen Grippe-Epidemien sind reine Nocebos. Der Begriff Placebo ist jedem bekannt, eine Pille, die zwar keine Wirkstoffe hat, aber durch die Kraft der Psyche trotzdem heilt. Ein Nocebo ist ebenfalls ein Nichts, das aber krank macht. So auch die Grippe-Epidemien, die so fein medial aufbereitet - Achtung, Achtung, wieder eine Grippewelle – durch das Land ziehen.

Die Grippe-Viren, die gibt es schon. Die trägt auch jeder in sich. Wir glauben zwar immer, unser Blut sei steril, aber Pustekuchen, es ist gar nicht steril, sondern voller Keime, Bazillen und Pilzsporen und Ähnliches. Wir haben aber ein Immunsystem, unsere Körper-Polizei, die schaut, dass diese Viren und Konsorten nicht die Überhand bekommen, so dass wir nicht krank werden.

Es ist klar, dass wenn jemand ein geschwächtes Immunsystem hat, sei es durch Krankheit oder einen ungesunden Lebenswandel, diese Viren die Überhand bekommen und man dann krank wird. So kann jede Grippe sogar tödlich werden. In der Grippesaison 2017/18 sind gemäß Robert Koch Institut rund 25.000 Menschen in Deutschland an der normalen Grippe gestorben. Es gibt auch psychische Ursachen für ein geschwächtes Immunsystem. Das sind hauptsächlich Angst und Stress.

Nun ist es so, dass es in unserer Gesellschaft darum geht, möglichst viel zu tun. Höher, schneller, weiter, tun, tun, tun, arbeiten, arbeiten, arbeiten. Wenn du dreimal im Jahr in Urlaub fährst, musst du schon fast ein schlechtes Gewissen haben, denn wenn du deinen Kollegen sagst, ich fahre wieder in Urlaub, sagen sie: „Aha, du hast es aber schön!" Zwischen den Zeilen hören wir dabei den Vorwurf: „Du faule Sau." Es ist "in", dass man so viel wie möglich arbeitet. Ja nicht Pause machen, immer Vollgas. Wir fordern von unseren Körpern Vollgas, fahren immer hochtourig. Dafür sind wir aber nicht gemacht.

Schauen wir zurück ins Zeitalter der Neandertaler, der Ur-Menschen, dann sehen wir, dass deren Organe, das Herz, die Lunge, die Nieren, die Augen, der Mund und so weiter, grundsätzlich genau das gleiche gemacht haben, was unsere Organe heute auch tun. Da hat sich nicht wirklich viel verändert. Allerdings hatten die Menschen damals nie Stress. Wenn sie einmal Stress hatten, war das immer sehr kurzfristig, nämlich dann, wenn der Säbelzahntiger vor der Höhle stand. Dann ging es aber auch relativ schnell. Entweder hat der Neandertaler mit der Keule dem Säbelzahntiger eins auf die Rübe gegeben, dann gab's Fleisch für die nächsten drei Monate. Oder der Säbelzahntiger hat den Neandertaler aufgefressen. Dann war der Stress auch vorbei.

Solch andauernden Stress wie wir heute, hatten die Ur-Menschen nicht. Wir haben ja sogar Stress, wenn wir frei haben, weil in der Freizeit muss ich dies und das machen, noch mit den Kindern da- und dorthin, und dann muss ich ins Fitnessstudio, ins Yoga und dann muss ich auch noch Entspannungsübungen machen. Ich habe nur noch Stress. Pause machen geht nicht. Das gehört sich nicht.

Jetzt kommt dann also die Meldung im Radio, Fernsehen, überall: „Achtung, Achtung, Grippewelle zieht wieder durch das Land, so und so viele Leute sind schon erkrankt." Da passiert bildlich gesprochen Folgendes: Das stressgeplagte Unterbewusstsein sagt sich: „Wow, wie geil ist das denn!" Es greift zum Telefon und ruft die Einsatzzentrale des Immunsystems an: "Ja, hallo, hier ist das Unterbewusstsein. Einsatzzentrale, könnt ihr mal bitte den Voice-Recorder ausschalten?" "Moment bitte – gut, ausgeschaltet." "Okay, hört mal zu. Ich habe gehört, die Grippewelle ist wieder unterwegs." "Ja, das haben wir gesehen, wir haben schon viele Viren-Meldungen von den Patrouillen draußen." "Hört mal zu. Ich habe immer solchen Stress. Könntet ihr nicht ein paar von den Patrouillen reinholen, sodass die Viren ein bisschen überhand kriegen? Dann würde unser Körper nämlich krank werden und wir alle könnten uns einmal eine Woche lang ohne schlechtes Gewissen ins Bett legen, ausruhen und nichts tun." "Das ist eine saugute Idee, das machen wir sofort! Tschüss!" Dann hörst du in der Einsatzzentrale: "Achtung, Achtung, Patrouillen 25, 37, 98, 82 und 77 bitte zurück in die Zentrale." Das Immunsystem fährt ein bisschen seine Polizei runter, wir werden krank und dürfen ohne schlechtes Gewissen einfach einmal eine Woche ausruhen.

Was glaubst du, warum bei den Grippe-Epidemien immer die gleichen Leute krank werden? Es sind zum Beispiel immer die öffentlichen Angestellten, auf die es nicht so sehr ankommt. (Liebe öffentliche Angestellte: Ihr müsst jetzt als Beispiel herhalten. Ich habe nichts gegen öffentliche Angestellte.) Der selbstständige kleine Unternehmer, der es sich nicht leisten kann eine Woche auszufallen, weil dann bei ihm keine Kohle reinkommt, der ist nie krank. Du glaubst ja sicher auch nicht, dass diese Viren zwischen Unternehmern und öffentlichen Angestellten unterscheiden können. Aber genauso ist es.

Der selbständige kleine Unternehmer, der nicht fehlen darf, weil sonst die Hölle los ist, wenn der sich im Sommer einmal eine Woche Urlaub gönnt, dann wird er schon am Freitagnachmittag ein bisschen spüren, dass da etwas nicht stimmt und am Samstag, dem ersten Urlaubstag, ist er krank. Dann hat er schön eine Woche Zeit, in der das Immunsystem oder Unterbewusstsein ihn einmal flachlegen muss, weil er sonst nämlich im Urlaub auch immer etwas macht. Am Ende der Urlaubswoche geht es ihm dann richtig gut, so dass er am Montag wieder fit zur Arbeit gehen kann. Das ist das Nocebo, was sich bei Grippen abspielt.

Druck-Krankheiten als Folge aufgestauter Energien

So kann man ganz viele Krankheiten in unserer Gesellschaft einem seelischen oder psychischen Aspekt zuordnen, wie auch beispielsweise die vielen Druck-Krankheiten, die wir haben. Von Migräne über Krampfadern zum Blut-Hochdruck sehen wir den Druck aufgestauter Energie, die nicht fließt. Die Skala geht natürlich auch nach oben weiter bis zu psychischen Krankheiten wie Borderline. Fragt man den Borderline-Patienten, der sich aufschneidet und damit sich selbst verletzt – wieder eine Form von Autoaggression - warum er das tut, beziehungsweise was er dabei empfindet, dann sagt er, da geht unheimlich viel Druck weg, wenn das Blut fließt. Was glaubst du, was das für ein Druck ist? Das sind nicht gelebte Emotionen. Die absolute Krönung der Autoaggression ist der Suizid. Aggressiver kann ich nicht gegen mich selbst vorgehen, als mich selbst zu töten. Dazwischen gibt es die ganze Spannbreite verschiedener Druck- und Autoaggressionskrankheiten. All das, weil Emotionen nicht gelebt werden und diese Energien nicht fließen.

Nicht geweinte Tränen auf Körperebene

Als abschließendes Beispiel für die Verlagerung nicht gelebter Emotionen auf die Körperebene möchte ich die Geschichte einer Klientin erzählen, die in der Schweiz in meine Praxis kam. Ich hatte damals eine Gemeinschaftspraxis mit einem traditionellen chinesischen Mediziner, Henry, mit dem ich einige Klienten auch gemeinsam therapierte. Besagte Klientin kam zu uns, weil sie Zysten auf den Nieren hatte, die schon so groß waren, dass die Ärzte sagten, sie könnten sie nicht mehr punktieren. Punktieren bedeutet, man sticht von außen mit Nadeln hinein und zieht die Flüssigkeit aus den Zysten ab. Nach Einschätzung der Ärzte wäre die Niere bei der Größe der

Zysten durch den Eingriff wahrscheinlich kollabiert, weshalb sie ihn ablehnten. Die einzige medizinische Lösung, die es für die knapp über fünfzigjährige Frau noch gab, war die Entnahme beider Nieren, was für den Rest ihres Lebens bedeutet hätte, dreimal pro Woche ins Spital zur Dialyse zu müssen. Das war ihre Zukunftsprognose, der Operationstermin war für einen Monat später schon festgelegt. Nun, wenn so gar nichts anderes mehr geht, ergreift man dann gerne noch den letzten Strohhalm Heilpraktiker oder Therapeut. So landete die Klientin schlussendlich auch bei uns, beziehungsweise zuerst bei mir.

Ich wusste aus der Psychosomatik, dass Nieren immer in irgendeiner Form mit Beziehungen zusammenhängen. Das muss nicht zwangsläufig die Partnerschaftsbeziehung sein, das kann jegliche Art von Beziehung sein, oft ist es aber die Partnerschaft. Darüber hinaus sagt man in der Psychosomatik als Richtschnur, dass Wasseransammlungen im Körper, ob in den Beinen, anderen Körperteilen oder Zysten, Tränen sind, die nach innen anstatt nach außen geflossen sind.

So war eine meiner ersten Fragen an die Klientin, was denn in ihrem Leben Trauriges passiert sei in der letzten Zeit. Sie antwortete, dass eigentlich nichts passiert sei. Ich fragte zurück, was sie mit „eigentlich" meinte. Da sagte sie, dass vor circa einem dreiviertel Jahr ihr Mann verstorben sei. Auf meine Rückfrage, dass das doch schon recht traurig sei, sagte sie ja, aber sie sei ganz bewusst an die Sache herangegangen und habe diese Trauerarbeit sehr intensiv auch mit ihrem Mann zusammen gemacht, als er noch gelebt hat. Ihr Mann sei krank gewesen und sie wussten, dass er sterben würde. So haben sie eben, bevor er gestorben sei, schon die ganze Trauerarbeit zusammen gemacht. Da sagte ich ihr, das geht nicht, weil die Trauer erst nachher kommt. Diese Frau hatte die ganzen Monate, seit ihr Mann gestorben war, keine einzige Träne geweint. Und dies, obwohl die beiden ein sehr gutes Verhältnis gehabt hatten, also es war nicht so, dass sie froh war ihn los zu sein. Der Hintergrund hierfür wurde auch relativ schnell klar. Sie hatte ein extrem strenges Elternhaus, in dem Emotionen absolut tabu waren. Wenn man nur ein bisschen Gefühle zeigte, wurde man verprügelt, also Trauer ging schon gar nicht. So hat ihre Ratio den schlauen Plan ausgeheckt, das vorher zu erledigen, über den Kopf. Trauerarbeit über den Verstand. Nur funktioniert das nicht. Die Emotionen konnten nicht fließen. Die Tränen sind deshalb hier auf Körperebene geflossen und haben diese Zysten auf den Nieren produziert.

Den Monat bis zu ihrem Operationstermin haben wir dann mit der Therapie Vollgas gegeben. Ich habe mit Hypnose- und Psychotherapie diese Blockaden gelöst und sie in ihre verdrängte Trauer hineingeworfen, sie sozusagen richtig zum Heulen gebracht. Henry hat mit seinen Nadeln - und was die chinesische Medizin sonst noch so hat - ebenfalls an ihren Blockaden gearbeitet. Als unsere Klientin schließlich ein paar Tage vor der geplanten Operation zur Voruntersuchung nochmal zum Arzt ging, waren auf dem Ultraschall die Zysten so weit zurückgegangen, dass die Operation abgesagt wurde.

Diese Geschichte macht deutlich, welche Auswirkungen es hat, wenn Gefühle nicht gefühlt werden. Ich kenne unzählige solche Beispiele dafür, was alles passieren kann, wenn man einmal die Emotionen richtig fließen lässt, wie sich dann auch Krankheiten plötzlich auflösen. Darum ist es besser, wir leben unsere Emotionen und lassen sie fließen, bevor wir sie zum Beispiel auf Körperebene oder anders falsch adressiert ausleben müssen.

Gefühle freiwillig fühlen

Darum macht es Sinn, Gefühle freiwillig zu fühlen. Es ist auch ganz wichtig das zu tun, denn den „Gefühlsregler" – wenn man sich das wie einen Regler am DJ-Pult vorstellt – den gibt es nicht getrennt für schöne und unangenehme Gefühle. Wenn ich den „Gefühlsregler" also runterfahre, weil ich unangenehme Gefühle weniger oder gar nicht fühlen möchte, dann kann ich eben auch die schönen Gefühle kaum oder gar nicht mehr fühlen. Das ist das, was Antidepressiva zum Beispiel auch bewirken, man wird allgemein tauber.

Da aber deine Intuition, dein Kompass, dein Bauchgefühl auch ein Gefühl ist, verlierst du den Zugang zu deinem Bauchgefühl, wenn du den Regler mit deinen Gefühlen runterschiebst und deine Gefühle nicht fühlst. Dann bist du orientierungslos im Leben, weil dein Kompass wegfällt. Gefühle müssen gefühlt werden, denn dafür sind sie da. Gefühle, die nicht gefühlt werden, verschwinden nicht. Auch die Zeit heilt hier keine Wunden.

Wie du Emotionen ausleben kannst

Bevor wir Stress in der Beziehung haben, weil wir unsere Frustration, Aggression, Trauer oder Wut falsch, nämlich über den Partner, die Partnerin ausleben, oder bevor wir sie in Krankheiten verlagern, ist es besser, wir leben sie direkt dort aus, wo sie hingehören. Was bedeutet aber Emotionen ausleben, wie leben wir Emotionen aus?

Gefühle akzeptieren

Erstens müssen wir anfangen, unsere Emotionen wieder zu akzeptieren. Gefühle und Emotionen gehören zu uns. Sie sind deshalb nicht falsch, sie sind richtig. Alle Gefühle! Auch deine Wut, deine Trauer, deine Angst, deine Scham, all diese Emotionen sind deine Kinder, sie gehören zu dir. Ja sagen zu all den Emotionen, anfangen uns wieder um unsere Emotionen zu kümmern, wie wenn sie unsere Kinder wären, und sie in unser Leben zu integrieren. Sie dürfen da sein. All unsere Emotionen willkommen heißen in unserem Leben.

Sich seiner Gefühle bewusst werden

Das setzt voraus, dass wir uns unserer Emotionen erst einmal bewusst werden. Darum sollten wir, wie ich anfangs beschrieben habe, um neun Uhr morgens und um drei Uhr nachmittags diesen Emotions-Scan machen und uns überlegen, wie geht's mir eigentlich. Das heißt, sich auf die Toilette setzen, Augen schließen, zwei bis dreimal tief ein- und wieder ausatmen. So kommst du zu dir in deine Mitte und wirst ruhiger. Dann sich den Satz sagen: „Alles was jetzt ist, darf sein." Dann einmal überprüfen, was denn jetzt gerade eigentlich ist. Achte auf ein Körperempfinden wie Gelassenheit, Ruhe oder Anspannung, Unruhe oder einen Druck im Bauch, auf der Brust, im Rücken, im Kopf. Irgendeine Körperempfindung hast du. Lasse sie einfach zu. Dann frage dich, welches Gefühl fühle ich gerade. Plötzlich bemerkst du vielleicht, eigentlich habe ich eine Trauer in mir oder eine Wut, oder eigentlich habe ich eine Unsicherheit, eine Scham, oder vielleicht habe ich auch Freude in mir. Das kann auch sein.

Aber erst einmal scannen, was empfinde ich, was fühle ich jetzt gerade. Sich einfach wirklich wieder mit seinen Gefühlen verbinden und seine Gefühle bewusst wahrnehmen, ohne sie verändern zu wollen. Nur wahrnehmen. Das dauert nur drei Minuten. Irgendwann ist es so weit, dass du nicht einmal mehr auf die Toilette musst, um das zu tun. Dann machst du das während des Meetings oder dem Arbeiten oder wo auch immer. Man kann das auch mehr als zweimal machen, nämlich immer dann, wenn man das Gefühl hat, es wäre jetzt gut, einmal schnell zu scannen, weil irgendetwas nicht stimmt. Das kommt dann irgendwann auch automatisch, dieser Impuls. Sich selbst spüren lernen heißt, sich seiner Emotionen bewusst werden.

Gefühle kanalisiert herauslassen

Der nächste Schritt ist dann, diese Emotionen bewusst auszuleben. Welche Emotionen verdrängen wir am liebsten? Nummer eins: Die kraftvollste Emotion, die Wut. Nun kannst du die Wut natürlich nicht einfach so ausleben, wenn wie gesagt der Chef kommt, dir das Zeug einfach so hinschmeißt und du ihm am liebsten mit dem nackten Arsch ins Gesicht hüpfen würdest. Aber die Emotion „Wut", die muss fließen. Deshalb solltest du sie, wenn auch kanalisiert, fließen lassen.

Das heißt, du kannst beispielsweise schnell mit dem Lift ins dritte Untergeschoss fahren, in die Tiefgarage und dort einfach die Wut laut rausschreien. Du wirst erstaunt sein wie gut das tut, wenn es fließt. Oder wenn in der Wut eine Kaffeetasse an die Wand fliegen muss, dann fliegt sie eben an die Wand. Schaue einfach, dass es die billige von Ikea ist und nicht die teure von der Großmutter, aber dann knalle die Kaffeetasse an die Wand. Das darfst du. Lass die Wut fließen.

Eine gute Sache ist auch diese Schaumstoff-Pool-Noodle. Einfach damit aufs Bett oder Sofa hauen, dabei auch gerne schreien „du Arsch, du blöder, du elendiger", all die Emotionen fließen lassen. Das muss einfach fließen, dann ist alles wieder gut.

Ich hatte zum Beispiel eine Klientin die war Mitte fünfzig. Sie hatte immer noch solche Angst vor ihrem Vater, dass sie, wenn er anrief und sagte, komm her, ich brauche dies und das - sogar wenn sie Sonntagsbesuch hatte - alles stehen und liegen ließ, ins Auto saß und zum Vater fuhr, es erledigte und wieder zum Besuch zurück nach Hause fuhr. Gleichzeitig hatte sie eine unglaubliche Wut auf ihre Mutter, die zwar schon verstorben war, aber sie nie vor dem Vater beschützt hat. Diese Wut war einfach immer noch da. Sie war nie geflossen. Ich habe mit ihr therapeutisch gearbeitet und wir haben unter anderem einmal mit der Pool-Noodle diese Mutter verprügelt. Die Klientin hat sich Rammstein-Musik angemacht und dann eineinhalb Stunden drauflos gedroschen. Danach hat sie völlig erschöpft am Boden gelegen und sagte, sie habe sich noch nie so frei gefühlt wie jetzt. Als sie nach der Coaching-Woche wieder zuhause war, und ihr Vater wieder anrief, ist sie zu ihm hingefahren und hat gesagt: „So, Papa, jetzt hörst du mir zu. Das ist das aller, aller, allerletzte Mal! Was glaubst du eigentlich wer du bist, wie du mich behandelst? Ich bin eine erwachsene Frau." Sie hat ihm richtig eingeschenkt. Der alte Mann war ganz verdattert, weil noch nie jemand mit ihm so geredet hatte. Sie war richtig stolz. Sie hat dann mit Mitte fünfzig noch eine Ausbildung angefangen, die sie eigentlich als junges Mädchen schon machen wollte, und hat einen völlig neuen Weg eingeschlagen. Dreh- und Angelpunkt ihrer Geschichte war, dass diese Emotionen endlich geflossen sind. Das war die Lösung zurück in die Freiheit. Wir alle tragen solche uralten Gefühle in uns, die nie gefühlt worden sind.

Ein weiteres Gefühl, das gerne verdrängt wird, ist die Trauer. Auch die Tränen der Trauer müssen geweint werden. Auch wenn du meinst, du müsstest ein ganzes Wochenende durchweinen, wenn du all deine Trauer weinen würdest, dann tue das.

Den Zugang zu seinen Gefühlen wiederfinden

Es gibt Leute, die können gar nicht mehr weinen, die haben gar keinen Zugang mehr zu ihrer Wut, zu ihrer Trauer. Man hat vielleicht Scham und traut sich gar nicht wütend zu sein. Oder man hat sich schon so geübt im Zurückhalten, dass man es gar nicht mehr hinkriegt, das Gefühl rauszulassen.

In solchen Fällen lohnt es sich, sich wieder langsam heranzutasten und anzufangen, sich mit seinen Gefühlen bewusst auseinanderzusetzen. Wie kann man das tun? Jeder Mensch ist da ein bisschen anders gelagert, aber es gibt ganz viele Möglichkeiten, aus denen man sich das herauspflücken kann, was für einen selbst am stimmigsten ist.

Gefühle beschreiben

Eine Möglichkeit ist, du setzt dich hin und schreibst einmal fünfzehn, zwanzig Minuten, ohne den Stift abzusetzen, alles was dir zu diesen Emotionen, zu diesem Gefühl einfällt, nieder. Einfach drauflos schreiben und alles aus sich herausschreiben. Dieses Gefühl beschreiben. Das kann man auch zuerst mit einem ganz einfachen Gefühl wie zum Beispiel Müdigkeit üben.

Gefühle malen

Andere Leute sagen, schreiben ist nicht mein Ding, ich male das lieber. Dann kann man sich von den Kindern die Buntstifte oder Wasserfarben ausleihen und dieses Gefühl oder diesen Eindruck, den man vom Gefühl hat, auf diese Weise zum Ausdruck bringen. Meine Angst, meine Wut - wie sieht die aus? Gib ihr ein Gesicht, ein Bild. Welche Farben, welche Formen hat sie? Wie sieht sie ungefähr aus? So fange ich an, mich mit meinen Gefühlen wieder auseinanderzusetzen und bekomme auch wieder den Zugang zu meinen Gefühlen. Wenn ich das oft genug mache, kann ich die Gefühle irgendwann auch wieder erleben, dann kann ich sie auch wieder ausleben.

Gefühle tönen

Andere sagen, malen ist auch nicht mein Ding, aber ich bin musikalisch, ich spiele ein Instrument, Blockflöte, Geige, Klavier, Gitarre, Trommel. Dann versuche einmal, deine Gefühle in Form von Tönen zum Ausdruck zu bringen. Wie würde sich deine Wut, deine Trauer anhören? Wie würde deine Angst klingen? Wenn du kein Instrument hast, dann nimm Töpfe oder nimm den Mund, mach irgendwelche Töne, egal wie lustig das klingen mag.

Gefühle in Körperbewegung ausdrücken

Wieder andere sagen vielleicht, sie sind eher körperorientiert. Sie würden das lieber über den Körper ausdrücken. Die Angst, die Trauer, die Wut in Körperbewegung, sei es in Tanz, sei es in pantomimische Bewegungen übersetzen. Wie würde sie sich darstellen?

Man kann auch alles einmal ausprobieren, um herauszufinden, was am besten zu einem passt. Je nachdem merkt man dabei vielleicht, das eine ist überhaupt nicht mein Ding, aber das andere schon, und manchmal ist man erstaunt, was dann plötzlich mein Ding wird, von dem man es vorher nie gedacht hätte. Wichtig ist nur, dass man wieder diesen Zugang zu seinen Gefühlen hat, dass man sich ihrer wieder bewusst wird und dass man sie leben und fließen lassen kann.

Beispiel: Sich einer Angst nähern

Angst hat die Eigenschaft, dass sie riesengroß wird, wenn ich vor ihr davonlaufe. Wenn ich aber auf die Angst zugehe, mich mit ihr auseinandersetze, das heißt sie anschaue und sage: „Hey, Angst, komm mal her, ich laufe nicht weg vor dir", dann wird die Angst plötzlich ganz klein. Das Monster, das vorher so bedrohlich war, wird plötzlich ganz klein. Du setzt dich also hin und sagst dir, okay Angst, wer bist du? Ich möchte jetzt einfach einmal dein Gesicht sehen. Wovor genau habe ich Angst? Und dann schreibst du auf, was genau deine Angst beinhaltet. Jetzt bekommt sie ein Gesicht, jetzt hat sie eine Form. Vorher war sie ein Phantom von wirren Gedanken, jetzt habe ich Fakten. Dann schaust du dir diese Fakten nacheinander an. Wie wahrscheinlich ist es, dass sie eintreten?

Nach dem Kriterium kannst du schon einen großen Teil streichen und schauen, wo wirkliche Gefahren sind. Dann kannst du dich fragen, was denn tatsächlich passieren würde, wenn das eintreffen würde. Dann wirst du auch da merken, dass das kaum Konsequenzen hätte. Vielleicht gibt es Dinge, die kurzfristig unangenehm wären, das kann schon sein, aber du wirst alles überleben. Wenn man das einmal so anschaut, dann bleiben von dem Riesenpaket, von dem man sich vorher bedroht gefühlt hat, vielleicht noch ein, zwei Dinge übrig, von denen man sagen kann, da muss ich mir Gedanken drüber machen. Dann kannst du dir überlegen, was du tun kannst, damit das nicht eintritt, oder was du tun würdest, wenn das eintreffen würde. Quasi einen Plan B erstellen für diese wenigen Dinge, die übrig bleiben. Wenn ich so anfange mich mit der Angst auseinanderzusetzen, kann ich plötzlich Dinge tun, die ich vorher nie tun konnte, weil ich blockiert war durch die Angst. Darum ist es wichtig, sich mit seinen Gefühlen auseinanderzusetzen.

Gefühle als Wegweiser zur Freiheit

Wenn du in der Lage bist, Gefühle bewusst zu fühlen und bewusst hinzuschauen, welche Gefühle du verdrängst, kannst du anfangen herauszufinden, woher gewisse Gefühle kommen. Angenommen du merkst, immer wieder bist du mit der Angst oder immer wieder bist du mit einer Wut, immer wieder bist du mit einem Schamgefühl konfrontiert, also immer wieder das gleiche Thema. Von überall her kommen Arschengel in dein Leben, die bei dir einen Knopf drücken, und du hast wieder dieses Gefühl, wieder und wieder. Dann bedeutet das, dieses Gefühl ist ein Thema von dir. Da ist irgendein uraltes Programm, und das was da in deinem Leben passiert, sind lauter WuWus. Wenn du dich nicht um deine Gefühle kümmerst, bekommst du das gar nicht mit, weil du dir wahrscheinlich zum Selbstschutz verschiede Verdrängungsstrategien angeeignet hast. Über diese Verdrängungsstrategien reden wir gleich in den nächsten Kapiteln.

Sobald du anfängst dich bewusst um deine Gefühle zu kümmern, sie bewusst zu fühlen, indem du dich regelmäßig scannst, merkst du, Mist, täglich habe ich dieses bestimmte Gefühl. Immer wieder das gleiche Gefühl. Plötzlich fällt es dir auf. Du weißt ja, das was da draußen dieses Gefühl auslöst, sind nur WuWus. Das Gefühl selbst ist ein uraltes Gefühl von früher – die Freude über den Hund und die Angst vor dem Hund sind uralt. Aber heute wird es immer wieder ausgelöst. Wenn du dieses Gefühl erkannt hast, hast du heute die Möglichkeit, zu schauen, woher das Gefühl ursprünglich kommt, und es dort aufzulösen - dich endlich davon zu befreien.

Dazu hast du auf unserer Webseite ein kostenloses MP3-File zum Herunterladen. Das ist eine Hypnosereise, eine Regression, in der wir ganz intensiv in das Gefühl hineingehen. Zusammen mit deinem Inneren Kind gehst du dann zurück an den Ort und in die Situation, in der du dieses Gefühl das erste Mal gefühlt hast. Dort lösen wir das Gefühl auf, indem wir dich die Situation neu mit einer guten Auflösung erleben lassen, so dass sie sich im Unterbewusstsein neu und anders einprägt. Wenn man das mit einem Therapeuten macht, der einen dahinführt, geht es sehr gut und schnell. Wenn man das mit einem MP3-File macht, kann es sein, dass man es zwei-, dreimal machen muss, bis man sich an den Ablauf gewöhnt hat. Ich habe aber auch Leute gehabt, die machen es einmal und es passieren Wunder, genauso effektiv wie beim Therapeuten. Du hast damit jedenfalls ein gutes Werkzeug zur Hand, das Psychotherapie in Reinform ist, die du mit dir selbst zu Hause machen kannst, um immer wieder solche Sachen, die bei dir auftauchen, aufzulösen.

Der Schlüssel ist daher, dass wir uns dieser Gefühle bewusst sind, dann können wir die Ursachen dafür auflösen. Gefühle, die da sind, müssen gefühlt werden, am besten gleich dann, wenn sie entstehen. Sie sind Energien, die fließen müssen. Es kann deshalb auch sein, dass sie dann fließen müssen, wenn du solch eine Regression machst, wenn dann die Wut oder die Trauer von früher wieder hochkommt. Es lohnt sich aber, in Frieden zu kommen mit meinem Ex-Partner, meiner Ex-Partnerin, dem Immobilien-Heini, der mich einmal über den Tisch gezogen hat, besonders aber auch mit diesen ganzen Geschichten mit Mami und Papi, die eventuell noch offen sind, wobei wir uns dessen oft gar nicht bewusst sind. Erst wenn diese Dinge geklärt sind, dann bist du frei.

Kapitel 10

Die Sucht

Eine Strategie, um Gefühle nicht fühlen zu müssen

Es gibt eine unheimlich effiziente und starke Technik unseres Unterbewusstseins, um Gefühle nicht fühlen zu müssen. Diese Technik heißt Sucht. Jede Sucht ist immer eine Strategie des Unterbewusstseins, um ein Gefühl nicht fühlen zu müssen. Um es gleich vorweg klar zu stellen, jeder von uns ist irgendwo nach irgendetwas süchtig. Da jede Sucht eine Strategie des Unterbewusstseins ist, ist ein Süchtiger nicht geheilt, wenn man ihm einfach seinen Suchtstoff oder seine Suchthandlung wegnimmt. Das führt dann immer nur zu einer Suchtverlagerung, das heißt, das Unterbewusstsein weicht einfach auf etwas anderes aus. Die Sucht verschwindet erst dann, wenn man dem Unterbewusstsein eine Alternative anbietet, wie es mit dem Gefühl, das es mit der Sucht verdeckt, anders umgehen kann.

Das ist ganz typisch und klassisch bei den "bösen" Süchten, auf die man allgemein gerne mit dem Zeigefinger zeigt, wie Drogen, Alkohol oder Zigaretten. Wenn man einem Heroinsüchtigen einfach nur das Heroin wegnimmt, oder einem Alkoholiker den Alkohol, und ihn nur den Entzug machen lässt, dann liegt die Gefahr für Rückfälligkeit fast bei hundert Prozent. Daher braucht er zusätzlich zum Entzug eine Therapie, in der der Therapeut mit ihm andere Strategien und Wege ausarbeitet, wie er mit diesen Gefühlen, die er ohne den Schutzmantel des Suchtstoffes oder der Suchthandlung jetzt mit voller Wucht fühlt, umgehen kann. Erst wenn das gefestigt ist, verschwindet die Sucht. Das gilt für jede Sucht.

Entstehung der Sucht

Wie entsteht eine Sucht? Man lernt während einer sehr dramatischen Situation einen starken Belohnungsimpuls kennen. Wenn zum Beispiel das zweijährige Kind im Bett liegt und weint. Dann weint es, weil es sich vielleicht einsam fühlt, Nähe braucht, weil es Mami will. Die Mami kommt und nimmt das Kind auf den Arm. Eigentlich wäre damit das Problem gelöst. Jetzt sagt Mami aber: "Du musst doch nicht weinen. Schau mal, hier ist ein bisschen Schokolade." Das heißt, das Problem wird gelöst und gleichzeitig bekommt das Kind Schokolade. Schokolade, also Zucker und Kakao, lösen im Kopf ein Belohnungssystem aus, und das vernetzt sich im Gehirn als Lösungsstrategie für das Gefühl von Einsamkeit. Manchmal genügt es sogar, wenn das einmal passiert, vielleicht aber auch erst nach zweimal oder dreimal, und das Sucht-Programm ist geschrieben.

Du weißt ja bereits, Programme schreiben sich sehr schnell, wenn sie mit starken Emotionen verbunden sind. Jedes Mal, wenn ich mich ein bisschen einsam oder nicht geliebt fühle, bekomme ich Lust auf etwas Süßes, vielleicht ein Stückchen Schokolade oder ich umarme dann den Kühlschrank anstatt eines lieben Menschen. Liebe geht bekanntlich durch den Magen. Wir möchten uns ja auch am liebsten gegenseitig vernaschen. „Schatz, haben wir noch Mon Cherie im Haus?" So entsteht eine Sucht. Süchte sind einfach Strategien des Unterbewusstseins, die uns helfen ein Gefühl nicht fühlen zu müssen.

Die Strategie der Sucht

Ich möchte das anhand der "bösen" Süchte etwas mehr veranschaulichen. Nehmen wir als Beispiel Alkohol und Kiffen. Bierchen am Abend, ein Gläschen Wein, ein Jointchen, das hat alles die gleiche Funktion. Es macht die harten Kanten des Lebens ein bisschen weicher. Alles wird ein bisschen erträglicher. Die harten Kanten meines fast unerträglichen Lebens spüre ich dann nicht mehr so. Dafür sind Alkohol und Joint ideal.

Nimmt man andere Drogen wie Kokain, Amphetamin, Speed, machen diese das Leben zwar nicht weicher, aber sie machen mich härter, das sind Ego-Drogen. Ein bisschen auf Koks bin ich der starke Macher. Darum ist es auch die sogenannte Manager-Droge. Auf Koks fühle ich Gefühle von Kleinheit, Minderwertigkeit, Ungenügen nicht mehr. Ich fühle mich dann leistungsstark, ich bin dann jemand. Alle anderen Drogen wie MDMA, die halluzigenen Drogen, Pilze, LSD, Heroin katapultieren einen einfach in eine wunderschöne, warme, bunte Welt hinein und man spürt sein echtes Leben nicht mehr. Man ist wie in einer Oase, auf einer Insel, einfach wunderbar zum Durchatmen, diesen ganzen Ballast, die Last des Lebens nicht mehr spüren. Das ist das Gefühl, das einem diese Drogen geben. Eine gute Strategie um all diese Gefühle, die mir so unangenehm sind, einfach nicht mehr fühlen zu müssen.

Das ist es, was diese „bösen" Drogen, diese Süchte ausmacht. Darum sind süchtige Menschen nicht einfach schlechte Menschen. Im Gegenteil, meistens sind es sogar sehr sensible Menschen, die gerade deshalb leicht zu einem Suchtstoff greifen, weil sie so feinfühlig und sensibel sind, dass ihnen das harte Leben einfach zu viel ist und sie es so nicht ertragen. Das ist aber leider die falsche Alternative. Die richtige Alternative wäre, sich bewusst um seine Gefühle zu kümmern, sie bewusst zu fühlen, beziehungsweise zu den Wurzeln der Gefühle zu gehen und zu lernen, mit ihnen anders umzugehen, also eine emotionale Intelligenz zu erlernen. Das ist der richtige Weg, und das kann jeder.

Die Hintergründe der Nikotinsucht

Eine weit verbreitete, „böse" Sucht ist das Rauchen. In meinen Seminaren habe ich nur ganz selten Gruppen, in denen kein Raucher dabei ist. Deshalb erkläre ich gerne detaillierter die Hintergrundmechanismen des Rauchens. Ich war selbst starker und überzeugter Raucher und habe von einem auf den anderen Tag damit aufgehört, als ich verstanden hatte, was dahintersteckt. Das ist jetzt fast zwanzig Jahre her.

Warum raucht ein Raucher? Ein Raucher sagt: „Ich rauche, weil es mir schmeckt. Es entspannt mich. Es ist ein Genuss. Ich habe ein gutes Gefühl dabei. Ich mag den Geschmack im Mund. Es ist eine soziale Stütze. Ich kann Pausen machen, ich kann mich mit anderen Rauchern austauschen und Kontakte knüpfen." Diese und ähnliche Argumente haben Raucher. Gleichzeitig hat aber jeder Raucher auch eine zweite Stimme in sich, die er nicht gerne zugibt. Er weiß, Rauchen ist ekelhaft, es stinkt, es ist widerlich, es bringt mich um, es macht mich krank. Das weiß jeder Raucher ganz genau, aber das will er lieber nicht wissen. Warum raucht aber ein Raucher wirklich?

Die Nikotin-Sucht beruht auf zwei Säulen. Die eine ist die körperliche Abhängigkeit und die zweite ist die psychische Abhängigkeit.

Die körperliche Abhängigkeit

Betrachten wir zuerst die körperliche Abhängigkeit. In der Regel ist die Motivation für die erste Zigarette im Leben, dass ich irgendwie dazugehören will, cool sein, etwas Verbotenes tun, Abenteuer, und Ähnliches. Die ganze Werbung baut auch auf das Image auf: der Marlboro-Cowboy, Camel, Safari, und so weiter. Entsprechend fühlt der oder die Jugendliche: Das möchte ich sein, ich will rauchen, und fängt an, meistens heimlich, ein bisschen zu paffen. Lungenzüge gehen noch nicht, aber trotzdem merkt man bei der ersten Zigarette, wie widerlich das eigentlich ist, weil der Körper sich mit unangenehmen Reaktionen dagegen wehrt. Aber man will ja dazugehören. Da kommt dann unter Umständen noch jemand und sagt „Hey, du rauchst ja gar nicht richtig." Dann fange ich mit den ersten Lungenzügen an - ich muss als Anfänger meinen Körper richtig dazu überwinden - und somit gelangt das Nikotin über die Lunge in meinen Körper.

Nikotin ist ein sehr starkes Nervengift und setzt im Gehirn an. Es ist eine durchsichtige, ölige Substanz, die in Verbindung mit Sauerstoff bräunlich wird. Nikotin ist so giftig, dass wenn man das Nikotin von einer Zigarette nehmen und jemandem intravenös spritzen würde, er auf der Stelle tot wäre. Außerdem ist Nikotin eine sehr schnell körperlich süchtig machende Droge. Heroin macht nicht so schnell körperlich abhängig wie Nikotin. Dabei passiert im Gehirn folgendes. Du erinnerst dich an die Synapsen, über die Impulse laufen. Es kommt also ein elektrischer Impuls über die Synapsen. Die Kommunikation zwischen den Synapsen findet chemisch statt. Ich verbildliche diese chemische Kommunikation jetzt mit zwei Männlein, die jeweils am Ende einer Synapse sitzen und miteinander kommunizieren. Wenn nach zwei Zügen an einer Zigarette jetzt Nikotin im Blut ist, verändert sich in der

Kommunikation etwas. Die zwei Männlein fangen an, sich gegenseitig anzuschreien. Das ist unangenehm für die Männlein. Das ist das unangenehme Gefühl, das ich empfinde, wenn ich erstmalig rauche. Das fühlt sich nicht gut an, mir wird schwindlig und schlecht, ein ekelhaftes Gefühl. Das ist, weil die Kommunikation zwischen den Synapsen eine Störung hat, weil sie schreien. Der Körper will sich aber so schnell wie möglich daran gewöhnen, beziehungsweise irgendwie damit umgehen. Deshalb stopfen sich die zwei Männlein Ohrstöpsel rein. Jetzt können sie schreien wie sie wollen, das Problem ist gelöst.

Der Körper baut aber das Nikotin schrittweise wieder ab, so dass nach dreißig bis vierzig Minuten die Hälfte des Nikotins im Blut abgebaut ist. Das heißt, die Männlein an den Synapsen schreien nicht mehr, haben aber jetzt diese Ohropax in den Ohren. Weil sie nicht mehr schreien, haben sie jetzt wieder ein Kommunikationsproblem: Sie verstehen sich nicht mehr. Dieses sich nicht mehr verstehen, diese Kommunikationsstörung, erzeugt die Entzugserscheinungen. Diese Entzugserscheinungen sind ganz fein und kaum spürbar. Der Raucher erlebt das in Form einer unbestimmten Unruhe. Er weiß nicht so richtig, was er mit den Fingern machen soll. Ähnlich wie wenn man Hunger hat und doch nicht Hunger, aber irgendwie Lust etwas zu essen, aber man weiß nicht was... einfach dieses Unruhegefühl und Lust auf eine Zigarette. So erlebt das der Raucher, ist sich aber nicht bewusst, dass das durch den Nikotinentzug kommt.

Diese Entzugserscheinungen kommen auch nicht auf einen Schlag, sondern schleichen sich ganz langsam ein. Das heißt, der Raucher merkt gar nicht, wie sie kommen, sie sind plötzlich irgendwie schleichend da, und dann braucht er eine Zigarette. Ein, zwei Züge, er hat wieder Nikotin im Blut und diese Entzugserscheinungen sind weg. Dieses "nach der Zigarette geht es mir besser als vor der Zigarette" erlebt der Raucher als positiv. „Ich bin nach der Zigarette entspannter als vor der Zigarette." Klar, weil die Entzugserscheinungen weg sind.

Er weiß aber nicht, dass er Entzugserscheinungen hat, also merkt er auch nicht, dass er Entzugserscheinungen bekommt, also merkt er auch nicht, dass etwas weggeht, er merkt nur, dass es ihm nach der Zigarette besser geht. So bekommt er die Illusion, dass es ihm DURCH die Zigarette besser geht, dass sie ihm hilft, zu entspannen. Das ist die körperliche Abhängigkeit, die man aber relativ schnell wieder loswerden kann. Nach acht Stunden Entzug sind fünfzig Prozent der Ohrstöpsel wieder draußen, nach etwa drei Tagen ist alles draußen, dann ist die körperliche Abhängigkeit überwunden.

Die psychische Abhängigkeit

Das größere Problem ist aber die psychische Abhängigkeit. Da der Raucher ja durchschnittlich zwanzig Zigaretten am Tag raucht, erlebt sein Unterbewusstsein zwanzigmal pro Tag

„nach dem Rauchen geht es mir besser als vor dem Rauchen, nach dem Rauchen bin ich entspannter als vor dem Rauchen." Zwanzigmal laufen Impulse über Synapsen und im Kopf bildet sich ein Programm „Rauchen hilft mir". Wenn ich im Stress bin, wenn es mir nicht gut geht, muss ich eine rauchen, dann geht es mir besser. Das erlebt der Raucher zwanzig Mal am Tag, sieben Tage in der Woche, und das oft zehn, zwanzig, dreißig, vierzig Jahre lang. Dieser „Hirn-Muskel" ist verdammt gut trainiert! Das ist das viel größere Problem als die körperliche Abhängigkeit, welche ich oben beschrieben habe. Das ist das, was den Raucher auch sehr schnell wieder rückfällig machen kann, wenn man die Rauchentwöhnung nicht richtig angeht. Sobald er wieder an einer Zigarette zieht, springt das Programm wieder an.

Es gibt zwar Leute, auch ich kenne solche, die können nur eine Zigarette am Abend rauchen oder nur am Wochenende zum Alkohol dazu. Das sind allerdings nur sehr wenige, die das können, und sie haben nicht das Suchtprogramm, das ein Raucher hat, der schon einmal regelmäßiger geraucht hat. Das nennt man Suchtgedächtnis. Das gilt bei jeder Sucht. Deshalb wird es ein ehemaliger Raucher nie schaffen, zum Gelegenheitsraucher zu werden. Er wird immer wieder zu hundert Prozent rückfällig, denn er reaktiviert das alte Suchtprogramm, das nie ganz weg ist. Es ist nur stillgelegt. Für einen ehemaligen Raucher gilt daher nur: entweder ganz oder gar nicht.

Betrachten wir noch die Auswirkung des Rauchens auf das Wohlgefühl. Stelle dir ein Wohlfühlbarometer vor, das ganz oben ist, wenn du einen richtig schönen Tag hast, und ganz unten, wenn du einen Arschlochtag hast, an dem du gar nicht so viel essen kannst wie du am liebsten kotzen würdest.

Nehmen wir einmal an, an einem durchschnittlichen Tag ist man irgendwo in der Mitte des Barometers. Der Raucher ist nach der Zigarette genauso normal gut drauf. In der Folge baut der Körper aber Nikotin ab und sein Wohlfühlbarometer sinkt ganz langsam nach unten, ohne dass er es merkt. Das ist das gleiche Phänomen, wie wenn man die Wohnzimmergardinen nach einem Jahr mal wieder wäscht. Plötzlich ist es wieder viel heller im Wohnzimmer. Man hatte aber gar nicht gemerkt, wie die Gardinen schmutzig geworden sind. Erst, wenn sie gewaschen sind, fällt einem auf, dass es jetzt heller ist.

Das Gleiche gilt für den Raucher. Er merkt nicht, dass es ihm schlechter geht, dass sein Wohlfühlbarometer sinkt. Er spürt lediglich diese unbestimmte Unruhe und das Verlangen nach einer Zigarette. Sobald er aber die nächste Zigarette raucht, ist dieser Effekt da, dass er merkt, dass er sich jetzt wieder wohl fühlt. Dieses Gefühl ist es, das er am Rauchen cool findet. Das ist aber eigentlich völlig hirnrissig. Ich sage Rauchern immer, rauchen ist die dümmste Sucht überhaupt. Wenn du dir wirklich etwas antun möchtest, dann ziehe dir wenigstens eine gescheite Droge rein, aber doch nicht rauchen. Wenn du gesoffen oder gekifft hast, dann hast du wenigstens einen Flash, dann spürst du etwas. Beim Rauchen aber passiert gar nichts, außer dass du wieder auf dem Wohlfühl-Pegel der Nichtraucher bist, und das findest du auch noch toll. Das ist doch völlig schwachsinnig.

Die Zusatzstoffe in den Zigaretten

Hinzu kommt, dass in Zigaretten rund vierhundert bis sechshundert Zusatzstoffe enthalten sind, und zwar nicht ungefährliche. Sie enthalten zum Beispiel Aceton. Mit dem geöffneten Filter gewisser Zigaretten kannst du nach dem Rauchen Nagellack entfernen! Vor allem Light-Zigaretten haben außerdem Ammoniak beigemischt. Es gibt keinen Light-Tabak. Die Zigaretten sind einfach weniger stark gestopft oder haben eine Perforierung, so dass man mehr Luft miteinzieht, so dass man sie als schwächer empfindet. Man hat dann aber auch weniger Nikotin pro Zug. Deshalb muss Ammoniak in die Zigarette. Das öffnet auch die kleinsten Lungengefäße, so dass mehr Nikotin in die Lunge gelangt und der Effekt wieder der gleiche ist. Ammoniak, prima, macht wunderschönen Krebs. So gibt es noch viele weitere Zusatzstoffe in den Zigaretten. Durch die Verbrennung dieser Zusatzstoffe entsteht Radioaktivität, Plutonium, und zwar nicht wenig. Ein Raucher, der pro Tag ein Päckchen Zigaretten raucht - das ist der Schnitt - belastet seine Lunge mit gleich viel Radioaktivität wie jemand, der pro Jahr zweihundertfünfzig Röntgenbilder macht. Wer würde das tun, seine Lunge zweihundertfünfzig Mal pro Jahr röntgen? Jeder Arzt würde sagen: „Sie sind wahnsinnig!" Lungenkrebs ist deshalb auch nicht das Hauptproblem, das man sich mit dem Rauchen holt. Zwar sind in einer Lungenklinik achtundneunzig Prozent der Patienten mit Lungenkrebs Raucher. Es bekommen aber nur etwa zwei Prozent der Raucher wirklich Lungenkrebs. Es ist eine ganze Palette vieler anderer Krankheiten wie Kehlkopf-, Nieren-, Leberkrebs, Herz-Kreislauf- und Gefäßkrankheiten, die durch das Rauchen entstehen.

Es geht aber nicht nur darum, sondern es geht vielmehr darum, dass du als Raucher in einer Sucht steckst, dass du durchdrehst, wenn du die Zigaretten nicht hast. Du brauchst sie nur dazu, dass du dich so fühlst, wie sich der Nichtraucher auch so fühlt. Es geht auch darum, dass du all diese ekelhaften Nebenerscheinungen hast, dass du keuchst, dass du am Morgen wie eine tote Ratte aus dem Mund stinkst. Wenn alle am Tisch sitzen und essen, muss der Raucher bei jedem Gang aufstehen und draußen schnell eine rauchen gehen. Rauchen ist insofern überhaupt keine soziale Stütze, sondern unsozial und obendrein - wie gesagt - völlig sinnlos.

Weitere verbreitete Süchte, um Gefühle zu verdecken

Die **Esssucht** habe ich schon erwähnt, sich über das Essen, Süßigkeiten, Schokolade ein bisschen Geborgenheit und Wärme holen. Auch dann geht es mir kurzerhand besser.

Koffein, ein Käffchen, nehmen wir zu uns, um das Gefühl der Müdigkeit wegzumachen. Ist man ein bisschen müde, schlapp, holt man sich mit Kaffee einen kleinen Schub, dann geht es besser.

Aber auch Tätigkeiten oder **ständige Geschäftigkeit** können zur Sucht werden. Viele Leute schaffen es gar nicht, einfach einmal nichts zu tun. Sie müssen ständig etwas tun. Selbst wenn sie im Bushäuschen stehen, holen sie das Handy hervor, um irgendetwas zu machen, sich immer irgendwie zu beschäftigen und so ablenken. Wenn ich mich nicht irgendwie beschäftige, könnten ja plötzlich Gefühle hochkommen und das halte ich nicht aus.

Fernsehen als Sucht ist auch verbreitet. Wenn ich meinen Seminarteilnehmern sage, schmeiß deinen Fernseher auf den Müll, den brauchst du nicht, es ist sowieso nur Schwachsinn zur Verblödung was da kommt, das macht dein

Gehirn kaputt, dann habe ich auch schon Leute gehabt, die mir gesagt haben: „Ja weißt du Dan, wenn ich am Abend von der Arbeit nach Hause komme, dann brauche ich einfach irgendetwas um abzuschalten." Dann habe ich gesagt: „Bitte wiederhole mir den letzten Satz nochmal. Wie bitte? Dann brauche ich irgendetwas um abzuschalten. Abschalten? Wovon abschalten?

Sechshundertfünfzigtausend Stunden Lebenszeit hast du. Und du kannst es dir wirklich leisten, etwas davon abzuschalten? Wäre es nicht viel sinnvoller, das Leben so umzustellen, dass du eben nicht abschalten musst?" Wenn dein Leben so scheiße ist, dass du deinen Rechner oben im Kopf (dein Gehirn) an den Zentralrechner von irgendwelchen Drehbuchautoren andocken und dich in eine andere Welt, eine erfundene Geschichte, begeben musst, warum machst du dann nicht aus deinem Leben ein Abenteuer?

Warum muss dein Gehirn es nur im Fernsehen erleben? Warum machst du aus deinem Leben nicht einen Liebesfilm? Warum machst du aus deinem Leben nicht etwas, was lustig ist, wobei du lachen kannst? Warum musst du dir Comedy aus dem Fernsehen reinziehen? Lebe dein Leben, aber mach das doch nicht da! Auch Fernsehen ist ein Mittel, um sich abzulenken, um nicht fühlen zu müssen. Denn dort fühle ich mich kurz im Abenteuer, dann fühle ich mich kurz als Held, dann fühle ich mich kurz in dieser Geschichte drin, nach der ich mich sehne, und lebe ein Leben, das gar nicht mein Leben ist, sondern das, was irgendwelche Drehbuchautoren geschrieben haben und irgendwelche Schauspieler spielen. Mach doch das Leben echt!

Du brauchst kein Fernsehen. Du musst nicht abschalten, denn das Leben ist spannend genug, wenn du anfängst, dich mit dir und deinem Leben zu befassen. Ich zum Beispiel kann inzwischen gar nicht mehr fernsehen. Ich habe es schon probiert, in Hotels steht ja meistens so eine Kiste. Ich drehe durch, ich muss das wieder ausschalten. Ich halte das nicht aus, weil das ja echt eine Beleidigung für das Gehirn ist, was da kommt. Furchtbar! Ich schaue schon seit wahrscheinlich zwanzig Jahren kein Fernsehen mehr. Es ist so spannend, es gibt immer etwas zu tun und zu entdecken, wenn man sich mit seinem Leben auseinandersetzt.

Arbeiten als Sucht ist bekannt, wenn man sich als Workaholic einfach in die Arbeit stürzt. Auch da bekommt man vom Leben nicht mehr wirklich viel mit, sondern man lebt nur noch um zu arbeiten. Höher, schneller, weiter, man muss nichts fühlen, man hat gar kein Leben mehr.

Lesen kann auch zur Sucht werden, wenn ich mich anstatt fernzusehen immer in irgendwelche Romane, Storys, aber auch in Fachliteratur stürze und mein Leben gar nicht mehr mitkriege, sondern nur noch in diesen Geschichten bin. Auch das ist eine Sucht. Auch das ist eine Strategie um Gefühle nicht zu fühlen, sein Leben nicht zu fühlen.

Auch **Sport** kann zur Sucht werden. Die Spitzenelite der Marathonläufer zum Beispiel, die laufen sich ja wirklich in einen Rausch hinein. Ich sage nicht, dass Sport etwas Schlechtes ist. Aber wenn ich den Sport brauche, um mich überhaupt noch irgendwie gut zu fühlen, kann eben auch das zur Sucht werden, um das Gefühl von Minderwertigkeit, von nicht gut genug sein, nicht fühlen zu müssen. Die unbewusste Strategie: „Wenn ich richtig durchtrainiert bin, dann bin ich auch hübsch, dann müssen sie mich liebhaben."

Computer, Handy, Internetsurfen, Computerspiele und so weiter, all das können Süchte sein, um sich einfach abzulenken. Das sind alles Strategien, um sich nicht mit seinen Themen, mit seinen Gefühlen konfrontieren zu müssen, weil sich das überhaupt nicht gut anfühlen würde.

Macht und Kontrolle als Sucht. Die Kontrollfreaks, die immer alle anderen kontrollieren müssen. Auch das ist eine Strategie. Dahinter steckt: „Ich kontrolliere, du kannst mir nicht wehtun." Auch da schütze ich mich vor einem Gefühl wie beispielsweise einer Angst.

Glücksspielsucht. Die Glücksspieler sind in einer völlig eigenen Welt. Sie sind in diesem Wahn: „Jetzt wird es gleich gut, diesmal kommt es gut, gleich gewinne ich." Die Realität, ihre ganzen Schulden und ihr ganzes Elend im Leben, kriegen sie gar nicht mehr mit. Die sind so in einem Flash, dass es krankhaft wird.

Aber auch **Geld ausgeben** müssen, shoppen gehen müssen, wenn dich zum Beispiel der Partner genervt hat, kann zur Sucht werden. Handtaschen, Klamotten oder wir Männer Baumärkte, Bohrmaschinen und so weiter, immer etwas Neues kaufen und sich damit etwas geben. Oft geht es darum, sich einen Wert zu geben, den man sonst dem eigenen Gefühl nach nicht hat. In die gleiche Richtung gehen auch Statussymbole. Die Schönen und Reichen, die sich damit irgendeine Barbie-Welt aufbauen und sich nur darin bewegen, damit sie das echte Leben nicht spüren müssen.

Grübeln als Sucht, sich immer in der gleichen Spirale drehen und sich nicht wirklich ums Leben kümmern, sondern sich in der Gedankenspirale verlieren, um nicht richtig hinschauen und nicht handeln zu müssen. Man denkt zwar, dass man mit dem Grübeln den Ursprung des Problems sucht. Man ist aber in seiner Geschichte drin und blendet dabei vieles drumherum aus. Man ist in irgendeiner Schlaufe, die sich überhaupt nicht um das dreht, was das tiefliegende Thema dahinter ist, sondern genau das wird damit verdrängt. Das ist ein beliebter Schutzmechanismus des Unterbewusstseins, dass man denkt, ich bin ja voll im Thema drin, dabei ist man ganz woanders, weil es viel zu schmerzhaft wäre, wenn man wirklich an das Ursprungsthema herangehen würde.

Schlafen als Sucht kenne ich aus eigener Erfahrung. Als ich mein großes Burnout hatte und in dieser depressiven Phase war, bin ich richtig wütend geworden, wenn ich aufgewacht bin. Das hängt meistens mit einer Depression zusammen, dass man gar nicht mehr aufwachen will: „Ich will nicht erwachen, ich will mein Leben nicht wahrnehmen müssen." Deshalb schläft man so viel wie möglich.

Sich um andere sorgen kann auch eine Suchtstrategie sein. Diese Kümmerer-Männer und -Frauen dieser Welt, die sich ständig um alles sorgen. Mütter sind darin ziemlich gut: „Kind, geht es dir auch wirklich gut?" Sich immer um andere sorgen, sich immer um andere kümmern, die vielen Menschen mit Helfersyndrom. Auch da geht es darum, dass ich mich lieber um alle anderen kümmere, denn dann kann ich mir auf die Schulter klopfen, und alle müssen mich liebhaben, weil ich so ein guter Mensch bin. Aber um meine Dinge muss ich mich nicht kümmern, weil ich das nicht aushalte, wenn ich wirklich einmal nach innen schauen und mich an meine Themen ranmachen muss. Auch das ist eine praktische Strategie.

Meditation kann zur Sucht werden, wenn ich mich vier- oder fünfmal am Tag einfach weg beame, damit ich mein echtes Leben nicht mehr ertragen muss. Dann wird es zu einer Sucht.

Religion als Sucht. Die organisierten Religionsgemeinschaften freuen sich über solche Leute, die süchtig nach ihrem Glauben sind und sich nur noch in diese Welt begeben.

Sex als Sucht. Hier ist die unbewusste Strategie in der Regel bei Männlein und Weiblein jeweils eine andere. Manchmal kann es auch genau umgekehrt sein. Bei Männern geht es jedenfalls in der Sexsucht meistens darum, sich zu beweisen, dass man jemand ist. „Ich bin der geile Hengst", über geilen Sex hole ich mir das Gefühl ein richtiger Mann zu sein. „Ja klar, ich bin ein richtiger Stier." Bei Frauen ist es meistens so, dass sich die Frau über den Sex Liebe holen will. Das funktioniert allerdings nie, weil Liebe und Sex nichts, aber auch gar nichts, miteinander zu tun haben. Man kann Liebe und Sexualität sehr wohl miteinander mischen, aber grundsätzlich sind es zwei völlig unterschiedliche Sachen. Darauf gehe ich im weiteren Verlauf noch genauer ein.

Ich hatte auch einmal einen Klienten, der unter Sexsucht litt. Der Auslöser dazu lag in seiner Kindheit. Er hatte sehr strenge, geradezu böse, lieblose Eltern und hat mit circa neun Jahren festgestellt, dass wenn er wieder einmal traurig in seinem Zimmer liegt und anfängt an seinem Pimmelchen herum zu spielen, es plötzlich ein schönes Gefühl gibt. So hat er angefangen jedes Mal, wenn er wieder traurig war, an seinem Pimmelchen herumzuspielen. Heute ist er Manager einer großen Bank, und sobald er sich scheiße fühlt, braucht er Sex, das heißt einen Pornofilm oder er muss in den Puff. Das ist nicht lustig, aber es hat sich in seinem Gehirn über Jahre so eingeprägt als Strategie, wenn es ihm schlecht geht. Das ist eine Sucht und natürlich ein Riesenproblem.

Liebesaffären als Sucht kommen meistens in der zweiten Lebenshälfte, und auch hier geht es darum, sich über Affären die Selbstbestätigung zu holen. Mein Marktwert ist noch vorhanden, ich bin noch jemand. Um mich nicht alt, wertlos, hässlich und so weiter zu fühlen, hole ich mir über Liebesaffären diese Bestätigung.

Liebe allgemein als Sucht. Liebst du mich, liebst du mich, liebst du mich? Fünfzehn WhatsApp am Tag, „Liebst du mich auch wirklich?" So wie das oft zwölf-, dreizehnjährige machen, gibt es Leute, die brauchen das mit fünfzig, sechzig immer noch. Sich generell immer wieder Bestätigung holen müssen, ist eine Sucht in die gleiche Richtung. Jeder kennt solche Menschen, die irgendwann vor zwei Jahren einmal für die Kaffeepause im Büro einen Kuchen gebacken haben und heute immer noch davon reden: „Erinnerst du dich, der Kuchen, den ich da gebacken habe, der hat dir aber schon geschmeckt oder würdest du ihn anders machen?" Solche Leute, die sich immer wieder Komplimente holen, um ihre Kleinheit oder Minderwertigkeit nicht zu fühlen.

Über die Sucht an die verdrängten Gefühle gelangen

Wie du inzwischen sicher erahnst, kann alles zur Sucht werden. Deshalb widme ich mich diesem Thema auch so ausführlich, weil wir alle irgendwo süchtig sind. Vielleicht hast du dich in der einen oder anderen Sucht, die ich aufgezählt habe, erkannt. Wahrscheinlich hast du aber auch noch viele andere. Wir dürfen uns das ruhig eingestehen, dass wir süchtig sind. Dann können wir die Chance ergreifen, hinzuschauen und sich bewusst zu machen: Welche Süchte habe ich und wann lebe ich diese Süchte aus?

Denn eine Sucht ist immer eine Strategie, ein Gefühl nicht fühlen zu müssen. Wenn ich mir bewusstwerde, wann ich meine Süchte auslebe, dann habe ich hier eine Türe, über die ich herausfinden kann, wo ich Emotionen verdränge.

Wenn du also einen Suchtimpuls hast, verbiete ihn dir nicht. Aber bevor du dem Suchtimpuls nachgibst, und dir beispielsweise deinen Kaffee oder etwas Süßes holst, machst du kurz deinen Gefühls-Scan.

Du setzt dich zum Beispiel schnell drei Minuten aufs Klo, schließt deine Augen, atmest dreimal tief ein und wieder aus, sagst dir „alles, was jetzt ist, darf sein", und beobachtest, welches Körperempfinden und welches Gefühl du hast. Dann merkst du plötzlich, dass du vielleicht dieses Minderwertigkeitsgefühl wieder hast, das in unserem obigen Beispiel der Chef mit seinem WuWu ausgelöst hat. Dieses Gefühl fühlst du jetzt ganz bewusst.

Danach kannst du dir den Zugang zu diesem Gefühl verschaffen, indem du dir sagst, heute Abend male ich dieses Gefühl einmal oder beschreibe es genau. Ich kümmere mich um dieses Gefühl des Kleinseins, des nicht gut genug Seins, des minderwertig Seins.

Wenn das Gefühl dann etwas Gestalt hat, legst du dich hin und gehst mit der geführten MP3-Hypnosereise wieder in solche Situationen hinein, in denen du dieses Gefühl gefühlt hast, wie zum Beispiel die mit dem Chef, und kannst damit auf die Suche gehen, woher dieses Gefühl kommt, wann und wo du dieses Gefühl das erste Mal gefühlt hast. Das kann auch in einer harmlos erscheinenden Situation in der Kindheit gewesen sein. In der Regel stammen solche Gefühle aus der Kindheit. In der Hypnosereise kannst du dann anfangen, dieses Gefühl dort aufzulösen, wo es entstanden ist. Darum sind die Süchte gar nicht so schlecht für unseren Weg zu einer freieren Persönlichkeit. Sie sind ein Hilfsmittel, über das ich plötzlich an unbewusste, verdeckte Gefühle herankommen kann. Die Sucht ist das Symptom und über das Symptom kann ich hineinschauen, wo die Wurzel ist, um sie zu behandeln.

Gefühle und Emotionen müssen gefühlt werden. Sie sind Energien, die fließen müssen. Zu vielen Gefühlen haben wir keinen Zugang mehr, weil sie verdrängt sind. Über die Sucht kommen wir an diese verdrängten Gefühle heran. Dann müssen wir uns Zugang zu diesen Gefühlen schaffen. Wir müssen uns diesen Gefühlen wie einem Menschen, zu dem du den Zugang verloren hast, oder einem jungen Kätzchen, das dich nicht mehr kennt, zuerst wieder annähern. Die müssen sich mir wieder öffnen und ich muss mich den Gefühlen wieder öffnen. Das heißt, man muss sich mit den Gefühlen befassen, man muss ihnen Raum und Zeit in seinem Leben geben, indem man sie zum Beispiel beschreibt, malt, tanzt, singt, musiziert, sich einfach irgendwie damit auseinandersetzt. Wenn man dann zu diesen Gefühlen wieder Zugang hat, kann man sie wieder bewusst fühlen. Dann kann man sie auch wieder besser ausleben. Dann habe ich den Zugang beispielsweise zu meiner Wut und kann auch mit der Pool Noodle meinen Chef verprügeln, um die Wut fließen zu lassen. Das erreicht man nicht von heute auf morgen. Wenn man das jahrzehntelang schön auf die Seite geschoben hat, muss man den Durchgang zuerst wieder richtig durchputzen, damit das Gefühl wieder fließt. Das ist manchmal wirklich auch Arbeit. Aber es lohnt sich und es geht immer, denn die Gefühlswelt, die ist da. Die Sucht zeigt mir versteckte Gefühle. Sie zeigt mir, wo ich anfangen kann, durchzuputzen.

Sucht nach Opferhaltung

Die Sucht nach Opferhaltung, nach Opfersein, gibt es auch. Dabei entstehen sogar körperliche Abhängigkeit und körperliche Entzugserscheinungen. Das passiert folgendermaßen.

Beim biochemischen Prozess der Entstehung von Emotionen und Gefühlen mixt ja der Barkeeper Hypothalamus seine Cocktails, die Neuropeptide, zusammen, die dann ins Blut gehen. Über das Blut verteilen sie sich im ganzen Körper und docken sich an jede einzelne Körperzelle an. Jede Körperzelle hat verschiedene sogenannte „Rezeptoren", an die ganz vieles andocken kann. Für jede Emotion gibt es eine andere Andockstelle, an die sie wie ein kleiner Schlüssel passen muss. Wenn nun eine Zelle über Jahre ständig mit der Emotion „ich bin Opfer, ich bin so arm, ich kann das nicht, ..." bombardiert wird, und sie sich dann teilt, dann wird die neue Zelle mehr Andockstellen dafür bekommen, womit sie ständig bombardiert worden ist, und weniger dafür, womit sie nie bombardiert worden ist.

Jede Zelle ist ein eigenes Lebewesen und hat eine eigene Intelligenz. Wenn die neue Zelle dann nicht mit dem beliefert wird, was sie eigentlich will, weil sie dafür so viele Andockstellen hat, dann gibt es eine Art körperlicher Entzugserscheinungen. Man fühlt sich dann so unwohl dabei, nicht Opfer zu sein, das ist so ein Unlustgefühl, dass man quasi dazu gezwungen ist, die Zellen damit zu beliefern. Automatisch und unbewusst tut man deshalb bestimmte Dinge, die dazu führen, dass man wieder zum Opfer wird. Wenn man diese Sucht hat, muss man deshalb auch eine Art körperlichen Entzug durchstehen, wie ein Heroinjunkie. Aber glaube mir, Heroin ist viel, viel schlimmer.

Heroinentzug ist ein gutes Beispiel für Gefühle, die gelebt werden müssen. Wenn ein Heroinsüchtiger einen Entzug macht, ist das ein Albtraum. Es ist das Schlimmste, was du dir vorstellen kannst. Der dreht fast durch! Er hat überall Schmerzen, es tut alles weh, über Tage kann er nicht liegen, nicht sitzen, nicht schlafen, weil alles so weh tut. Er hat diese totale innere Unruhe. Er hat nicht einmal Erholung dadurch, dass er schlafen kann. Das Ganze muss er über drei bis sechs Tage ertragen. Das ist wirklich schlimm. Es gibt Medikamente um die Schmerzen etwas zu lindern, Valium und so weiter, klar. Aber man muss durch diesen Schmerz durch, den man da erlebt und erträgt in diesem Entzug.

Das Spannende dabei ist Folgendes: Mit der Sucht hat der Süchtige vielleicht jahrzehntelang seinen Schmerz betäubt und nicht gefühlt. Wenn er nun aus der Sucht raus will, muss er zuerst in geballter Ladung diesen ganzen Schmerz fühlen, den er jahrzehntelang betäubt hat. Denn das betäubte Gefühl verschwindet nicht.

Kapitel 11

Die Co-Abhängigkeit

Der Begriff der Co-Abhängigkeit kommt ursprünglich aus der Alkoholsucht und bedeutet folgendes. Wenn du zum Beispiel einen alkoholsüchtigen Menschen in deiner Familie oder in deinem persönlichen Umfeld hast, bist du wahrscheinlich zu einem gewissen Grad alkohol-co-abhängig. Das heißt, du verhältst dich ähnlich wie der Süchtige. Du wirst wahrscheinlich auch mehr Alkohol trinken als du sonst trinken würdest, weil eben immer Alkohol getrunken wird. Du wirst Alkohol beschaffen, weil du nicht möchtest, dass der oder die andere schlechte Laune bekommt, wenn sie ihren Alkohol nicht hat. Du wirst die Sucht nach außen hin schönreden. Das gehört zur Sucht dazu. Du wirst lügen. Auch das gehört zu jeder Sucht dazu. Du hast also ähnliche Verhaltensweisen wie der oder die Süchtige selbst, obwohl du nicht der oder die Süchtige bist. Das ist, was ursprünglich der Begriff Co-Abhängigkeit beschreibt.

Die Art von Co-Abhängigkeit, über die ich im Folgenden sprechen werde, ist daraus abgeleitet und kommt aus der Inneren Kind Therapie (Inner Child Therapy). Sie beschreibt, woher ich meinen Selbstwert beziehe. Wenn ich meinen Selbstwert von mir selbst beziehe, bin ich in keiner Abhängigkeit, da ich niemanden und nichts anderes brauche, um meinen (Selbst-)Wert zu fühlen. Wenn ich meinen Selbstwert aber aus dem Außen ziehe, wenn ich etwas oder jemanden außerhalb von mir brauche, damit ich mich wertvoll fühle, dann bin ich in einer Abhängigkeit vom Außen. Das nennt man auch Co-Abhängigkeit. Hier unterscheidet man zwischen zwei verschiedenen Arten. Es gibt die empathische Co-Abhängigkeit, und es gibt die narzisstische Co-Abhängigkeit. Diese beiden Co-Abhängigkeiten haben gemeinsam, dass sie das Außen brauchen, um sich liebenswert, lebensberechtigt, wertvoll zu fühlen. Beide glauben außerdem die vierte große Lüge: „Du bist für die Gefühle anderer verantwortlich, und andere sind für deine Gefühle verantwortlich." Das stimmt natürlich nicht. Der Co-Abhängige glaubt das aber.

Empathische Co-Abhängigkeit

Schauen wir uns zuerst den empathisch Co-Abhängigen an. Der empathisch Co-Abhängige sagt: „Ich bin für die Gefühle anderer verantwortlich. Wenn du dich traurig, unzufrieden, frustriert oder im Stich gelassen fühlst, dann habe ich das verursacht. Ich muss deshalb dafür sorgen, dass es dir wieder gut geht. Ich beziehe meinen Selbstwert darüber, dass ich dafür sorge, dass es allen gut geht." Nicht „nein" sagen können ist ein ganz typischer Charakterzug für empathische Co-Abhängigkeit.

Wie in dem Beispiel von vorhin, wenn du mich fragst, ob ich dir nächsten Samstag beim Umzug helfen kann. Obwohl ich absolut keinen Bock habe auf Umzug und außerdem schon für nächsten Samstag mit einer Freundin zum Kaffeetrinken verabredet bin, kann ich dir als empathisch Co-Abhängiger nicht „nein" sagen. Ich halte das nicht aus, dass du dich im Stich gelassen fühlst. Ich glaube, ich bin für dein Gefühl, im Stich gelassen worden zu sein, verantwortlich und beziehe meinen Wert daraus, dass du mich magst. Wenn du dich aber wegen mir im Stich gelassen fühlst, dann magst du mich nicht mehr. Dann fühle ich mich falsch, schlecht und minderwertig. Das heißt, ich beziehe meinen Wert darüber, dass ich dir helfe. Deshalb kann ich dir jetzt nicht „nein" sagen und bin in totalem Stress, weil ich jetzt ja meine Freundin enttäuschen muss, mit der ich zum Kaffee verabredet bin. Das ist eine typisch co-abhängige Situation.

Das Gefühl, das du erlebst, dass ich dich im Stich gelassen habe, das habe aber nicht ich gemacht. Ich bin dafür nicht verantwortlich. Mit meinem "nein, ich helfe dir nicht" habe ich nur WuWu gemacht. Das Programm, das jetzt bei dir abgeht - "du hast mich im Stich gelassen" - das ist dein altes Programm. Da kannst du nachforschen, woher dieses Programm mit dem Gefühl „ich fühle mich im Stich gelassen" kommt. Denn wenn ich wie gesagt in der Situation zu meiner Freundin sage, dass ich ihr nicht helfen komme, dann sagt sie vielleicht: "Kein Thema, dann frage ich jemand anderen," und fühlt sich gar nicht im Stich gelassen, weil sie das Programm nicht hat. Das hat also nichts mit mir zu tun. Wenn ich dir aber in dieser Situation helfe, weil ich glaube, dass ich für deine Gefühle verantwortlich bin, tue ich das nicht, weil ich dir helfen will, sondern damit ich mich nicht schlecht fühle. Ich tue es nur für mich, nicht für dich. Ich bin also gar nicht wirklich der Gutmensch, als den ich mich darstelle. Das ist genau das hinterlistig Falsche der empathisch co-abhängigen Menschen, die immer allen helfen wollen. Sie tun das nicht in erster Linie um anderen zu helfen, sondern um sich gut zu fühlen.

Eigene Co-Abhängigkeiten erkennen

Das bedeutet jetzt natürlich nicht, dass man niemandem helfen darf. Aber du kannst dich in so einer Situation selbst überprüfen, ob du ohne schlechtes Gewissen nein sagen könntest. Selbst wenn du dir dann sagst, das ist ein guter Kumpel, wir haben schon viel zusammen gemacht, ich habe zwar null Bock beim Umzug zu helfen, aber wir können auch nachher noch zu dritt einen Kaffee trinken gehen, also ziehen wir das schnell durch. Du sagst also ja, obwohl du keinen Bock hast, aber könntest auch nein sagen, ohne dich schlecht zu fühlen. Das ist dann keine Co-Abhängigkeit. Allerdings müssen wir da aufpassen, denn unser Verstand ist raffiniert.

Er sagt unter Umständen: „Ach das ist keine Co-Abhängigkeit, ich könnte ja nein sagen." In Wirklichkeit könntest du es aber nicht.

Da muss man sich wirklich und ehrlich zu sich selbst in die Situation hineinfühlen. Wenn ich jetzt nein sagen würde, wie fühlt sich das an? Wenn man nur ein bisschen spürt, dass es sich nicht gut anfühlt, dann ist da eben doch eine Co-Abhängigkeit. Das ist wieder eine Gelegenheit zu üben, sich diese Mechanismen und seine eigenen Programme bewusst zu machen. Es geht wie gesagt nicht um die Goldmedaille oder darum, sich selbst zu verurteilen. Wir dürfen ja co-abhängig sein. Da muss man nichts wegmachen. Jeder von uns ist co-abhängig. Ziel ist nicht, eines Tages nicht mehr co-abhängig zu sein, sondern sich dieser Dinge bewusst zu sein.

Grundsätzlich gilt wirklich, ich bin nicht für die Gefühle anderer verantwortlich. Wenn ich nach Hause komme - meine Partnerin hat die Wohnung gerade schön geputzt und aufgeräumt - und ich schmeiße einfach meine Jacke in das eine und meine Schuhe in das andere Eck, dann hüpft sie im Quadrat. Für dieses Gefühl, das das bei ihr auslöst, „du achtest nicht, dass ich geputzt habe, du respektierst mich nicht", dafür bin ich nicht verantwortlich. Das ist ihre Co-Abhängigkeit, das ist ihr Programm, das da läuft. Ich könnte deshalb jetzt nach Hause kommen und mich einfach wie ein Arschloch benehmen. Aber da wir ein soziales Miteinander haben, und ich weiß, dass sie diese Programme hat, genauso wie sie weiß, dass ich auch meine Programme habe, und ich weiß, was dieses Verhalten bei ihr auslöst, kann ich sagen, okay, es fällt mir kein Zacken aus der Krone, wenn ich nach Hause komme und meine Schuhe nicht einfach da hinschmeiße, sondern dorthin stelle, wohin sie gehören. Das muss keine Co-Abhängigkeit sein, denn ich weiß, ich könnte die Schuhe ja auch hinschmeißen.

Es geht hauptsächlich darum, aus der Verantwortung für die Gefühle anderer heraus zu gehen. Du bist für keine Gefühle anderer verantwortlich. Trotzdem kann man Rücksicht nehmen, vor allem auf Leute, die mir nah sind, weil ich weiß, dass alle Menschen ihre Programme haben. Du, deine Partnerin, dein Partner, deine Kinder, deine Eltern, alle haben Programme. Darauf kann man ja Rücksicht nehmen. Wichtig ist einfach sich dabei bewusst zu sein, dass man nicht für die Gefühle der anderen verantwortlich ist. Ich ziehe mich aus dieser Verantwortung komplett heraus. Mein Verhalten, das ein schlechtes Gefühl bei dir auslöst, ist nur WuWu. Ich drücke mit meinem Verhalten auf einen Knopf bei dir, aber der Knopf ist schon da, den habe ich nicht produziert. Ich muss auch nicht dafür sorgen, dass du die Gefühle nicht hast, denn es ist ja meine Aufgabe als Arschengel, dir zu zeigen, dass du da ein Programm laufen hast. Das ist meine Arschengelfunktion. Du darfst genauso Arschengel für andere sein.

Glaubenssätze des empathisch Co-Abhängigen

Empathisch Co-Abhängige glauben zum Beispiel - und wenn ich hier vom Partner spreche, muss das nicht Lebenspartner sein, das kann irgendjemand sein, zu dem man eine private oder geschäftliche Beziehung hat – „Ich bin verantwortlich dafür, dass sich mein Partner gut fühlt. Durch mich fühlt er sich sicher, glücklich, wertvoll und liebenswert. Ich muss alles tun, damit er oder sie sich so fühlt. Wenn ich mich um jemanden kümmere, ist es meine Verantwortung diesen Menschen glücklich zu machen."

Es ist nie deine Aufgabe, irgendjemanden glücklich zu machen. Jeder Mensch ist für sein eigenes Glück selbst verantwortlich. Wenn du glaubst, dass du deine Lebensberechtigung daraus beziehst andere glücklich zu machen, bist du empathisch co-abhängig. Deine Lebensberechtigung besteht nur darin, dass du ein unglaublich wertvolles, göttliches Wesen bist.

Du musst niemanden glücklich machen. Wenn du glaubst, du musst andere glücklich machen, wünsche ich dir viel Spaß, wenn du einem Menschen begegnest, der süchtig nach Opfersein ist. Das schaffst du nie, diesen Menschen glücklich zu machen. Er wird alles tun, damit er nicht glücklich ist. Keine Chance. Du bist nie für das Glück anderer verantwortlich. Der empathisch Co-Abhängige meint das aber. Genauso meint er, dass die Gefühle seines Gegenübers, dessen Schmerz, Kränkung oder Wut, von ihm verursacht werden und es deshalb seine Verantwortung ist, diesbezüglich etwas zu unternehmen und diese Gefühle beim anderen wieder in Ordnung zu bringen. Nein, du bist nicht verantwortlich dafür, diese Gefühle wieder in Ordnung zu bringen. Das ist nicht dein Job. Der andere darf hinschauen, welches Programm er da laufen hat. Auch das muss er nicht, darf das aber. Du darfst dich um deine Themen kümmern. Glaube mir, damit hast du genug zu tun.

„Da ich für die Gefühle meines Partners verantwortlich bin," glaubt der empathisch Co-Abhängige, „sollte ich niemals etwas tun, was ihn verletzt oder beunruhigt, selbst wenn es sich dabei um etwas handelt, was mich glücklich macht und eigentlich niemanden verletzen sollte." Wenn du Dinge, die dich glücklich machen, einfach nicht tust, weil du meinst, es könnte den anderen verletzen, lebst du gar nicht mehr dein Leben. Du wirst unglücklich, traurig, frustriert, verlierst den Sinn deines Lebens. Aber wie oft tun wir das, weil wir meinen, wir müssten einfach einmal ein bisschen Rücksicht nehmen.

„Wenn ich nicht die Verantwortung für das Glück und Unglück meines Partners übernehme, bin ich kein fürsorglicher Mensch. Wenn ich die Verantwortung für mein eigenes Glück übernehme, anstatt andere an erste Stelle zu setzen, verhalte ich mich selbstsüchtig", glaubt der empathisch Co-Abhängige. Das hat überhaupt nichts mit Fürsorge zu tun. Du bist an erster Stelle verantwortlich für dein Glück. Denn wenn du glücklich und zufrieden bist, wenn es dir gut geht, bist du eine Bereicherung für diese Welt. Das heißt, du musst dich an erste Stelle setzen, du musst zuerst schauen, dass du fit bist, damit du überhaupt für andere da sein kannst.

„Die Bedürfnisse und Gefühle anderer Menschen sind wichtiger als meine eigenen." Nein, die sind nicht wichtiger als deine eigenen. Du musst mit deinen Gefühlen Freundschaft schließen, das sind die wichtigsten, nicht die der anderen. Das ist ihre Aufgabe, sich um ihre Gefühle zu kümmern, Kontakt zu ihren Gefühlen zu haben. Du sollst dich um deine Gefühle kümmern, nicht um die der anderen.

Die Kontrollstrategien des empathisch Co-Abhängigen

Um all diese Lügen aufrechtzuerhalten, muss der empathisch Co-Abhängige jetzt anfangen, sein Umfeld zu kontrollieren und zu manipulieren. Das macht er folgendermaßen. Ein Weg ist zum Beispiel immer nett zu sein, selbst wenn man eigentlich nicht so empfindet. Immer schön freundlich und nett sein. Das ist eine Form von Manipulation. Das ist Kontrolle, damit der andere ja nicht schlecht denkt, ja nicht schlechte Gefühle hat. Oder

Geschenke geben, die einen Haken haben. Das ist die berühmte Flasche Wein, die man mitnimmt, wenn man auf Besuch geht: „Wir können doch nicht mit leeren Händen kommen! Was denken die bloß? Also, Schatz, haben wir noch irgendwo eine Flasche?" Dann nimmt man die Flasche mit, die man das letzte Mal selber bekommen hat. Das sind Geschenke mit einem Haken. Die muss man eigentlich nicht mitnehmen, außer wenn man zu jemandem geht, bei dem es nur schlechten Wein gibt. Dann würde ich auch eine Flasche guten Wein mitnehmen, aber sonst musst du gar nichts mitnehmen, wenn du auf Besuch gehst - warum denn? Du schenkst den Leuten das Wertvollste was du hast – 650.000 Stunden hast du davon – deine Lebenszeit! Da musst du nicht noch etwas mitnehmen. Aber wenn wir das Gefühl haben, wir müssen das, dann ist das Manipulation. Ebenso ist das mit emotional oder finanziell unentbehrlich sein, den Menschen schmeicheln oder ihnen falsche Komplimente geben, nachgeben, mich selbst aufgeben, einfach irgendwo mitziehen. Das ist alles Manipulation. Nicht um das bitten, was ich gerne möchte, sondern das, was ich gerne möchte, beiseitestellen. Mit dem Standpunkt der anderen einfach übereinstimmen. Den Menschen zu Gefallen sein. Zensur meiner eigenen Wünsche und Gefühle. Die sind nicht wichtig, darüber reden wir nicht. Ahnen und vermuten, was andere wollen, mich selbst herabsetzen oder verführerisch sein, das sind alles Strategien, die der empathisch Co-Abhängige einsetzt, um das oben Beschriebene, diese Lügen, umzusetzen. So lebt man nicht sein eigenes, selbständiges Leben, sondern in konstanter Abhängigkeit. Das ist die Seite des empathisch Co-Abhängigen.

Die narzisstische Co-Abhängigkeit

Die zweite Seite der Co-Abhängigkeit ist die narzisstische Co-Abhängigkeit. Der narzisstisch Co-Abhängige meint oder sagt: „Du bist für meine Gefühle verantwortlich. Wegen dir geht es mir schlecht, wegen dir werde ich krank, wegen dir bin ich wütend, wegen dir ticke ich aus, wegen dir muss ich dich jetzt verlassen, wegen deines Verhaltens. Du bist für meine Gefühle verantwortlich, nicht ich." Auch der narzisstisch Co-Abhängige braucht das Umfeld, die anderen, um sich liebenswert zu fühlen, denn sie müssen ihm das Gefühl geben, dass er oder sie liebenswert ist: „Du musst dafür sorgen, dass ich gute Gefühle habe, dass ich mich toll, wertvoll und schön finde. Dafür bist du verantwortlich."

Glaubenssätze des narzisstisch Co-Abhängigen

Der narzisstisch Co-Abhängige sagt zum Beispiel: „Mein Partner ist verantwortlich für meine Gefühle, meine Bedürfnisse und für mein Verhalten. Meine Bedürfnisse sollten meinem Partner wichtiger sein als seine eigenen Bedürfnisse. Mein Partner ist dafür verantwortlich, dass ich mich sicher, wertvoll und liebenswert fühle. Mein Partner ist verantwortlich für meine Wut oder andere Formen des Abreagierens, wenn er bzw. sie mir nicht das gibt, was ich will und was ich brauche. Wenn dir etwas an mir liegt, wirst du nie etwas tun, was mich beunruhigen oder verletzen könnte. Es ist wichtiger, dass wir zum Fußball gehen, als dass wir jetzt diesen Liebesfilm im Fernsehen anschauen, den du gerne möchtest (oder umgekehrt). Wenn du mich liebst, dann verzichtest du auf das, was du möchtest, und machst das, was ich gerne hätte."

Das ist das, was der narzisstisch Co-Abhängige sagt oder denkt, und das ist für ihn beziehungsweise sie völlig normal. „Du tust das was du möchtest, das heißt du liebst mich nicht." Es geht ihm genau darum: Wer seine eigenen Wünsche befriedigt, statt das zu tun was er will und braucht, ist selbstsüchtig. Wenn mein Partner, meine Partnerin mich wirklich liebt, wird er oder sie meine Bedürfnisse an erste Stelle setzen. Wenn ich verletzt oder verwirrt bin, dann ist das die Schuld des anderen. Es ist die Aufgabe der anderen mir Bestätigung zu geben, damit ich mich gut fühle. Ich bin für die Ursachen meiner Gefühle nicht verantwortlich. Andere machen mich glücklich oder traurig, wütend, frustriert, verschlossen, niedergeschlagen. Wenn ich wütend bin, ist jemand anderes die Ursache dafür, und er ist auch dafür verantwortlich, meine Gefühle wieder in Ordnung zu bringen: „Kannst dich jetzt schön bei mir entschuldigen!" So denkt der Narzisst. „Ich bin für mein Verhalten nicht verantwortlich. Andere Menschen lassen mich lachen, weinen, gewalttätig werden, toben, mich verrückt benehmen, krank werden, und sie sind der Grund, wenn ich versage oder sie verlasse. Ich kann mich nicht um mich selbst kümmern, ich brauche jemanden, der sich um mich kümmert. Ich kann nicht alleine sein. Wenn ich alleine bin, stehe ich Todesängste aus." Das sind charakteristische Sichtweisen und Glaubenssätze des narzisstisch Co-Abhängigen.

Die Kontrollstrategien des narzisstisch Co-Abhängigen

Auch er fängt an sein Umfeld zu manipulieren, damit er genau das bekommt, was ich gerade zitiert habe. Fast immer, wenn sich ein Mensch so verhält, handelt es sich um einen narzisstisch Co-Abhängigen, der genau das durchsetzen möchte. Er manipuliert und kontrolliert sein Umfeld mit verbalen Beschämungen wie Kritisieren, Verurteilen, Bagatellisieren, Ausschimpfen, Demütigen, Vergleiche anstellen, Sarkasmus oder einfach Stichelei. Er macht spöttische Bemerkungen. Auch Manipulation durch nonverbale Beschämungen wie zum Beispiel den Kopf schütteln, die Augenbrauen heben, finstere Blicke werfen, mit den Schultern zucken, mit den Augen rollen, missbilligende Blicke, missbilligende Seufzer sind typisch. Andere Formen der Kontrolle wie Herumbrüllen, vor Wut schäumen, Gefühlsausbrüche wie zornig, ärgerlich, barsch und schroff werden, aber auch stiller wütender Rückzug und eine Pose des Schweigens einnehmen, Anklagen, Schuld zuweisen, den anderen ausfragen, Schmollen und eingeschnappt sein, Tränen der Anklage, Gefühle sehr verletzend und anklagend ausdrücken, Klagen, Quengeln, krank werden, gemein werden, Täuschen, Lügen, die Wahrheit zurückhalten, Halbwahrheiten erzählen, schnell das Thema wechseln und unterbrechen. Den anderen therapieren oder analysieren oder interpretieren. Den anderen in die Therapie treiben. Nörgeln, Moralisieren, Standpauken halten, Ratschläge geben, Belehren und selbstgerecht werden, eine Haltung der Überlegenheit einnehmen, sich als Allwissender verhalten, Erklären, Rechtfertigen, Überzeugen, Leugnen, Streiten, anderen ihre Gefühle ausreden, indem man ihnen sagt, sie würden sich irren. Rhetorische Fragen stellen, worauf es nur eine Antwort geben kann. Den anderen bestechen, schlagen, prügeln, Gegenstände werfen. Gegenstände zerbrechen, zerschlagen, jemanden foltern. Oder einfach nur Drohungen aussprechen wie zum Beispiel: „Ich entziehe dir die finanzielle Unterstützung". Emotionale Verweigerung, sexuelle Verweigerung, dem anderen drohen, dass man ihn bloßstellt. Drohungen mit Trennungen, mit körperlicher Verweigerung, mit Krankheit, mit Gewalttätigkeit, mit Selbstmord, mit Alkohol- oder Drogenmissbrauch, mit einem Nervenzusammenbruch und so weiter. Das alles sind Strategien, die der narzisstisch Co-Abhängige einsetzt, damit die anderen sich um ihn kümmern, denn sie sind seiner Meinung nach für seine Gefühle verantwortlich. Sie müssen ihm zeigen, dass er wertvoll und liebenswert ist.

Über deine Co-Abhängigkeiten verdeckte Gefühle aufspüren

Beobachte deine Co-Abhängigkeiten und fange an hinzuschauen, inwiefern du die Bestätigung von anderen brauchst. Auch da kannst du anfangen, herum zu experimentieren. Du musst dabei nicht die Goldmedaille gewinnen, aber als empathisch Co-Abhängiger zum Beispiel einmal üben, nein zu sagen. Zuerst wird es dir schwerfallen, nein zu sagen, aber der erste Schritt ist, wenn du merkst, jetzt kommst du wieder in diesen Reflex, nicht nein sagen zu können, dass du dir zuerst einmal Zeit schaffst und deinem Gegenüber sagst: „Du, ich gebe dir in einer Stunde Bescheid, lass mich zuerst darüber nachdenken."

Jetzt hast du Zeit zu überprüfen, was passiert in mir gerade? Jetzt bin ich vielleicht wieder in diesem Druck drin. Du hast dadurch Zeit, dich zu fühlen und ganz bewusst diesen co-abhängigen Prozess wahrzunehmen. Vielleicht sagst du nach einer Stunde dann deinem Gegenüber trotzdem: „Okay, ich komme und helfe", weil du dem Suchtimpuls immer noch nachgeben musst. Es ist ein Suchtimpuls - der Heroinsüchtige muss sich Drogen spritzen, der Alkoholiker muss Bier trinken, und der Co-Abhängige muss ja sagen - der gleiche Reflex.

Dann gibst du vielleicht nach, aber du hast es zumindest schon einmal bewusst gemacht. Das nächste Mal kannst du dann vielleicht schon einmal üben, nein zu sagen. Du fühlst dich zwar vielleicht noch miserabel dabei (es ist ja ein kleines Entzügchen, das du da durchmachst), aber irgendwann gewöhnt man sich auch daran.

Wenn du merkst, dass du eher zu einer narzisstischen Co-Abhängigkeit tendierst in gewissen Dingen, beobachte es einmal und mache dir einfach immer mehr bewusst, dass die andere Person nicht für deine Gefühle verantwortlich ist. Übernimm die Verantwortung für deine Gefühle. Wenn du die Verantwortung abgibst, gibst du auch Macht ab. Hole dir diese Macht zurück, indem du die Verantwortung zurückholst. „Du bist für meine Wut, meine Trauer und meine Angst, all meine Gefühle nicht verantwortlich." Ich übernehme die Verantwortung wieder für diese Gefühle, die ich nicht haben will.

Das heißt, ich kann anfangen hinzuschauen, woher diese Gefühle kommen und warum ich sie immer wieder erlebe. Warum ist jemand dein Arschengel und kann auf deinen Knopf drücken? Da kommt jemand einfach daher, macht ein bisschen WuWu, drückt auf deinen Knopf, geht wieder und du springst im Quadrat. Ist das cool? Bestimmt nicht. Du bist in der Opferrolle. Der narzisstisch Co-Abhängige ist Opfer. Der andere ist verantwortlich dafür und damit bist du gleichzeitig machtlos. Werde auch hier Gestalter, übernimm die Macht zurück und sage: „Okay, du bist für meine Gefühle nicht verantwortlich. Ich schaue hin. Ich löse sie auf. Ich packe sie an, meine Themen."

Co-Abhängig ist jeder

Wir sind alle co-abhängig. Die einen sind ein bisschen mehr empathisch, die anderen ein bisschen mehr narzisstisch. Wir sind aber immer beides. Je nachdem kann es auch sein, dass wir beruflich mehr so sind, privat aber mehr so. Das kann sich auch nach Stimmung unterscheiden, oder kann sich im Laufe der Zeit verschieben, aber grundsätzlich sind wir alle co-abhängig und verhalten uns auch so.

Wenn nun ein empathisch Co-Abhängiger – „Ich bin für deine Gefühle verantwortlich" - und ein narzisstisch Co-Abhängiger – „Du bist für meine Gefühle verantwortlich" – wenn diese zwei sich treffen, dann passt das perfekt! Dieses perfekte Passen nennen wir dann oftmals „Liebe". Die gegenseitige Co-Abhängigkeit ist ein wichtiger Bestandteil unserer Beziehungen. Wenn eine Beziehung nur auf gegenseitiger Co-Abhängigkeitsbefriedigung beruht, ist das eine sehr oberflächliche Beziehung, aber jede Beziehung beruht immer auch zu einem Teil darauf. Mit Liebe hat das jedoch rein gar nichts zu tun. Was da stattfindet, gleicht zwei drogensüchtigen Drogendealern, die sich gegenseitig mit ihrem Stoff beliefern, aber Liebe ist es garantiert nicht.

Kapitel 12

Liebe und Partnerschaft

Um einige Mechanismen beim Thema Liebe und Partnerschaft besser zu verstehen, gehen wir nochmals ganz zurück zu unserem Kopfsprung ins Leben. Ich habe bereits die Abhängigkeit beschrieben, in der wir uns befinden, wenn wir auf diese Welt kommen. Nachdem zuvor unser gesamtes Universum der Mutterleib war, ist nach der Geburt plötzlich alles anders. In dieser völlig neuen Welt wollen wir überleben und spüren die Abhängigkeit von den Erwachsenen. Darum entwickeln wir unsere Grundbedürfnisse. Wir wollen gesehen und geliebt werden um zu überleben, Sicherheit, Geborgenheit, dann kommt Abenteuer und Lustbefriedigung hinzu. Das sind die Bedürfnisse, denen wir ein Leben lang nachrennen. Das brauchen und wollen wir.

Manko in der Grundbedürfnisbefriedigung

Die ersten Lebensjahre versuchen wir diese Dinge in der Regel von unseren Eltern, von unseren Erziehern, zu bekommen, aber die Bedürfnisse werden nie vollkommen befriedigt. Das heißt, wir haben immer ein Manko. In der Regel versuchen wir die Bedürfnisbefriedigung anfangs hauptsächlich von Mami zu bekommen, aber Mami ist gar nicht in der Lage uns das zu geben. Warum nicht? Weil auch Mami nur ein Mensch ist und auch hier die beste Mami irgendwann an ihre Grenzen kommt. Auch weil das Sozialsystem, in dem wir heute leben, gar nicht mehr dem entspricht, was es früher war. Geschichtlich gesehen ist unsere heutige Familienstruktur relativ jung. Bei Urvölkern ist es so, dass aus Sicht des Kindes jede Frau Mutter ist. Da gibt es die Mutter, die mich geboren hat, und jede andere Frau aus dem Stamm oder der Sippe ist auch Mutter. Somit ist für das Kind immer eine Mutter da, auch wenn die Mutter, die es geboren hat, vielleicht einmal krank ist, nicht mag, einfach müde ist oder eine Pause braucht. Das Kind hat immer eine Mutter. Somit können diese Bedürfnisse besser befriedigt werden.

In unserer Gesellschaft geht das nicht, weil eine Mutter das nicht schafft. Das heißt, wir haben alle dieses Manko. Wir haben zwar Bedürfnisse, das brauchen wir, um zu überleben. Wir wollen gesehen werden, geliebt werden, Sicherheit, Geborgenheit, Abenteuer, Lustbefriedigung. Aber wir werden nie satt davon.

Das erste Verlieben

Wenn wir dann elf, zwölf Jahre alt werden, verändert sich plötzlich etwas. Die Mami, die wir als heilige, große, beschützende oder mächtige Person, wie auch immer gesehen haben, diese interessante Persönlichkeit, von der wir alles wollen, wird plötzlich anders. Sie wird irgendwie komisch, sie wird plötzlich peinlich. Das ist die Zeit, wenn wir in die Pubertät kommen. Mami wird uninteressant, und wir wechseln den Fokus auf einen geschlechtlichen Partner. Dann verlieben wir uns vielleicht das erste Mal. In diesem Augenblick, wenn wir uns das erste Mal verlieben, erleben wir etwas, was wir noch nie zuvor erlebt haben. Wir erleben gesehen zu werden, geliebt zu werden, Sicherheit, Geborgenheit, Abenteuer und Lustbefriedigung durch die ersten sexuellen Erfahrungen. Das ist so toll, so wow, dieses All-Inklusive-Paket, das wir jetzt einfach so bekommen. Wir denken, jetzt haben wir es geschafft, jetzt haben wir, was wir immer schon irgendwie wollten. Doch leider geht das oft nicht lange. Vielleicht eine, zwei Wochen am Anfang, dann ein, zwei Monate, spätestens nach drei Monaten flacht meistens das Ganze ab und alles wird wieder ein bisschen anders. Von da an rennen wir diesem Zustand immer wieder nach. Es muss doch wieder so werden wie es einmal war! Es war ja schon so schön, es war doch so toll, wir haben ja all das bekommen. Dann versuchen wir immer wieder das zu bekommen, aber es wird nie wieder so wie es damals war. Das Problem ist, es kann gar nie wieder so werden. Das ist gar nicht möglich.

Die Biochemie des Verliebtseins

Der Grund dafür ist organisch, biochemisch. Diese Gefühle von Sicherheit, Geborgenheit, gesehen werden, geliebt werden, Abenteuer, Lustbefriedigung werden über unsere Hormone gesteuert. Für Gefühle wie Geborgenheit, Sicherheit, Vertrauen, sich aufgehoben fühlen, Gelassenheit, innere Ruhe, eine Dämpfung von Ängsten, von Erregung, von Aggressionen, von Depression, von Negativem, für all diese Sachen ist hauptsächlich der Botenstoff Serotonin verantwortlich. Für Gefühle wie Euphorie, Erfüllung, Leidenschaft, Aufregung, Aufwallung, Lust ist Adrenalin, aber hauptsächlich Dopamin verantwortlich. Ganz grob gesehen sind das die zwei Hauptspieler: Serotonin und Dopamin. Das Problem ist, dass Serotonin und Dopamin Gegenspieler sind. Der eine löst den anderen auf. Das heißt, entweder ist der Dopaminspiegel oben, dann ist der

Serotoninspiegel unten - oder es ist Serotonin oben, dann ist Dopamin unten.

Dass beide gleichzeitig oben sind, geht nicht - mit einer Ausnahme: Alkohol. Du kennst das sicher, wenn du auf eine Party gehst, wippst du am Anfang mit den Füßen ein bisschen mit, das ist dann Dopamin, das langsam kommt. Wenn du dann schon genug getrunken hast, bist du immer noch am Wippen, dann kommt Serotonin dazu, und auf einmal sind alle deine Freunde. Beides oben - mit Alkohol geht das. Diese Strategie hat aber selbstverständlich doofe Nebenerscheinungen. Am nächsten Tag hat man so einen Kopf und um das wiederum zu vermeiden, müsste man ja ständig besoffen sein. Das geht auch nicht. Es gibt nun noch etwas, das es ermöglicht, Serotonin- und Dopaminspiegel gleichzeitig oben zu halten, und zwar über Stunden, über Tage, über Monate, sogar über ein, zwei, bis maximal drei Jahre. Dieser Stoff heißt Phenylethylamin.

Der Körper stellt Phenylethylamin selbst her. Es gehört chemisch gesehen zu den Stoffen der Amphetamine, ist also quasi ein vom Körper selbst hergestelltes Ecstasy. Diesen Zustand, wenn wir so Phenylethylamin-optimiert durchs Leben gehen, nennt man „Verliebtsein". Der Zustand des Verliebtseins ist ein Drogenrausch, mehr nicht, und hat ebenfalls rein gar nichts mit Liebe zu tun. Es fühlt sich zwar unheimlich toll an, ist etwas Schönes, ist aber keine Liebe. Das ist auch der Grund, warum das Verliebtsein nach ein paar Wochen oder Monaten plötzlich nachlässt, weil das Phenylethylamin im Körper abnimmt. Dieser Komplettzustand von gesehen werden, geliebt werden, Sicherheit, Geborgenheit, Abenteuer, Lustbefriedigung, den wir in einem Partner suchen, im Außen, weil wir empathisch co-abhängig sind, kann nie erreicht werden, außer unter Drogen. Verliebtsein ist eben ein Drogenrausch.

Das romantische Bild der Paarbeziehung

Das romantische Bild, das wir im Allgemeinen von einer Paarbeziehung haben, ist nichts Natürliches, sondern eine Erfindung der Kirche, die noch gar nicht so alt ist. Ende des achtzehnten, Anfang des neunzehnten Jahrhunderts in der sogenannten Romantik-Epoche wurde dieses Bild erfunden. Dieses romantische Beziehungsbild sagt: Es gibt einen Menschen in deinem Leben, der für dich bestimmt ist. Wenn du diesen Menschen gefunden hast, dann ist alles gut. Er oder sie liebt dich, du liebst ihn oder sie, und ihr macht euch gegenseitig glücklich. Dieses Glück muss ein Leben lang halten. Wenn du das nicht hinbekommst, dann ist etwas schiefgelaufen. Einer ist schuldig, jemand hat etwas falsch gemacht, du musst dich schämen. Dieses Bild ist Blödsinn.

Die Menschen haben sich auch schon vor der romantischen Epoche verliebt. Damals wurde allerdings dieser Phenylethylamin-optimierte Zustand als Krankheit, und zwar als gefährliche Wahnkrankheit, angesehen. Das ist es auch. Denn in diesem Zustand tun wir Dinge, die wir sonst nie tun würden, wie in einem Drogenrausch eben. Was glaubst du, warum du unter Drogen nicht Auto fahren darfst? Und wie oft passiert es, dass „Mann" in diesem Phenylethylamin-optimierten Zustand Haus und Hof verliert? Oder „Frau" nimmt total verliebt einen Kredit auf - drei Monate später sind er und die Kohle weg. Weil man da einfach verrückte Sachen macht, völlig unzurechnungsfähig. Wenn dieses Gefühl also keine Liebe ist, was ist dann Liebe? Liebe ist bedingungslos. Ich kenne deshalb keine Beziehung, die auf Liebe basiert.

Unsere „Liebesbeziehung" ist ein Geschäft

Die Beziehungen, die wir führen, sind nicht bedingungslos. Wir haben ganz klare Bedingungen: Ich liebe dich, wenn du so bist, wie ich es mir vorstelle, und du liebst mich, wenn ich so bin, wie du es dir vorstellst. Dann ist alles gut. Das hat aber nichts mit Liebe zu tun. Das ist ein Deal, ein Geschäft. Das klingt zwar sehr unromantisch, was ich sage, und ich möchte damit auch ein bisschen provozieren, aber es ist wahr. Unsere Beziehungen basieren auf einem Missbrauch. Ich „brauche" einen Partner. „Brauchen" heißt einerseits, ich habe Mangel an etwas, und andererseits, den Mangel will ich auffüllen, darum brauche ich jemanden. Wenn ich aber jemanden brauche, um einen Mangel aufzufüllen, ist das automatisch ein Missbrauch. Ich missbrauche meine Partnerin oder meinen Partner, um einen Mangel aufzufüllen. Auch das klingt hart und unromantisch, ist aber auch wahr. Es ist ein Deal, ich will oder ich muss haben.

Wir gehen Partnerschaften ein, indem wir wie zwei Geschäftspartner Deals eingehen. Ich gebe dir, wenn du mir gibst. Ich sage dir, ich liebe dich, und du sagst mir, du liebst mich. Ich befriedige deine narzisstische, du meine empathische Co-Abhängigkeit. Wir geben uns gegenseitig das Gefühl, wertvoll und liebenswert zu sein. Ich, Frau, gebe dir meinen Körper und Sex, und du, Mann, mir das Gefühl attraktiv zu sein. Ich verspreche dir treu zu sein, und du mir, das Gefühl zu geben, dass ich ein toller Mann, eine tolle Frau bin. Ich gebe dir finanzielle Sicherheit, du gibst mir Geborgenheit. Ich liebe dich, wenn du mich liebst.

Das alles hat nichts mit Liebe zu tun, das ist ein Geschäft. Wir wollen etwas haben von unseren Partnern. Auch das hat nichts mit Liebe zu tun. Wir wollen Liebe, Geborgenheit, Anerkennung, Sex, Sicherheit, Bestätigung und so weiter.

Sich seine „Geschäftsbedingungen" eingestehen

Daher kann man sich ruhig einmal fragen: Warum brauche oder will ich überhaupt einen Partner? Welchen Nutzen ziehe ich daraus? Was genau erwarte ich von meinem Partner oder meiner Partnerin? Um sich einmal klar zu werden, was denn eigentlich meine Bedingungen sind. Was genau brauche ich, wie stelle ich mir mein Leben vor? Sich dann auch mit dem Partner gegenseitig eingestehen, okay, ich liebe dich nicht bedingungslos und du liebst mich nicht bedingungslos. Dann kann man sich hinsetzen und über diese Bedingungen einfach einmal ehrlich reden, sich offen austauschen. Unsere Beziehung basiert zwar nicht auf bedingungsloser Liebe, aber wir können uns zusammentun und uns gegenseitig fragen: Was sind denn deine Bedingungen? Was möchte ich haben und was möchtest du haben? Was brauchst du, um glücklich zu sein, was brauche ich um glücklich zu sein?

Auf diese Weise kann eine Beziehung sehr wertvoll werden, wenn man offen über diese Fragen redet. „Ich habe diese Ecken und Kanten, ich habe diese Bedürfnisse, ich habe diese Co-Abhängigkeiten, so bin ich. Du hast diese und diese." Dann kann man schauen, kommt man zusammen, passt es oder passt es nicht. Wenn man einen Menschen hat, mit dem man offen darüber reden kann, was man braucht und was man möchte, dann bekommt das Ganze plötzlich Tiefgang und nähert sich der Liebe.

Dein Partner - dein Entwicklungshelfer

Zudem ist ein Partner auch der ideale Arschengel. Er ist dein bester Entwicklungshelfer, weil dein Partner dir so nah ist wie es die Kassiererin bei Aldi nicht ist. Die Kassiererin bei Aldi kann etwas sagen und drückt damit wahrscheinlich keinen Knopf bei dir, aber wenn das Gleiche dein Partner oder deine Partnerin sagen würde, drückt es vielleicht den Knopf.

Die heutige Psychologie geht davon aus, dass wir Partnerschaften und Beziehungen, alle unsere sozialen Verknüpfungen, hauptsächlich deshalb leben, um zu wachsen. Nicht nur um Friede, Freude, Eierkuchen und guten Sex zu erleben. Auch das gehört dazu, ist aber Beigemüse.

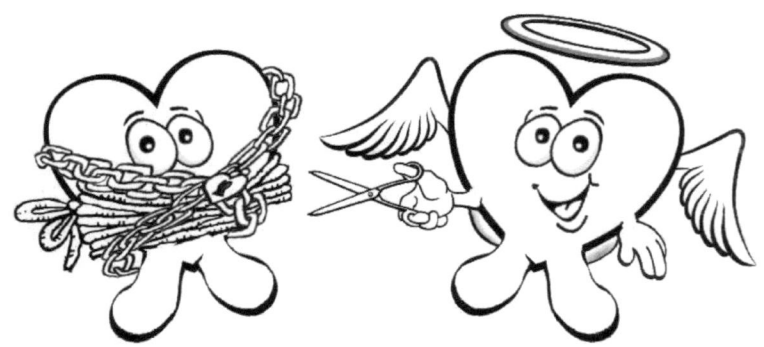

Hauptgrund ist wirklich, um zu wachsen. Auch das kann man in die Beziehung einbauen und bewusst akzeptieren, dass man eben mit seinem Partner zusammen diesen Weg geht, indem beide wissen: „Du bist mein Arschengel und ich bin dein Arschengel. Wenn du bei mir einen Knopf drückst und bei mir etwas auslöst, was sich nicht gut anfühlt, dann weiß ich, dass du das nicht tust, weil du mir wehtun willst. Ich weiß auch, dass du nicht für dieses Gefühl verantwortlich bist, sondern dass du mir einfach nur etwas zeigst, wo ich hinschauen kann."

Auch mir ist das, was ich hier so gescheit mitteile, vielleicht in dem Augenblick, wenn das Gefühl auftaucht, nicht bewusst. Denn wenn das negative Gefühl hochkommt, wissen wir ja, entsteht ein Unlust-Gefühl, und Unlust bedeutet, das Reptilhirn schaltet sich ein, der Verstand schaltet sich aus für den Moment. Es mag deshalb schon sein, dass ich im ersten Augenblick mit Flucht oder Angriff reagiere. Das ist völlig natürlich.

Aber spätestens eine halbe Stunde oder Stunde später, nachdem ich wieder runtergekommen bin und mein Verstand wieder eingeschaltet ist, weiß ich: „Hey, mein lieber Schatz, das hat mich jetzt gerade verletzt oder dieses Gefühl ausgelöst. Ich weiß, du wolltest mir nicht weh tun. Ich weiß, es ist mein Gefühl und ich darf hinschauen. Du bist mein Arschengel. Mit dir kann ich wachsen."

Man muss das logischerweise nicht genau mit diesen Worten ausdrücken. Wenn man aber anfängt, solche Aspekte in eine Beziehung einzubauen, dann bekommt sie noch viel mehr Tiefgang. Vielleicht spürst du an dieser Stelle schon den Unterschied zwischen einer Beziehung, in der sich zwei drogensüchtige Drogendealer nur gegenseitig ihre Co-

Abhängigkeit bedienen und sich gute Gefühle geben, indem sie sich mit Drogen beliefern, und einer Beziehung, der man beginnt, wirklich einen Tiefgang zu geben.

Beziehungsglaubenssätze neu überdenken

Es gibt viele allgemein verbreitete Glaubenssätze über Beziehungen, die man einmal kritisch überdenken und hinterfragen kann. Denn diese Glaubenssätze erzeugen viel Leid und Schmerz, weil das was da geglaubt wird, einfach nicht stimmt. Ich lade dich dazu ein, für dich die folgenden Punkte zu überdenken.

„Mein Partner muss mich glücklich machen."

Nein, dein Partner muss dich nicht glücklich machen. Du bist für dein Glück selbst verantwortlich. Wenn ich einen anderen brauche, um glücklich zu sein, nennt man das eine Co-Abhängigkeit. Es ist auch nicht deine Aufgabe, deinen Partner glücklich zu machen. Selbst wenn du es noch nicht ganz so hinkriegst, bist du zwar noch in der Co-Abhängigkeit drin, das ist auch okay, aber beobachte das und sei dir dessen bewusst.

„Ich brauche einen Partner, um glücklich und richtig zu sein."

Was du wirklich zum Leben brauchst, ist Atemluft, zwischendurch etwas zu essen und Wasser. Das sind Dinge, die du brauchst. Wenn du aber sagst, du brauchst einen Partner, heißt das, du hast das Gefühl, irgendwo ein Mangel zu haben, und möchtest diesen Mangel durch jemanden kompensieren. Wenn du jemanden dafür brauchst und benutzt, um bei dir einen Mangel zu kompensieren, „missbrauchst" du ihn automatisch. Deshalb kannst du einmal hinschauen, wo du das Gefühl hast, einen Mangel zu haben. Wozu brauche ich, oder missbrauche ich einen Partner? Was würde geschehen, wenn ich einmal ganz alleine („all-ein") mit mir zusammen bin und mich einfach nur um mich kümmere? Wenn ich anfange bei mir selbst hinzuschauen, indem ich mir einmal Zeit für mich nehme und „all-ein" bin, ohne dass ich jemanden brauche?

„In einer Beziehung muss ich den anderen bedingungslos lieben."

Auch das stimmt nicht. Du tust das ja sowieso nicht. Das zu behaupten, ist unehrlich. Der Weg zur Liebe ist, ehrlich zu sein und offen zu kommunizieren. Wie ich vorhin gesagt habe, offen darüber reden können, was meine Bedingungen, Wünsche, Erwartungen sind, was ich brauche, und was der andere braucht. Das ist Ehrlichkeit. Wenn ich sage, ich liebe dich bedingungslos, ist das eine Lüge, und dann basiert die Beziehung auf einer Lüge. Umso größer ist auch die Gefahr der Ent-täuschung. Die Ent-täuschung ist das Ende einer Täuschung. „Was, du liebst mich nicht bedingungslos? Jetzt habe ich immer geglaubt, du liebst mich bedingungslos!"

Gibt es denn bedingungslose Liebe überhaupt? Da sagen viele: „Ja, eine Mutter liebt ihr Kind bedingungslos." Selbst das stimmt aber nicht. Jede Mutter kommt manchmal in Situationen, in denen sie ihr Kind am liebsten an die Wand klatschen würde, weil sie einfach nicht mehr kann. Weil sie einfach ein Mensch ist, in einer Aufgabe, in der sie überfordert sein muss, weil es in der Geschichte unserer Evolution erst seit ganz kurzem so ist, dass nur eine Frau, meistens noch alleinerziehend heute, neben einem Halbtagsjob auf drei Kinder aufpassen muss. Gibt es also bedingungslose Liebe?

Ja, die gibt es. Wann gibt es bedingungslose Liebe? In dem Moment, wenn du dich selbst bedingungslos liebst, wenn du zu all deinen Schattenthemen, zu all dem, was du an dir ablehnst, ja gesagt hast. Das heißt, wenn du voll in deiner Mitte bist, nichts mehr ablehnst, keine Bedingungen mehr an dich stellst, und liebevoll dir sagst: „Ich bin meiner Mitte und ich nehme all das, was ich an mir habe, an." Ich selbst bin noch nicht so weit. Aber wenn man einmal so weit ist und sich selbst bedingungslos liebt, ist man auch in der Lage andere bedingungslos zu lieben. Denn dann braucht man andere nicht mehr, um sich geliebt zu fühlen, dann ist man in seiner Mitte, liebt sich selbst und braucht das Außen nicht. Dann ist man „heil", das sind wie gesagt die „Heiligen".

Das muss nicht Aufgabe und Ziel dieses Lebens sein, dass man das erreicht. Das ist ein sehr hohes Ziel. Aber ich kann mir zumindest bewusst sein, solange ich mich selbst nicht bedingungslos liebe, brauche ich über die Co-Abhängigkeit immer das Außen, um mich geliebt zu fühlen. Solange ich die anderen brauche um mich geliebt zu fühlen, stelle ich Bedingungen, und solange ich Bedingungen stelle, liebe ich nicht bedingungslos.

„Eine Beziehung muss immer harmonisch sein, sonst stimmt etwas in der Beziehung nicht."

Weil wir in uns selbst eine Disharmonie haben oder in einer Disharmonie sind, erwarten wir die Harmonie aus dem Außen, der Partnerschaft. Aber auch das ist Blödsinn. In einer Beziehung treffen zwei Welten aufeinander. Zwei subjektive Realitäten, da sowohl du als auch ich uns von vierhundert Milliarden Bits aus jeweils nur zweitausend Bits unsere eigene Realität schaffen, weil du deine Geschichte hast und dein Türsteher Entsprechendes zulässt, und ich habe meine Geschichte und meinen Türsteher. Jeder Türsteher lässt seine Geschichte zu, also leben wir in zwei verschiedenen Welten. Da sind Unterschiede und das ergibt auch Konflikte. Man muss nicht immer harmonisch sein.

Man muss eben eine Streitkultur entwickeln, dann kann man sich auch ausdiskutieren und streiten. Man muss auch nicht immer gleicher Meinung sein, man kann sich zum Beispiel auch "zweinigen". "Zweinigen" ist ein Begriff, den Vera F. Birkenbihl entwickelt hat. Sich zu zweinigen bedeutet, wir sind uns darüber einig, dass wir uns in diesem Punkt nicht einig sind, und das ist okay. Ich akzeptiere, dass du eine andere Meinung hast als ich, und das ist gut so. Du darfst eine andere Meinung haben als ich. Wir müssen uns miteinander auseinandersetzen können, weil du mein Arschengel bist.

Wenn es immer nur harmonisch ist, zeigst du mir ja gar nicht meine Themen auf und ich zeige dir nie deine Themen auf. Es geht darum, wie man mit Konflikten umgeht. Reibung erzeugt Wärme. Reibung darf schon da sein. Die soll sogar da sein, denn das ist Teil der Entwicklung. Alles Positive hat auch etwas Negatives, und alles Negative hat auch etwas Positives. Wenn man nie miteinander Auseinandersetzungen hat, dann bezahlt man irgendwann die Rechnung (Polaritätsgesetz). Das sind die Beziehungen, die in heißer Liebe zusammenkommen und im tiefsten Hass sich trennen. Wenn man die Reibung aber bewusst lebt und zulässt, anstatt es in der Co-Abhängigkeit immer anderen nur recht machen zu wollen, es auch mal zwischendurch knallen lässt, dann muss sich das nicht bis zum Schluss aufstauen.

„In einer guten Beziehung muss man viel reden."

Man muss nicht hauptsächlich viel miteinander reden, denn man kann auch viele Dinge zerreden, sondern man muss tiefgehende und zielführende Gespräche führen. Keine unendlichen Diskussionen, keine Gespräche, die nur dazu dienen, Recht zu bekommen. Wenn ich Gespräche führe um Recht zu bekommen, sind das Ego-Kriege, in denen es nur Verlierer gibt.

Bevor man ein Gespräch führt, sollte man deshalb innehalten und für sich überprüfen: Erstens, ist der andere überhaupt bereit, sich auf mich zu konzentrieren? Kann er mir überhaupt jetzt im Moment zuhören? Zweitens, will ich jetzt ein Gespräch führen oder möchte ich einfach nur etwas loswerden? Drittens, was erwarte ich vom anderen mit diesem Gespräch? Erwarte ich Mitgefühl, Anteilnahme, erwarte ich eine Bestätigung, erwarte ich Lob? Erwarte ich einfach, dass der andere still hinhält, wenn ich mich verbal entleeren möchte, oder erwarte ich wirklich seine ehrliche Meinung?

Beziehungsfördernde Gespräche sind Ich-Botschaften, das heißt, ich erzähle dir von meiner Welt, was ich gerade erlebe und fühle, von meinen zweitausend erlebten Bits und nicht von deinen.

FALSCH ist: "Wegen dir… , du tust… , du machst… , du solltest …"

RICHTIG ist: "Ich erlebe gerade dies …, bei mir passiert gerade das …"

Das ist ein Unterschied. Wenn ich dir von deiner Welt erzählen will, ist das ein Angriff, wenn ich dir von meiner

Welt erzähle, ist das ein Angebot. Ich möchte dir erzählen, was jetzt gerade bei mir abgeht. Darauf kann der andere auch viel besser eingehen.

Wichtig ist, Gespräche darüber zu führen, auf welcher Grundlage überhaupt die Beziehung beruht. Wie das aussehen kann, ist vielen nicht klar. Die kommen nach fünfundzwanzig Jahren Beziehung zu mir als Therapeuten, weil es nicht mehr klappt, dann redet man mit ihnen über Grundlagen und merkt plötzlich, dass sie fünfundzwanzig Jahre miteinander gelebt haben, aber jeder auf einer völlig anderen Grundlage. Der eine hat völlig andere Vorstellungen gehabt von der Beziehung als der andere.

Zum Beispiel, wie verbindlich ist unsere Beziehung überhaupt? Nach fünfundzwanzig Jahren findet er sie überhaupt nicht so verbindlich wie sie. Das ist dann ziemlich blöd. Was will ich mit dir zusammen machen und was möchte ich lieber alleine machen? Will ich Sex nur mit dir haben oder möchte ich Sex auch mit anderen haben? Wie viel Energie und Zeit brauche ich für mich alleine? Für meine Arbeit, für meine Hobbys - wie viel Zeit und Energie brauche ich dafür? Wie viel Zeit und Energie brauchst du für dich, deine Arbeit und deine Sachen?

Solche Dinge muss man klären können. Darüber muss man reden können, erzählen können von Gefühlen, von Erlebtem, von Fantasien, von Wünschen, ohne zu erwarten, dass der andere sie gleich erfüllen muss. Gespräche über Verletzlichkeiten führen wie eigene Ängste, Schamgefühle, über Träume und Intimität, ohne Angst zu haben, dass der andere daraus einmal ein Messer formen wird, das er einem in den Rücken steckt in einem Moment der Verstrickung. Den Mut haben, sich auch so zeigen zu können wie man wirklich ist, ohne Angst zu haben, dass einem daraus irgendwie ein

Strick gedreht wird. Dass dieses Vertrauen und all das da ist, darüber sollte man reden können.

Wesentliche Punkte im Gespräch sind: Erstens, Zuhören ist wichtiger als Reden. Dafür hat uns der liebe Gott eine schöne Metapher gegeben: Wir haben zwei Ohren, aber nur einen Mund. Das heißt, doppelt so viel zuhören wie reden. Zweitens, wenn man in einer negativen Emotion steckt, sollte man keine Beziehungsgespräche führen. Negative Emotion heißt, Reptilhirn ist eingeschaltet, Verstand ist ausgeschaltet. Das Gespräch funktioniert nie. In dieser Situation sollte man besser sagen: „Ich bin stinksauer auf dich. Aber lass mich zuerst runterkommen, dann werden wir darüber reden, aber jetzt nicht." Auch wenn das Bedürfnis vielleicht in dieser Situation sehr groß ist, sofort loszulegen, lohnt es sich, sich zurückzuhalten und das zuerst ein bisschen sacken zu lassen. Für sich alleine herausschreien, mit Kaffeetassen an die Wände schmeißen oder irgendetwas, erst einmal Dampf ablassen, und nachher versuchen, das Gespräch zu führen, wenn das Reptilhirn nicht mehr läuft. Drittens, zuhören ohne zu werten. Das heißt, einfach zuerst zuhören, ohne „ja, aber …".

„Partnerschaft und Sex gehören unbedingt zusammen."

Auch das ist ein Irrtum. Dieser Bereich gehört zu den Bedingungen, die man ausdiskutieren kann. Es gibt inzwischen so viele verschiedene Beziehungsmodelle. Es gibt das eben, dass man zusammen ist und eine gute Beziehung hat, aber die Sexualität einschläft, dass man einfach keine Lust mehr aufeinander hat. Das kann passieren. Man unterscheidet heute schon in der Beziehungstherapie zwischen Lebenspartnern und Sexualpartnern. Das muss nicht zwingend der gleiche sein.

Es gibt Paare, die zwar zusammenleben und es supergut miteinander haben, aber beide haben extern einen Sexualpartner. Dieses Modell gibt es auch. Es gibt das Modell - die Swinger-Szene - dass man seine Sexualität mit allen teilt. Es kann auch passieren, dass mit der Zeit ein Partner keine Sexualität mehr will, der andere aber schon. Woher hat dann der eine das Recht zu verlangen, dass der andere auch auf seine Sexualität verzichten muss? Das sind alles Themen, über die man reden muss, denn da muss man Lösungen finden. Es ist aber nicht von Gott gegeben, dass Sexualität und Zusammenleben unbedingt zusammengehören. Wie man das regelt, ist die Entscheidung des Paares, aber dafür braucht es beide Partner, um Lösungen zu finden. Zu glauben, dass aber Sexualität und Partnerschaft zwingend zusammengehören, entspricht nicht der Realität und ist schlichtweg nicht wahr. Es ist ein Irrtum, der zu sehr viel Verletzung und Leid führen kann.

„Je mehr Gemeinsamkeiten wir haben und je näher wir uns sind, desto größer ist die Leidenschaft."

Auch das stimmt nicht. Wenn man Pizza Hawaii als Lieblingsessen hat, und jeden Tag Pizza Hawaii isst, dann kann man Pizza Hawaii irgendwann gar nicht mehr sehen. Spannend ist, wenn es immer wieder Neues zu entdecken gibt, wo Abenteuer ist.

Daher entsteht auch Leidenschaft dort, wo Unbekanntes, Neues entdeckt werden kann. Routine und immer das Gleiche zusammen machen, wird langweilig. Andersartigkeit gibt auch Entdeckungspotenzial. Du musst nicht genau gleich wie dein Partner sein, es dürfen Unterschiede da sein. Genau das macht es ja auch spannend! Wir brauchen sicher Punkte in der Partnerschaft, in denen wir uns einig sind und in denen wir gleich sind. Aber jeder darf auch seine Bereiche und seine Themen haben, die für ihn spannend sind, aber nicht unbedingt auch dem anderen gehören müssen. Es muss nicht alles zu hundert Prozent gleich sein, sondern es muss auch da wieder in der Mitte sein, ein gesundes Maß haben. Die Beziehung braucht einen Teil, wo man viel zusammen sein kann, aber jeder braucht auch seinen Teil, wo man selbst sein kann, wo man seine Ruhe und Zeit für sich hat, seinen Hobbys nachgeht und sein eigenes Leben lebt.

Der große Fehler, den viele begehen, wenn sie eine Beziehung eingehen ist, dass sie alles wegschmeißen, was sie vorher im Single-Leben hatten, und nur noch ein Beziehungsleben haben. Du kennst sicher auch diese Freundinnen und Freunde: Sobald sie frisch verliebt sind, hörst du nie wieder etwas von ihnen, und ein dreiviertel Jahr später melden sie sich plötzlich wieder. Dann weißt du schon ganz genau, jetzt ist die Beziehung wieder vorbei. Das ist ein Fehler.

Es gibt nicht das Single-Leben oder das Beziehungsleben, sondern es gibt dein Leben. In der Paarbeziehung gibt es darum eigentlich drei Leben: Es gibt mein Leben, es gibt unser Leben und es gibt dein Leben. Keines davon sollte man einfach völlig aufgeben. Freundschaften, Kollegen, Sportverein, was auch immer, sollen bleiben. Man muss sich gegenseitig auch die Privatsphäre gönnen, dass jeder seinen eigenen Rückzugsraum hat. Seien es wirklich räumlich eigene Zimmer oder seien es einfach Lebensräume, wo man sich in sein eigenes Ding zurückziehen kann. Das ist ganz wichtig.

„Eine richtige Beziehung hält immer ein Leben lang."

Auch das stimmt nicht. Wenn das so ist, ist es schön. Wenn man den richtigen Partner gefunden hat, wünscht man sich das natürlich auch. Wenn es aber nicht so ist, dann ist daran nichts falsch. Wenn zwei Menschen zusammen sind und sich in die gleiche Richtung entwickeln, ist das schön, aber vielleicht entwickeln sie sich eben auch in verschiedene Richtungen. Vielleicht geht deine Lebensstraße in eine andere Richtung als die deiner Partnerin, deines Partners, und ihr habt nur einen Teil des Weges gemeinsam. Dann ist auch das richtig, dann muss man nicht Schuldige oder Fehler suchen.

Wenn es irgendwann einfach nicht mehr passt, ist es wieder ehrlicher und näher an der Liebe, sich gegenseitig loszulassen, sodass jeder seinen Weg gehen kann, bevor sich einer oder beide soweit verbiegen müssen, dass man nicht mehr sein Leben leben kann. Wenn es sich so entwickelt, dann ist das einfach so.

Reflektiere über deine Beziehungen

Wenn man auf diese Art und Weise einmal Beziehungen betrachtet, bekommen sie vielleicht eine ganz andere Dimension. Fange an, Beziehungen viel bewusster zu führen, hinzuschauen ohne gleich alles verändern zu wollen. Zuerst einmal hinschauen, erkennen, wo bin ich co-abhängig in meiner Beziehung, welches sind meine Bedingungen. Es empfiehlt sich, einmal darüber nachzudenken. Vieles davon lebst du vielleicht schon. Aber sicherlich gibt es noch einiges, wo du überlegst, wie könnte ich das in meine aktuelle oder nächste Partnerschaft oder Beziehung einbauen? Nur den Co-Abhängigkeiten nachzugehen, ist nicht wirklich befriedigend. Kurzfristig vielleicht ja, langfristig aber bestimmt nicht.

Wenn du dann jemanden kennenlernst, hast du deine Liste gemacht. Du weißt genau, was du willst. Dann kannst du das Gespräch beginnen und sagen: „Ich möchte einmal wissen, was genau du alles möchtest. Ich möchte das, das und das." Wenn er oder sie dann sagt, „genau das will ich auch, passt alles super", dann weißt du genau, das ist der oder die Falsche. Denn jemand, der sagt, genauso will ich's auch, der hat sich nicht reflektiert. Es kann nicht sein, dass er zu hundert Prozent genau das Gleiche will. Er ist ein anderer Mensch. Wenn er aber sagt, „das und das sehe ich genauso, aber da und da sehe ich es ein bisschen anders," und anfängt mit dir darüber zu reden, ist dieser Mensch interessant. Der macht sich Gedanken, der reflektiert sich, der schaut nach. Es lohnt sich auch hier, viel bewusster an die Sache heranzugehen.

Kapitel 13

Deine Glaubenssätze

Unser gesamtes Weltbild und das, was wir als Wahrheit glauben, sind nichts anderes als Glaubenssätze. Unsere Glaubenssätze haben also eine lebensbestimmende Kraft über uns. Sätze mit einem „sollte" oder „sollte nicht" sind immer Glaubenssätze. Es gibt Glaubenssätze, die sich gut anfühlen und solche, die sich nicht gut anfühlen. Wir haben Glaubenssätze über alles und jeden.

Wir haben Glaubenssätze über uns selbst, unsere Partner, die Kinder, unsere Eltern, unsere Chefs, Arbeitskollegen, die Regierung, Fußballvereine, das Leben, die Welt. Versuche einmal herauszufinden, welche Glaubenssätze du hast, die sich nicht gut anfühlen, und beantworte die Fragen auf dem Fragebogen, den du auf unserer Webseite herunterladen kannst. (www.iloveme.one)

Glaubenssätze und Spontanheilung

Eine beeindruckende Veranschaulichung zur Kraft unserer Glaubenssätze bietet das Thema Spontanheilung. Aus der ganzen Welt gibt es Berichte über Patienten, bei denen eine sogenannte Spontanheilung stattgefunden hat. Das bedeutet, die Patienten hatten eine zweifelsfrei diagnostizierte lebensbedrohliche Krankheit und sind ohne medizinische Intervention – abgesehen von etwas Schmerztherapie und Ähnlichem – wie durch ein Wunder genesen. Sie hatten also nach ein paar Jahren wieder eine ganz klare medizinische Diagnose, dass die Krankheit verschwunden war.

So gibt es zum Beispiel Patienten mit Krebsdiagnose, die die Chemotherapie verweigerten oder bereits zum Sterben nach Hause geschickt worden waren, die ein Jahr später wieder zum Arzt gingen, und der Krebs war weg. Ich kenne übrigens aus meiner Studienzeit selbst einen Mann, der das erlebt hat. Er hat nach dieser Erfahrung mit über fünfzig Jahren angefangen Psychologie zu studieren, weil ihn das so sehr interessierte, was mit ihm geschehen war. Es gibt aus verschiedenen Ländern empirische Untersuchungen zu den Hintergründen, die bei den betroffenen Patienten zur Spontanheilung geführt haben könnten. Eine umfangreiche Befragung von zwanzig Spontangeheilten und fünfzig alternativen Heilern aus elf verschiedenen Ländern, vorzugsweise die Spontanheilungen bei Klienten erlebt hatten, hat die Forscherin Kelly Turner durchgeführt. In ihren Interviews hat sie diese siebzig Personen gefragt, was nach deren Meinung zur Spontanheilung geführt hat. In ihrer Studie hat sie dargestellt, welche Gründe diese Leute nahezu alle genannt haben. Dieser Katalog von gemeinsamen Punkten deckt sich im Wesentlichen mit den Ergebnissen anderer Forscher. Ich möchte hier ein paar der Punkte anführen.

Gemeinsamkeiten der Patienten bei der Spontanheilung

Alle haben ihre Meinung geändert, das heißt, haben angefangen ihre Glaubenssätze "so bin ich und so ist die Welt" zu hinterfragen. Sie haben einfach einmal alles hinterfragt. Alles, worin sie sich vorher so sicher waren, dass es so ist, haben sie hinterfragt: Ist das wirklich so? Ist das wirklich die Wahrheit oder ist es einfach nur meine subjektive Wahrheit (in unserer Sprache gesprochen)? Also, alle haben angefangen ihre Meinung zu ändern und ihre Glaubenssätze hinterfragt.

Alle haben die Realität, alles so wie es ist, akzeptiert. In diesem Fall vor allem ihre Krankheit. Sie haben sich gesagt, ja, jetzt, heute, im Hier und Jetzt habe ich diese Diagnose. Genauso ist es. Sie haben nicht mehr dagegen gekämpft, „das darf jetzt nicht sein", sondern akzeptiert: „Ja, genau so ist es."

Alle haben außerdem an etwas Höheres geglaubt und sind in eine sehr devote Haltung gegenüber dieser höheren Macht eingegangen. Sei es das Schicksal, das Universum, das

Leben, Gott, ein Engel – das spielt keine Rolle. Aber alle haben gesagt, es gibt etwas, das mächtiger ist als ich, und ich verneige mich davor. Ich akzeptiere, dass es das gibt.

Alle haben angefangen Verantwortung zu übernehmen. Sie sind aus der Opferrolle rausgegangen und haben gesagt, okay, durch meine Entscheidungen ist es jetzt so weit gekommen, Ursache und Wirkung in unserer Sprache, beispielsweise „ich habe im Kohlekraftwerk gearbeitet und habe mich auch nicht bemüht, etwas anderes zu suchen". Ich habe dies gemacht, ich habe jenes gemacht, jetzt ist es halt so. Keine Schuldzuweisung an andere, nicht meine Eltern, nicht die Regierung, nicht irgendjemand ist schuld, sondern es waren meine Entscheidungen.

An dieser Stelle möchte ich kurz den Unterschied zwischen Verantwortung und Schuld erklären. Es geht bei Verantwortung nicht um Schuldsuche. Das Wort Schuld kannst du grundsätzlich aus deinem Vokabular streichen. Am besten nimmst du die Schere und schneidest es gleich aus dem Duden heraus. Schuld gibt es nicht. Schuld ist eine Erfindung der Kirche. In der Natur gibt es keine Schuld. Schuld ist aber eine sehr praktische Erfindung. Wenn ich sage, du Schuldiger du, dann habe ich dich an der kurzen Leine, dann kann ich dich führen, dann bist du machtlos. Es geht nie um Schuld, sondern es geht um die Verantwortung. Das ist ein großer Unterschied. Ich bin nie schuldig für das, was ich gemacht habe, aber für die Entscheidungen, die ich gefällt habe, bin ich verantwortlich. Meine Entscheidung war die Ursache und die hat eine Wirkung. Das ist das Prinzip Ursache-Wirkung. Schuld ist auch völlig sinnlos. Schuld macht mich wie gesagt klein, drückt mich ins Eck. Ich bin als

Schuldiger handlungsunfähig. Ganz anders als Verantwortlicher. Fühle in dich hinein, wie es sich anfühlt, wenn ich sage du Schuldiger du, oder wenn ich sage du Verantwortlicher du. Als Verantwortlicher kann ich handeln, als Schuldiger nicht.

Also, alle spontan Geheilten haben nicht Schuld, sondern Verantwortung übernommen. Sie haben sich gesagt: „Ich bin der Schöpfer meines Lebens. Durch meine Gedanken, durch meine Glaubenssätze, durch meine Handlungen, durch meine Entscheidungen stehe ich im Leben jetzt da, wo ich stehe." Sie haben alle gewusst, dass sie etwas in ihrem Leben ändern müssen, und eben nicht etwas im Außen muss das ändern, nicht der Arzt, nicht die Therapie oder sonst etwas, sondern sie selbst mussten etwas an sich ändern, ihr Denken ändern.

Sie haben alle ihr Leben verändert. Sie haben sich eine neue Umgebung gesucht, sind weggezogen, haben ihren Job aufgegeben, haben ihr soziales Umfeld angepasst. Wenn du weißt, dass du nur noch ein Jahr zu leben hast, triffst du dich eben nur noch mit den Menschen, die dir wichtig sind. Diejenigen, mit denen du dich pflichtgemäß getroffen hast oder die dir nicht guttun, die schmeißt du erst einmal aus deinem Leben raus. Sie haben angefangen, sich für sich selbst stark zu machen, sich und ihre Bedürfnisse nicht mehr anderen unterzuordnen und ihre Emotionen nicht mehr zu unterdrücken. Mit diesen Veränderungen haben sich auch ihre Gewohnheiten verändert. Sie haben angefangen, Sport zu treiben, ihre Ernährung umzustellen, besser zu schlafen, weniger Alkohol zu trinken und mit dem Rauchen aufgehört.

Das sind alles solche Gewohnheiten, die sie umgestellt haben.

Alle haben berichtet, dass sie in dieser Phase eine Zeitlang wie in ein Vakuum gefallen sind. Klar, wenn man anfängt, vieles loszulassen, bevor dann das Neue fruchtet, ist man wie in einem Vakuum. Das ist am Anfang ein komischer Zustand. Sie haben auch gesagt, dass sie während dieser Zeit ein verändertes Zeit- und Raumgefühl hatten, weil sie sehr viel in sich versunken waren. Sie waren also sehr viel in Trance-Zuständen, in sich gekehrt, da hat man natürlich auch ein anderes Zeit- und Raumempfinden.

Alle haben zudem berichtet, dass ihr Umfeld sie als verrückt erklärt hat. Wenn du zum Beispiel Krebs hast und die Chemotherapie verweigerst, dann will dich dein Umfeld natürlich drängen, mit Aussagen wie „du spinnst, mach doch weiter, du stirbst". Dennoch sagen alle, dass sie tief in ihrem Inneren eine ganz klare Gewissheit hatten (Intuition), dass das, was sie tun, richtig ist. Sie sind zwar schon ab und zu auch wieder darin verunsichert worden durch die Beeinflussung von außen, aber tief in ihrem Inneren haben sie gewusst, dass sie das Richtige tun.

Bei allen wurde Dankbarkeit ein zentrales Thema in ihrem Leben. Wenn du nur noch ein Jahr oder weniger zu leben hast, dann bist du dankbar für alles Schöne, was du noch erleben kannst.

Worauf ich mit diesen Punkten aufmerksam machen möchte ist: Es geht ums Denken, es geht um Glaubenssätze, es geht um Lebensveränderungen. Wenn es Menschen mit diesen Ansätzen gelungen ist, Krankheiten zu besiegen, dann kann man in seinem Leben mit solchen Ansätzen auch ganz viel anderes bewirken. Die zentralen Elemente sind: Glaubenssätze hinterfragen, ja sagen zu dem was ist, Verantwortung übernehmen, sein Denken überprüfen.

Die Kraft der Gedanken

Um die Kraft unserer Gedanken zu veranschaulichen, möchte ich noch von einer anderen Studie erzählen. Für diese Studie hat man Versuchspersonen ausgewählt, die keinen besonderen Bezug zu Musik oder Instrumenten hatten. Man hat sie bunt gemischt in vier Gruppen aufgeteilt. Dann hat man sie einzeln ins Labor geholt, in den Scanner gelegt und die Hirnbereiche gescannt, die für das Klavierspielen verantwortlich sind.

Nachdem man alle Versuchspersonen gescannt hatte, hat man sie zu einem Klavierlehrer geschickt, dort im Labor. Mit den Versuchspersonen der ersten Gruppe hat der Klavierlehrer eine Stunde lang etwas geübt. Dann hat man sie nach Hause geschickt, hat ihnen ein Klavier mit nach Hause gegeben und gesagt, sie sollten das jetzt jeden Tag üben. Der zweiten Gruppe hat der Klavierlehrer das Gleiche beigebracht. Diese Personen hat man auch mit einem Klavier nach Hause geschickt und ihnen gesagt, sie dürften auf dem Klavier spielen, was auch immer sie möchten, einfach ein bisschen herumklimpern. Mit der dritten Gruppe hat der Klavierlehrer wieder das Gleiche geübt, aber sie hat man ohne Klavier nach Hause geschickt und gesagt, sie sollten nicht üben. Die vierte Gruppe hat man ebenfalls zum Klavierlehrer geschickt, er hat mit ihnen geübt, dann hat man sie ebenfalls ohne Klavier nach Hause geschickt und ihnen gesagt, sie sollten jeden Tag ihre Augen schließen und sich in ihren Gedanken vorstellen, in ihren inneren Bildern, dass sie das, was sie gerade gelernt hatten, üben würden. Einfach in Gedanken durchdenken.

Man hat die Probanden täglich in den Scanner gelegt und geschaut, was sich in diesen Hirnbereichen, die für das Klavierspielen verantwortlich sind, verändert hat. Bei der ersten Gruppe, die wirklich am Klavier geübt hatten, hat es eine signifikante Veränderung ergeben. Bei der zweiten Gruppe, die einfach ziellos geklimpert hatten, hat es nur eine kleine Veränderung gegeben. Bei der dritten Gruppe, die nichts gemacht hat, ist – wenig erstaunlich - auch nichts Relevantes passiert. Bei der vierten Gruppe wird es spannend. Diese Personen, die nach Hause gegangen sind und sich einfach nur in Gedanken vorgestellt haben, sie würden das ganz gezielt üben, wiesen eine fast ebenso signifikante Veränderung auf wie die der ersten Gruppe! Die Veränderung durch Vorstellung war also fast gleich hoch wie die durch tatsächliches Tun.

Wie unser Denken funktioniert

Jetzt kannst du dich einmal fragen: Was übst du in deinem Kopf mit deinen Gedanken eigentlich so den ganzen Tag? Worum kreisen deine ganzen Gedanken ständig, wenn du wieder einmal in deinem Gedankenkarussell bist? Was üben deine Gedanken da?

Wir denken zwischen 70 000 und 90 000 Gedanken pro Tag. Wir denken heute zu neunzig Prozent das Gleiche, was wir gestern auch schon gedacht haben. Es kommt zwar jeden Tag ein bisschen etwas Neues dazu, aber mehr oder weniger drehen wir uns im Kreis - immer die gleichen Gedanken. Wir können nicht nicht an etwas denken, das heißt, das berühmte "denke auf gar keinen Fall an einen pinken Elefanten mit grünen Strapsen" funktioniert nicht. Baff, ist das Bild da. Was auch nicht ganz so einfach ist, ist gar nichts zu denken. In diese Leere zu kommen, kann man zwar mit viel Meditation üben, ist aber nicht leicht. Man braucht wirklich Übung.

Es gibt aber einen Trick, wie man für einen ganz kurzen Moment nichts denken kann. Der Trick ist der, dass du deine Augen schließt und dir die Frage stellst: „Was ist wohl jetzt mein nächster Gedanke?", und dann wartest. Dann kommt für eine kurze Zeit eine Leere und dann rattert es gleich weiter. Probiere das einmal aus. Schließe deine Augen und denke einfach, was ist mein nächster Gedanke.

Bitte mache das jetzt bevor du weiterliest.

Hast du die kurze Leere bemerkt? Das ist recht spannend, aber noch viel spannender ist, was du jetzt gerade gemacht hast. Du hast gerade dein Denken beobachtet. Hast du das gemerkt?

Unser Denker und unser Beobachter

Das ist eine Schlüsselerkenntnis: Wenn du dein Denken beobachten kannst, bedeutet das, dass da oben ein Beobachter ist und ein Denker. Denn nur so kann das Denken beobachtet werden. Das Problem, das wir haben ist, wir identifizieren uns mit unserem Denker. Wir glauben, wir sind unser Denker, aber das ist nicht wahr. Du bist der Beobachter.

Der Denker ist das Resultat der erlernten Programme, sprich deiner Glaubenssätze, und der Denker ist ein notorischer Lügner. Das meiste, was er da in deinem Kopf denkt, ist nicht wahr, sondern einfach nur ein Glaubenssatz. Bis jetzt hat dein Denker freies Spiel gehabt. Er konnte nämlich schalten und walten wie er wollte. Dem kannst du ab heute einen Punkt setzen. Du kannst anfangen, den Denker an die kurze Leine zu nehmen und ihn zu überprüfen, so dass er nicht mehr einfach tun und lassen kann, was er will.

Die Macht des Denkers über die Gefühle

Das Problem ist, dass der Denker sehr mächtig ist, denn er hat eine Fernbedienung für die Gefühle. Er kann den Knopf drücken, dann geht beim Hypothalamus sofort das Faxgerät los und der mischt dann das Gefühl. Der Denker denkt also einen Gedanken (Glaubenssatz) und an diesem Gedanken (Glaubenssatz) hängt auch ein Gefühl. Wenn wir zum

Beispiel denken beziehungsweise glauben „ich bin nicht gut genug" oder „ich bin nicht liebenswert", „ich schaffe das nicht", „ich mache alles falsch" und gleichzeitig das Gefühl von Kleinheit, Minderwertigkeit, Scham, Unzulänglichkeit aufkommt, wird dieses Spiel, das hier abgeht, zu unserer erlebten Lebenswirklichkeit. Wir erleben das ja so und glauben darum, es sei wahr, weil es ja auch im Moment in unserem Leben ist. Ich fühle mich in diesem Moment ja wirklich klein.

Das ist aber nicht objektive Realität, sondern das ist meine Realität in meinem Kopf. Das sind meine Gefühle, die von meinem Hypothalamus hergestellt werden. Das hat aber nichts mit dem zu tun, was da draußen ist.

Gedanken und Glaubenssätze hinterfragen

Darum müssen wir überprüfen, ob diese Gedanken (Glaubenssätze) und auch dieses Gefühl, auch wenn wir es im Moment echt erleben, wirklich stimmen. Du wirst feststellen, dass fast alles, man kann auch sagen alles, was mit einem negativen Gefühl daherkommt, eine Lüge ist. Darum müssen wir anfangen, unsere Glaubenssätze zu hinterfragen und zu kontrollieren beziehungsweise eben auch zu korrigieren. Der Denker da oben ist allerdings nicht glücklich, wenn wir ihn an die kurze Leine nehmen. Er wird dir einreden, es hat alles keinen Sinn, vergiss es, das ist ein Blödsinn was du da jetzt tun willst, das bringt eh nichts, das wird bei dir nicht funktionieren. Ja klar, er will nicht an die kurze Leine und kontrolliert werden. Er will wieder seine Freiheit haben, wie er es bis jetzt ein Leben lang hatte. Deshalb, lass dich nicht beeindrucken von ihm. Denn nochmals, er ist ein notorischer Lügner. Sobald du anfängst deine Gedanken zu überprüfen, wirst du feststellen, dass er ständig lügt, dass es nicht wahr ist, was er denkt. Er hat noch einen Befreundeten, das ist das Ego, das ihn dann vielleicht ein bisschen unterstützen möchte, aber trotzdem geht es darum, dass du wieder die Kontrolle über das Steuer in deinem Leben bekommst.

Wir haben ganz viele Gedanken und Glaubenssätze über uns selbst. Wer bin ich, was bin ich, wie wertvoll bin ich. Wir haben Gedanken und Glaubenssätze über andere, wie sie sind und wie sie sein müssen. Wir haben ganz viele Gedanken und Glaubenssätze über die Welt. Die Welt ist schwer, die Welt ist ungerecht, die Welt ist korrupt, die Welt ist fies. Wir haben auch ganz viele Gedanken und Glaubenssätze über das Leben. Das Leben ist hart, von nichts kommt nichts, das Leben meint es nicht gut mit mir, im Leben muss ich mich noch viel verbessern und so weiter. Zu all diesen Themen haben wir ständig Gedanken, Antworten, Glaubenssätze, die wir immer und immer wieder denken. Wir erleben also unsere Gedanken als normal. Wir hinterfragen sie auch gar nicht mehr, sondern denken, das ist doch so. Wir sind ja auch so konditioniert, so programmiert.

Unsere Glaubenssätze sind Suchaufträge

Diese Gedanken haben extreme Auswirkungen auf unser Leben. Denn unsere Glaubenssätze, die wir immer und immer wieder denken, sind ein Suchauftrag für unseren Verstand. Unser Verstand ist wie Google - eine Suchmaschine.

Unsere Glaubenssätze und Gedanken sind Suchanfragen an den Verstand. Sie senden Suchaufträge: „Lieber Verstand, bitte beweise mir, dass ich mit meinem Glaubenssatz recht habe." Der Verstand sucht brav sieben Tage die Woche vierundzwanzig Stunden lang im Außen. Er scannt mein Umfeld ab und sucht mir Beweise, dass das, was ich glaube, wirklich stimmt und den Rest blendet er aus.

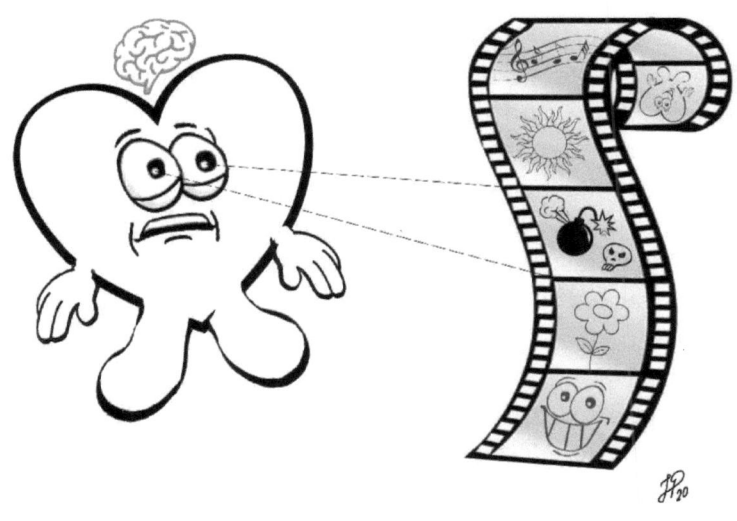

Es ist also nicht entscheidend, was tatsächlich ist, sondern es ist entscheidend, was du denkst, was du glaubst, welche Gedanken du hast. Zu jedem Gedanken kommt immer automatisch noch ein Gefühl dazu. So wird das zu meiner gefühlten und erlebten Realität. Du kennst das sicher: Wenn du schwanger bist oder eine Freundin schwanger ist, siehst du plötzlich nur noch Schwangere. Wenn du diese rote Jacke kaufen willst, laufen plötzlich alle mit dieser roten Jacke rum. Du kaufst das Auto, plötzlich siehst du nur noch dieses Auto.

Das sind meine Glaubenssätze und Gedanken, die das triggern. Es sind Aufträge an den Verstand, der scannt mein ganzes Erlebtes ab und sucht sich von vierhundert Milliarden Bites genau die heraus, die mir beweisen, dass meine Glaubenssätze stimmen. Somit erlebe ich das dann immer wieder.

So steht es auch in der Bibel: „Dir geschehe nach deinem Glauben." Das was du glaubst, das wird zu deiner erlebten Lebenswirklichkeit. Das was du erlebst, ist aber nur ein Teil der ganzen Realität. Noch dazu ist es meistens - wenn es nämlich böse und negative Gedanken und Gefühle sind - nichts Schönes, was wir da erleben. Glaube ich zum Beispiel den Gedanken „das Leben ist schwer", dann nimmt der Verstand diesen Gedanken als Auftrag wahr und beginnt, wie eine Suchmaschine im Internet, mein ganzes Umfeld und mein ganzes Leben abzuscannen. Er sucht jetzt nach Beweisen, dass das Leben wirklich schwer ist, und er wird sie finden. Glaube ich, dass ich nicht gut genug bin, dass ich Fehler habe, dass ich schlecht bin, dass ich es falsch mache, dann wird der Verstand ganz viele Beweise finden, dass ich recht habe. Alles was das Gegenteil deines Glaubenssatzes beweisen würde, wird systematisch ausgeblendet.

Also Achtung: Ändere ich jetzt meine Gedanken, beziehungsweise fange ich an, meine Gedanken zu überprüfen und ändere sie, dann ändern sich meine Glaubenssätze. Ändern sich meine Glaubenssätze, dann ändert sich der Suchauftrag an den Verstand und plötzlich sucht der Verstand andere Beweise, wie zum Beispiel das Leben ist toll, ich bin toll, ich schaffe das, ich kann das. Somit verändert sich meine erlebte Lebenswirklichkeit. Ändere deine Gedanken und dein Leben wird sich ändern.

Den eigenen Glaubenssätzen auf die Spur kommen

Unsere Glaubenssätze erzeugen unsere erlebte Lebenswirklichkeit. Deshalb lohnt es sich, diesen Glaubenssätzen auf die Spur zu kommen und sie zu hinterfragen, um so unsere Lebenswirklichkeit positiv verändern zu können. Dazu gibt es eine Übung, die du für dich machen kannst. Diese Übung ist nicht mit einem Mal erledigt, sondern die kannst du immer wieder machen, wenn du einem Glaubenssatz auf die Schliche kommst und ihn näher ergründen möchtest. Das ist eine Aufgabe, die vielleicht auf Anhieb gar nicht so einfach ist, weil man da auch zuerst ein bisschen reinkommen muss. Darum ist es sinnvoll, sich Zeit zu lassen, die Fragen auf dem Fragebogen über längere Zeit zu beantworten und immer, wenn einem wieder etwas dazu einfällt, das dazu aufzuschreiben.

An die Kindheitserinnerung herankommen

Wir müssen an den Punkt gehen, wo unsere Glaubenssätze ursprünglich geschrieben worden sind. Das ist, wie wenn du eine Zeitschrift abonniert hast. Wenn du sie nicht mehr möchtest, dann musst du das nicht jeden Monat wieder dem Postboten sagen, der sie dir bringt, sondern du musst sie dort abbestellen, wo du sie einmal bestellt hast. So ist es mit den Programmen und den Glaubenssätzen auch.

Ich habe ja bereits beschrieben, dass unsere Haupt-Glaubenssätze aus unseren ersten fünf Lebensjahren stammen. Das ist das Fundament, für das wir sehr viel von unseren Eltern übernommen haben. Daher ist es wichtig hinzuschauen, wer unsere Eltern waren, wie Mutter und Vater sich verhalten haben, um einen Hinweis auf unsere fundamentalen Glaubenssätze zu bekommen.

Es gibt Leute, die sich problemlos an ihre Kindheit erinnern und noch Bilder im Kopf haben. Es gibt aber auch Leute, die sagen, da ist gar nichts mehr. Das heißt aber nicht, dass da gar nichts ist, sondern dass einfach der Zugang zu der Festplatte, quasi die Leitung von der Festplatte zum Bildschirm etwas verstopft ist. Die Daten sind da, da kannst du dir sicher sein. Es braucht nur unter Umständen ein bisschen mehr Zeit, bis diese Datenleitungen wieder durchgepustet sind. Sie werden durchgepustet, indem du anfängst dich mit diesem Thema zu befassen, indem du dir darüber Gedanken machst, ohne dich gedanklich festzubeißen.

Wenn man sich wieder an seine Kindheit erinnern möchte, kann man das angehen, indem man sich Fragen stellt wie zum Beispiel: Wie sah mein Kinderzimmer aus? Wie sah die Wohnung aus, in der wir gewohnt haben? Die Schule - wie sah das Schulhaus aus, weiß ich noch an welchem Platz ich gesessen habe, weiß ich noch, wer neben mir gesessen hat? Es kommen vielleicht nicht von Anfang an ganz klare Bilder. Aber wenn ich mich mit solchen Fragen gedanklich da hineinbegebe, dann poppt plötzlich immer ein bisschen mehr auf, hier ein Puzzleteilchen und da, und irgendwann gibt es dann auch wieder ein Bild. So komme ich immer mehr wieder in das Ganze rein. Wie gesagt, über mehrere Wochen kann man diese Fragen auch beantworten.

Fragebogen zu den Eltern

Wenn du nun klassischerweise mit den Fragen zu deiner Mutter anfängst, denn die Mutter ist meistens die prägendste Person unserer Kindheit, dann stelle dir einfach einmal eine Szene mit deiner Mutter vor, um überhaupt wieder in einen gedanklichen Kontakt zu kommen. Nimm die erste Szene, die dir mit deiner Mutter einfällt. Dann stelle dir die Frage: „Als ich ein kleiner Junge, ein kleines Mädchen war - wer war damals meine Mutter?" Gehe dabei nicht ins Grübeln, sondern lasse diese Frage einfach einmal wirken und beobachte, was an Erinnerung kommt.

Dann frage dich entlang des Fragebogens weiter:

- Wie ging meine Mutter mit Emotionen wie Ängsten, Wut, Trauer, Freude um?

- Wie ging sie mit Konflikten um?

- Hat sie sie offen ausgetragen, hat sie sie in sich hineingefressen, war sie sehr impulsiv, war sie sehr traurig, hat sie oft heimlich geweint, war sie streng, ist sie ausgetickt?

- Wie lebte meine Mutter ihre Weiblichkeit?

- Wie habe ich sie erlebt? War sie eine stolze Frau?

- Wie lebte sie ihre Sexualität - war Sexualität ein großes Tabuthema, über das nie geredet wurde?

- Habe ich meine Mutter jemals nackig aus der Dusche kommen sehen oder war da die Türe immer verriegelt?

- Was glaubte oder sagte meine Mutter über Männer, insbesondere über meinen Vater? Was für ein Bild hatte sie über Männer?

- War meine Mutter eine eher anwesende oder eher abwesende Person?

- Habe ich sie eher als anwesend oder abwesend erlebt? Anwesend kann extrem sein, dass sie ständig da war, wie eine Henne, ich kaum Luft hatte mich selbst zu entwickeln und sie mich ständig kontrollierte, dass sie also überpräsent war. Es kann aber auch sein, dass sie wirklich immer da war, wenn ich sie brauchte, ich sie immer spürte und sie mir Sicherheit gab, aber mir sehr viel Freiheit ließ. Es kann auch sein, dass sie zwar physisch immer da war, aber eben psychisch nicht wirklich da war, ich sie einfach gar nicht mitbekommen habe, ich sie nicht wirklich gespürt habe. Es kann aber auch sein, dass sie nicht einmal physisch da war, weil sie arbeiten musste oder weil ich bei den Großeltern oder sonst wo aufgewachsen bin.

Dann überlege einmal:

- Wann lobte sie mich?

- Wenn ich wie war, wenn ich was tat, wenn ich mich wie verhalten habe?

- Wann und wofür wurde ich bestraft? Wenn ich was getan oder nicht getan habe, wenn ich mich wie oder wie nicht verhalten habe?

- Wann bekam ich Aufmerksamkeit? Wenn ich mich wie verhalten habe, wenn ich was getan habe?

All diese Fragen sind sehr spannend, denn daraus kann man einiges ableiten, wie eben auch, welche Glaubenssätze man daraus gezogen hat. Zum Beispiel die Frage: Wann lobte sie mich? Nun kannst du dich fragen: Was tust du heute noch, um Lob zu bekommen? Kann es sein, dass du dich noch genauso verhältst? Oder: Wann und wofür wurdest du bestraft? Danach kannst du dich fragen: Was vermeide ich heute noch, was tue ich heute noch, um ja nicht bestraft zu werden? Oder: Wie und wo bekamst du Aufmerksamkeit? Was tust du heute noch, um Aufmerksamkeit zu bekommen?

Wenn du den Fragebogen zu deiner Mutter durchgearbeitet hast, stellst du dir genau die gleichen Fragen zum Vater und zu allen anderen wichtigen Bezugspersonen deiner Kindheit. Das können Großeltern, Pflegeeltern, Verwandte, Heimbetreuer, Nachbarn und so weiter sein.

Die eigene unbewusste Aufgabe in der Kindheit

Danach überlege dir, ob du in der Familie eine bestimmte Aufgabe hattest. Manche Kinder haben den unausgesprochenen Auftrag, der Mutter eine gute Freundin zu sein. Manche Kinder spüren zum Beispiel den elterlichen Auftrag, sich immer so zu verhalten, dass die Eltern stolz auf sie sein können, oder sie verspüren den Auftrag, zwischen Mami und Papi zu vermitteln, damit sie nicht so viel streiten. Wieder andere haben den Auftrag, Mami und Papi glücklich zu machen und so weiter. Denke doch einmal an bestimmte Situationen aus deiner Kindheit zurück, in denen du dich nicht so gut gefühlt hast, und überlege, in welcher Rolle du da gerade warst.

Typische Sprüche der Eltern

Dann überlege dir einmal, ob es irgendwelche typischen Sprüche von deinen Eltern gab, wie zum Beispiel: So wird nie etwas aus dir! Reiß dich zusammen! Sei kein Weichei! Du bist doch genauso wie Tante Emma! Du bist schuld, dass ich unglücklich bin! Wegen dir werde ich noch krank. Du bringst mich noch ins Krankenhaus! Warte nur bis Papa nach Hause kommt! Schau mal wie fleißig XY ist. Aus dir wird nie etwas! Und so weiter. Was waren so typische Sprüche und welchen Einfluss haben diese Sprüche heute noch auf dein Leben, auf dein Weltbild? Welcher Glaubenssatz ist daraus entstanden?

Merkmale der Beziehung deiner Eltern, die du übernommen hast

Betrachte einmal deine Partnerbeziehung heute im Vergleich zu der Beziehung deiner Eltern. Dann überlege, was typische Merkmale in der Beziehung deiner Eltern waren. Haben sie zum Beispiel viel gestritten, haben sie nebeneinander her gelebt, hat Mama bestimmt und Papa war ein schwaches Weichei, haben sich Mama und Papa getrennt?

Wenn du all das notiert hast, kannst du überprüfen, welche Glaubenssätze du daraus entwickelt hast, was sich daraus abgeleitet hat und was heute noch Auswirkungen in deinem Leben hat.

Kapitel 14

Schutzstrategien

Ich möchte dir an dieser Stelle etwas verdeutlichen, deshalb mache einmal kurz dieses Experiment für dich. Nimm einen deiner Glaubenssätze, die du bereits herausgefunden hast wie zum Beispiel: „Ich bin nicht gut genug, nicht liebenswert, muss mich aufopfern" oder Ähnliches.

Jetzt schließe deine Augen und sage dir zwanzig Mal diesen Satz. Nimm dabei wahr, wie sich das anfühlt. (Zum Beispiel: zwanzig Mal „Ich bin nicht gut genug")

Bitte mache das jetzt, bevor du weiterliest.

Wie fühlst du dich? Schlecht? Das, was du da gerade gefühlt hast, ist dein verletztes Inneres Kind. Dieses Innere Kind hat sich zum Schutz im Verlauf der Jahre Strategien entwickelt, um dieses Gefühl, welches du gerade bei dem kleinen Experiment gefühlt hast, nicht fühlen zu müssen. Das sind die sogenannten Schutzstrategien.

Im Folgenden erkläre ich dir einige Schutzstrategien und welche Glaubenssätze dazu gehören. Versuche einmal herauszufinden, welche Schutzstrategien du in deinem Leben verwendest, um dich vor dem schmerzhaften Gefühl des unwahren Glaubenssatzes zu schützen.

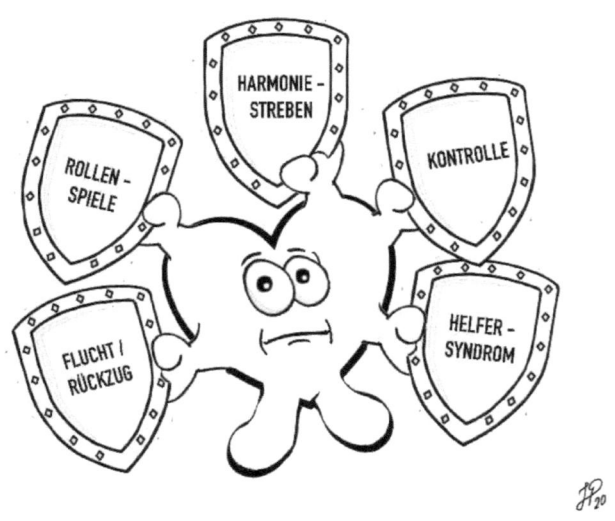

Überanpassung und Harmoniestreben

Bei dieser Strategie passt man sich „dem Frieden zuliebe" immer an. Man braucht Harmonie und tut alles, um einem Konflikt aus dem Wege zu gehen. Die negativen Glaubenssätze bei solchen Menschen sind: „Ich genüge nicht, ich muss lieb sein, ich muss mich anpassen."

Helfersyndrom

Hier bezieht man seinen Selbstwert oder sogar seinen Sinn im Leben daraus, sich für andere aufzuopfern. „Es gibt doch nichts Schöneres als anderen zu helfen!" Unter diesem Leitsatz ist man dann immer für alle da und gibt sich selber auf. Die große Lüge dahinter ist aber, dass diese Menschen nicht anderen helfen, um anderen etwas Gutes zu tun, sondern sie helfen, damit sie sich nicht schlecht fühlen, damit sie ihren Selbstwert aufbauen. Die Motivation dieser „Gutmenschen" ist nicht Nächstenliebe, sondern sie tun es für sich, um ihre eigenen Minderwertigkeitsgefühle nicht fühlen zu müssen. Glaubenssätze, die sie zu diesem (Schutz-) Verhalten zwingen, sind: „Ich muss helfen um liebenswert zu sein, mein Wert liegt im Helfen, ich genüge nicht, ich bin wertlos."

Kindsein

Das „ewige Kindsein" oder wieder zum Kind mutieren. Sich an andere Menschen „anlehnen", um von diesen durchs Leben geführt und beschützt zu werden (Partner, Freunde, Organisationen). Den „Pausenclown spielen", aber auch „quängeln" und eingeschnappt sein oder andere anhimmeln, sich nicht trauen eigene Entscheidungen zu fällen, jemanden brauchen, der einen führt, Schwierigkeiten haben Verantwortung zu übernehmen, andere über sich bestimmen lassen und Ähnliches, all diese kindlichen Verhaltensweisen gehören zu dieser Strategie. Die Glaubenssätze dahinter sind: „Ich schaffe es nicht alleine, ich bin klein und schwach, ich bin abhängig, ich genüge nicht."

Vermeidung, Flucht und Davonlaufen, Rückzug

Konfrontationen aus dem Weg gehen, Gesprächen, Kontakten, heißen Themen und Auseinandersetzungen ausweichen, deshalb gewisse Dinge lieber nicht tun, in Streitgesprächen oder harten Diskussionen davonlaufen, Dinge lieber alleine tun, sich Herausforderungen nicht stellen, ist alles Verhalten, das zu dieser Strategie gehört. Lieber alleine sein, wenn man im Außen überfordert ist, in die Einsamkeit flüchten, in Aktivitäten, Arbeit, Spiritualität, Sucht, Sport, Hobbys, Internet, Spiele usw. flüchten. Die Flucht in sich selbst, aber auch im Inneren seine Selbstwahrnehmung abschalten, um so nicht fühlen zu müssen. Die falschen Glaubenssätze dahinter sind: „Ich bin unterlegen, ich bin schwach, ich kann nicht vertrauen, ich schaffe es nicht, alleine sein ist sicherer."

Rollenspiele, Lügen, Tarnung

Leute, die zum Beispiel immer glücklich sind, nie Probleme haben und das auch ständig kundtun müssen. Jemand sein zu wollen, der man nicht ist, Rollenspiele wie „Everybody´s Darling", der immer Glückliche, der immer Coole, der immer Starke usw., wozu dann auch oft Lügen oder Halbwahrheiten gehören. Aufbau einer Scheinwelt, negative Tatsachen werden verdrängt oder schöngeredet.

Glaubenssätze hinter dieser Schutzstrategie sind: „Ich bin nicht liebenswert so wie ich bin, ich darf nicht ich sein, ich muss mich anpassen, ich bin wertlos so wie ich wirklich bin."

Kontroll- und Machtstreben

„Wenn ich kontrolliere und Macht habe, kann mir niemand weh tun". Dies ist die Motivation hinter dieser Strategie. Sich Dominanz und Überlegenheit zu schaffen sind wichtige Merkmale. Andere kleinhalten, kleinreden. Beharren auf sein Recht, dauernder aktiver oder passiver Widerstand und Aggressionen, um nicht die Kontrolle (Leading) zu verlieren, hart für seine Meinung kämpfen und mit narzisstischen Manipulationstechniken (vergleiche oben narzisstische Co-Abhängigkeit) seine Position durchzusetzen versuchen. Mauern, Opfer spielen, Schuldzuweisen, verbale und nonverbale Beschämungen, drohen, Eifersucht, Kontrollverhalten, Projektion usw. sind dafür gängige Verhaltensweisen. Die Glaubenssätze dahinter sind: „Ich muss alles im Griff haben, ich bin ausgeliefert, ich kann mich nicht wehren, ich komme zu kurz, ich kann niemandem vertrauen, ich genüge nicht."

Angriffsverhalten

Angriff und Aggression haben immer die Aufgabe, uns zu beschützen. Menschen mit dieser Strategie erleben in ihrer Wahrnehmung Feindbilder und Gefahren, wo keine sind, vor denen sie sich aber schützen wollen. Ihr Reptilhirn schaltet daher auf Angriff, der Verstand ist teilweise bis vollkommen ausgeschaltet. Sie sind in der Rebellion, haben Neigung zur Impulsivität, Wutrausch, Lautwerden und Herumschreien, sie werfen und zerstören Gegenstände, üben körperliche Gewalt aus, schlagen, treten, usw. Glaubenssätze dieser Menschen sind: „Die Welt oder die Anderen sind böse, ich komme zu kurz, ich bin nicht wichtig, ich werde übersehen, ich bin unterlegen."

Sucht nach Anerkennung und Perfektion

„Um geliebt zu sein, muss ich perfekt sein und darf keine Fehler machen (dann hat Mami mich lieb). Höher, schneller und besser ist ein wichtiges Motto von Menschen mit dieser Strategie. Seinen Selbstwert bekommt man, indem man perfekt ist und keine Fehler macht. Perfekt in dem, was man tut und wie man nach außen auf andere wirkt. Dazu gehört oft auch das Aussehen. Man darf keine Fehler oder Schwächen zeigen, die Verpackung im Außen muss glänzen und blenden, damit ja niemand die Fehler sieht, die man in Wirklichkeit hat. Glaubenssätze dazu sind: „Ich tauge nichts, ich genüge nicht, ich darf keine Fehler machen, ich bin schlecht, ich bin ein Versager."

Kapitel 15

Verbunden sein – mit mir selbst und mit anderen

Eine ebenfalls weit verbreitete Schutzstrategie ist das Vermeiden des Alleinseins aus Angst vor „Einsamkeit". Oft verwenden wir in der Alltagssprache die Worte „allein" und „einsam", um ein und dasselbe Gefühl zu beschreiben. Das ist aber eigentlich nicht richtig. Zwischen einsam und allein sein ist ein großer Unterschied. Man kann sich nämlich in einer riesigen Gruppe von Menschen einsam fühlen, obwohl man da nicht allein ist. Man kann auf der anderen Seite auch allein sein und sich dabei überhaupt nicht einsam fühlen.

Du fühlst dich einsam, du fühlst dich mit den anderen nicht verbunden. Dieses Gefühl von „nicht verbunden sein" hast du nur, wenn du mit dir selbst nicht verbunden bist. Du brauchst keine anderen Menschen um dich herum, um verbunden zu sein. Du kannst „all-ein" sein. Alles in einem, all das Komplette, das Vollkommene, das All-eins, das bist du. Du bist sowieso immer mit dem Universum verbunden, aber wenn du mit dir selbst nicht verbunden bist, wenn du dich selbst nicht fühlst, wenn dir der Bezug zu dir fehlt, dann fühlst du dich einsam.

Innere Verbundenheit

Das ist diese die innere Verbundenheit, wie es auch im Inneres Kind Konzept dargestellt wird. Es geht wie bei Yin und Yang um die Verbindung des Weiblichen und des Männlichen in uns. Das Kind symbolisiert das Weibliche, das Feine, das Emotionale, das Sein und der Erwachsene symbolisiert das Männliche, Rationelle, das Handeln. Die liebevolle Verbindung von diesen zwei Seiten, vom Weiblichen und Männlichen, von Yin und Yang, vom Kindesteil und vom Erwachsenenteil in uns, wenn das stattgefunden hat, wenn diese innere Verbundenheit da ist, dann fühlst du dich verbunden. Alleinsein ist ein wichtiger Faktor dafür, denn nur wenn ich mit mir allein bin, kann ich mir selbst begegnen und kann mich dann auch mit mir selbst verbinden.

Die innere Verbindung findet in der Regel in der Kindheit auf einer falschen Ebene statt. Das kleine Kind ist zunächst in dieser Verbindung mit seinem Universum, dem Mutterleib. Da wird es herausgerissen durch die Geburt, das Trauma. Darauf folgt dann diese Todesangst, „überlebe ich, überlebe ich nicht, keine Ahnung", und es muss zuerst auch lernen damit umzugehen. Weil es da eben alleine ist, sich einsam fühlt, entwickelt das Kind ein falsches Selbst - unser Ego.

Das Ego ist quasi ein zweites falsches Ich, das mich in meiner lebensbedrohlichen Einsamkeit beschützen will. So entsteht in den ersten Kinderjahren die Egobefriedigung als Schutzstrategie. Das Ego sagt zum Beispiel: „Wenn du mir wehtust, muss ich dir auch wehtun." Dadurch übernimmt das Ego die scheinbar starke und schützende Rolle eines lieblosen Erwachsenen.

Diese falsche Schutzstrategie ist die Verbindung vom lieblosen Erwachsenen zum verletzten Inneren Kind. In dieser inneren Verbindung fühlen wir uns einsam.

Der richtige Schutz wäre aber der liebevolle Erwachsene, der sich fürsorglich wie ein Rechtsanwalt für die Interessen und Bedürfnisse seines Kindes einsetzt, der sich für es stark macht, der sich vor das Kind hinstellt und sagt: „Ich sorge da draußen dafür, dass es dir gut geht". Es ist wichtig, dass dein Inneres Kind, der Teil in dir, das bekommt.

In unserer Metapher gesprochen, braucht es die Verbindung zwischen dir als liebevollen Erwachsenen und deinem Inneren Kind. Dieses kleine Mädchen, dieser kleine Junge, der einfach gesehen werden will, geliebt werden will, der seine Bedürfnisse hat, ernst genommen werden will, endlich auch Berechtigung haben will zu leben. Wenn da nur der rationelle, der leistungsorientierte Erwachsene ist, der alles rational erklärt, der immer sagt: „Wir müssen aber…", und das verletzte Kind, das nach Strategien funktionieren muss, weil es sonst nicht überleben kann, das anständig sein muss, fleißig sein muss, das sich aufopfern muss, das tun muss wie von ihm erwartet wird, das einem Image genügen muss und, und, und, dann kann kein Gefühl der Verbundenheit entstehen.

Deshalb ist es so befreiend, wenn du all das wegschmeißt, weil es völliger Blödsinn ist, echter Bullshit! Du brauchst das alles nicht. Fange stattdessen an mit dir in Verbindung zu treten, indem du dich selbst zum Beispiel über deine Gefühle wahrnimmst, indem du ganz bewusst auf deine Kern-Bedürfnisse achtest. Deine Lebensaufgabe Nummer eins, das Wichtigste überhaupt, ist es dafür zu sorgen, dass diese Bedürfnisse befriedigt werden. Jedes Tier tut das. Ein Tier tut nichts anderes in seinem Leben als seine Bedürfnisse zu befriedigen.

Innere Verbundenheit ist Voraussetzung für ein ehrliches Begegnen

Das Bedürfnis nach sozialer Verbundenheit gehört ebenfalls dazu, das ist nichts Negatives. Auch das haben viele Tiere genauso. Es gibt zwar auch Einzelgänger, aber die meisten Tiere sind Rudeltiere und als solche in Gruppen, in sozialen Gebilden drin. Aber diese soziale Verbundenheit, dieses soziale Miteinander ist erst dann ein ehrliches Miteinander, wenn ich mit mir selbst verbunden bin.

Wenn ich das nicht bin, brauche ich andere, um glücklich zu sein, um leben zu können. Das Wort „brauchen" beinhaltet immer auch ein „Missbrauchen", denn ich brauche jemanden, um bei mir einen Mangel aufzufüllen. Ich benutze die Gesellschaft eines anderen dafür, um diesen Mangel aufzufüllen, ich „missbrauche" ihn also. Wenn ich ohne ein „Brauchen" in soziale Gebilde hinein gehe, dann ist es ein ehrliches Begegnen. Natürlich wir sind soziale Wesen und es finden ständig soziale Interaktionen statt. Aber das richtige „sich verbunden fühlen" mit anderen ist erst dann möglich, wenn ich mit mir selbst verbunden bin.

All-ein sein

Um sich zu verbinden, das Innere Kind zu spüren, es wahrzunehmen, ist es wichtig, dass man auch immer wieder einmal allein ist. Man muss nicht zum Einsiedler werden, denn das wäre wieder in die andere Richtung Polarität. Aber einfach ab und zu allein sein, das heißt auch ohne Musik, ohne Tamtam, ohne irgendetwas.

Viele Leute können sich beispielsweise gar nicht irgendwo in der Natur auf einen Stein setzen und einfach einmal eine Stunde nichts tun. Es gibt Leute, die drehen da durch. Ich habe auch schon Leute im Retreat auf Gran Canaria gehabt, die fanden es dort viel zu leise. Ich fand es dort überhaupt nicht leise. Es gab dort Esel und Vögel und Autos, die vorbeifuhren. Aber es gibt wirklich Leute, die sagen, Ich halte die Ruhe nicht aus. Die brauchen ständig irgendetwas zur Ablenkung. All-ein sein heißt, alle Ablenkung weg, einmal nur für sich sein, und sich mit sich selbst, seinem Inneren Kind verbinden, denn das ist auch ein ganz wichtiger Teil.

Allein mit sich in der Natur sein, das kann eine sehr intensive, auch emotionale Erfahrung sein. Ich habe einmal ein schamanisches Ritual mitgemacht, bei dem sie dich irgendwo draußen in der Pampa in einen Steinkreis setzen. Du bleibst dort sitzen und weißt nicht, wie lange. Da versucht man sich auch zuerst abzulenken, Bäume zu zählen, sogar Blätter und Bäume zu zählen. So einen Scheiß habe ich gemacht, um mich irgendwie abzulenken. Irgendwie bist du, solange du dich ablenkst, nicht bei dir. Ich war zwar soweit ich sehen konnte der einzige Mensch im Umkreis, aber habe immer versucht irgendwie irgendwas zu machen. Bis es dann irgendwann kippt, und du gehst voll in dich hinein.

Wenn man an sich und den Programmen aus seiner Vergangenheit arbeitet und dabei emotionale und unter Umständen schwere persönliche Geschichten loslässt, kann es sein, dass das unangenehme Gefühle auslöst. Es ist verständlich, dass dann die Sehnsucht in einem hochkommt sich wieder in Gesellschaft mit anderen hinein zu flüchten.

Gerade in den gemeinsamen Ablöse-Übungen in meinen Seminaren ist diese Versuchung groß. Ich sage das dann auch den Teilnehmern: Nutze solche Momente um zu erkennen, dass du das selber kannst, dass du andere nicht brauchst. Das ist deine ganz eigene Geschichte, das ist dein Leben, deine Vergangenheit. Das ist deine Mutter, dein Vater, dein Ex-Partner, was auch immer du gerade loslässt - es ist dein persönliches Ding. Solche Momente, die machst du für dich alleine. Auch die Gefühle, die dazu gehören, selbst aushalten, damit selbst umgehen können. Wenn dann Gefühle wie zum Beispiel Einsamkeit oder Trauer hochkommen, dann gehe diesem Gefühl nach. Warum kommt dieses Gefühl? Aber sich nicht wieder in der Gruppe ablenken. Du brauchst die Gruppe nicht. Sonst bist du in einer Abhängigkeit. Das Brauchen ist wieder ein Missbrauchen. Werde stark genug und dann gehe wieder in die Gruppe.

Kapitel 16

Der Weg aus dem Leiden

In diesem Kapitel gebe ich dir die Lösung für sämtliche Probleme. Ich weiß, das klingt jetzt sehr hochgegriffen, wenn ich so etwas sage, aber das ist es nicht. Du bekommst wirklich die Lösung für sämtliche Probleme, jedoch weiß ich, dass sie bei vielen zunächst auf Widerstand stößt. Denn die Lösung für sämtliche Probleme liegt nicht irgendwo da draußen, sondern sie liegt wieder bei dir selbst. Du allein bist für dein Leben verantwortlich. Ich bin für meines und jeder andere ist für sein Leben verantwortlich. Es geht jetzt darum, dass wir uns von diesem Leiden, das uns das Leben unangenehm macht, befreien können.

Wodurch Leiden entsteht

Wodurch entsteht Leiden? Warum erleben wir Leiden? Es sind Gefühle wie Ängste, Wut, Trauer, Scham, Hass, Ohnmacht, Minderwertigkeit, Kleinheitsgefühle, eine Riesenpalette von Gefühlen, die in uns Leiden auslösen. Diese Gefühle sind es, die uns leiden lassen, sie sind Bestandteil des Leidens. Leiden entsteht aber nie durch die Dinge, die geschehen. Die schmerzhaften Gefühle werden nicht durch Realität, nicht durch Fakten ausgelöst, nicht durch wirkliche Ereignisse, durch Begegnungen, oder durch das was jemand sagt oder nicht sagt, was jemand tut oder nicht tut. Sondern dieses Leiden entsteht nur, wenn die Realität, die wir erleben, nicht unseren Glaubenssätzen entspricht, also einer „Scheinrealität", die wir selbst in unserem Kopf erschaffen haben. Leiden kommt also durch einen verwirrten Geist, durch einen Glaubenssatz, den wir haben: „So muss es sein. So ist die Realität. Das ist die Wahrheit." Wenn die Wahrheit da draußen aber eben eine andere ist als die, die wir im Kopf haben, das heißt, wenn diese zwei Realitäten nicht gleich sind, sondern sich unterscheiden, dann entsteht Leiden.

Ein Beispiel: Ich stelle mir vor, ich möchte nächsten Samstag eine Grillparty machen, lade meine besten Freunde dazu ein, bereite alles vor und freue mich schon. Ich habe ein Bild im Kopf, eine Vorstellung, einen Gedanken, dass das ein richtig toller Samstag wird. Die Sonne scheint, alle haben Spaß, essen Salate und Grillzeug. Jetzt wird es Samstag und die Wahrheit, die Realität ist: Es regnet vom Morgen bis in den Abend in Strömen.

Das ist die Realität. Genau so ist es. Jetzt haben wir zwei Bilder der Realität. Die eine Realität ist die, die ich im Kopf für mich kreiert habe. Es muss schön sein, es muss lustig sein, es muss toll sein, das ist ein Glaubenssatz. Diese Realität existiert nur in meinem Kopf. Die Wahrheit ist aber, es regnet in Strömen.

Die Tatsache, dass es in Strömen regnet, diese Wahrheit, ist an sich kein Problem, denn die Bauern und die Natur freuen sich wahrscheinlich darüber, dass es mal wieder regnet. Es ist nicht ein Problem, dass es regnet, sondern das Problem entsteht erst dann, wenn diese Wahrheit und meine Wahrheit im Kopf nicht zusammenpassen.

Das Nein zu dem was ist

Wenn ich jetzt sage, meine Wahrheit, die ich in meinem Kopf erschaffen habe, die muss sein - „Es kann doch nicht sein, dass es jetzt regnet!" – bedeutet das, ich sage nein zu der Wahrheit wie sie wirklich ist. Dann habe ich einen Konflikt, ich führe einen Krieg gegen das was ist. Ich sage nein zu dem was ist. Aus diesem Nein heraus entsteht mein Leiden. Solange ich nein sage zu dem was ist, werde ich leiden. Diesen Krieg gegen das was ist, habe ich schon verloren, bevor ich ihn begonnen habe. Den kann ich nie gewinnen. Das was ist, das ist, ob es mir passt oder nicht. PUNKT!

Das einzige Resultat aus diesem Krieg ist, dass ich leide. Dann habe ich all diese unangenehmen Gefühle, die ich oben aufgezählt habe. Das Problem ist also nicht, dass es regnet. Das Problem ist, dass ich eine andere Vorstellung im Kopf habe und deshalb nein sage. Damit sage ich im Prinzip: „Liebes Universum, es darf nicht so sein, wie es ist. Es muss so sein, wie ich das möchte. Das ist richtig, und das andere ist falsch. Nein, liebes Universum, es darf nicht regnen." Das Universum sagt darauf wahrscheinlich: „Ach, wie süß von dir. Seit 13,84 Milliarden Jahren manage ich den Laden hier. Jetzt kommst du kleiner Schnösel kurz vorbei und sagst mir, es müsse anders sein? Ha, ha, ha. Ich mache es so wie ich es für richtig halte und nicht so wie du meinst!"

Die Lösung für sämtliche Probleme

Die Lösung für sämtliche Probleme besteht darin, dass wir aus diesem Nein in ein Ja gehen. Die Lösung für sämtliche Probleme besteht aus zwei Buchstaben: J-A. Ich empfehle dir, folgenden Satz einzuüben: "Ja, genau so ist es". Wenn ich sage: „Ja, genau so ist es. Es regnet", dann akzeptiere ich was ist. Jetzt wendest du vielleicht ein: „Ich kann doch nicht einfach alles akzeptieren!" Doch, denn es bleibt dir gar nichts anderes übrig. Nochmals, das was ist, das ist, ob es dir passt oder nicht. Wenn du aufhörst gegen das zu kämpfen was ist, hört augenblicklich das Leiden auf. Dann fällt ganz, ganz viel Belastung von dir ab.

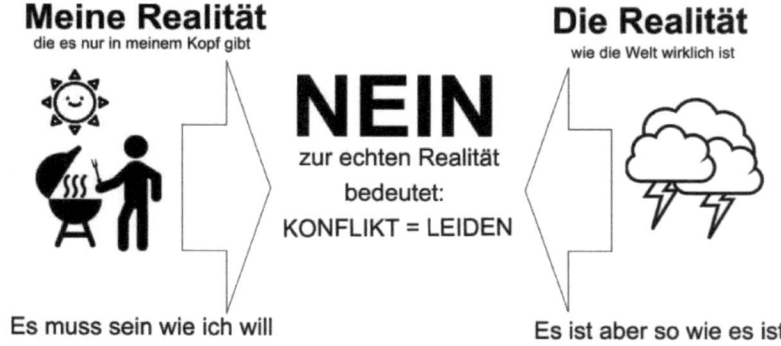

Meine Realität
die es nur in meinem Kopf gibt

NEIN
zur echten Realität
bedeutet:
KONFLIKT = LEIDEN

Die Realität
wie die Welt wirklich ist

Es muss sein wie ich will

Es ist aber so wie es ist

- Sie muss mich lieben
- Sie dürfen mich nicht entlassen
- Er darf nicht sterben
- Es darf nicht kaputt gehen
- Er darf nicht fremd genen

Die Lösung heißt:

JA
genau so ist es

- Sie liebt einen anderen
- Du bist entlassen
- Er ist gestorben
- Es ist kaputt
- Er geht fremd

Das was ist, das ist das Leben. Solange ich nein sage zu dem was ist, sage ich nein zum Leben. Dieses innere Nein zum Leben ist das was weh tut. Es ist das was unangenehm ist und mein Leiden auslöst.

Auch dieses Nein ist eine konditionierte Reaktion von uns, die wir in den ersten Lebensjahren erlernt haben. Wir haben nämlich in den ersten Lebensjahren genau diese Ablehnung erlebt. In diesen Momenten, in denen wir abgelehnt worden sind oder uns zumindest abgelehnt gefühlt haben, wollten wir das nicht mehr fühlen. Denn als Kind, als kleines Mädchen, kleiner Junge, beinhaltete das ja eine Todesangst: „Wenn ich abgelehnt werde, muss ich sterben." Daraus ist ein Nein zu dem entstanden was ist. Nein, ich will das nicht mehr. Ich muss mich anpassen, ich will das nicht mehr. Nein, nein, nein, nein.

So ist das Nein in uns entstanden, mit dem wir heute durchs Leben gehen. Dieses Nein ist es, das uns leiden lässt. Wenn wir hingegen sagen: „Ja, genauso ist es!", dann hört dieses Leiden auf. Das andere ist nur mein Gedanke, das existiert nur in meinem Kopf, das ist nicht die Realität da draußen. „Es muss schön sonnig sein für die Grillparty." Aber es regnet. „Sie muss mich lieben." Sie liebt aber einen anderen. „Er muss mir treu sein." Er geht aber fremd. „Sie dürfen mich nicht kündigen." Du bist aber gekündigt. „Er darf nicht sterben." Er ist aber gestorben. „Das darf nicht kaputt gehen." Es ist aber kaputtgegangen. „Das muss so sein." Es ist aber anders.

So gehen wir durch das Leben. Wir sagen uns immer, es muss so sein wie wir uns das im Kopf vorstellen, wie wir das möchten. Weil es aber anders ist und wir dazu nein sagen, darum leiden wir. Erst wenn ich in das Ja komme, in dieses „Ja, genau so ist es", erst dann kann ich weiterkommen. Denn jetzt kann ich zum Gestalter werden. Solange ich im Nein bin, bin ich Opfer, ich kämpfe. Im „Ja, genau so ist es" akzeptiere ich die Rahmenbedingungen, die Wahrheit, so wie sie jetzt ist.

Erst nach diesem Ja kann ich mich fragen: „Und was kann ich jetzt tun, damit es besser kommt? Was habe ich jetzt für Möglichkeiten?" Denn erinnere dich an das Reptilhirn: Bei den unangenehmen Gefühlen, die mit dem Nein verbunden sind, aktiviert es sich und du kannst keine Lösungswege suchen, weil du nicht mehr logisch denken kannst. Nach der Erleichterung durch das Ja übernimmt wieder der Verstand und du kannst neue Pläne schmieden.

Nur mit dem Ja kommst du ans Ziel

Verharrst du aber im Nein, kannst du niemals dein Ziel erreichen und glücklich sein. Angenommen ich möchte jetzt nach Japan fliegen. Mein Plan ist folgender: Ich gehe jetzt runter an die Straße. Da setze ich mich in die Tram. Mit dieser Tram fahre ich bis zum Hauptbahnhof. Da setze ich mich in die S-Bahn. Mit der S-Bahn fahre ich drei Stationen. Dann setze ich mich in die Regionalbahn und fahre bis zum Flughafen Berlin-Schönefeld. Vom Flughafen Berlin-Schönefeld fliege ich dann nach Amsterdam, und von Amsterdam habe ich einen Direktflug nach Japan. Genau so mache ich es.

Das ist mein Bild, denn ich denke, ich bin in Deutschland. Jetzt sagst du mir aber: „Moment einmal Dan. Die Wahrheit ist, du bist nicht in Deutschland. Die Wahrheit ist, du bist in Gran Canaria!" Ich sage: „Nein, ich bin hier, ich bin in Deutschland. Ich mache es genau so, wie ich es mir vorstelle. Genau so muss es sein." Du sagst: „Nein. Die Wahrheit ist, du bist auf Gran Canaria." Und so ist es auch, das ist die Wahrheit.

Solange ich dazu nein sage, werde ich niemals an meinem Ziel in Japan ankommen. Denn ich kann da unten solange auf die Tram warten, wie ich will. Es wird nie eine Tram kommen, weil die Wahrheit ist, da fahren keine Trams. Das ist einfach so. Genau so ist die Wahrheit.

Wenn ich jetzt sage „ja, genau so ist es" und akzeptiere, dass ich nicht in Berlin bin, sondern auf Gran Canaria, dann bin ich zwar erst einmal „ent-täuscht". Ent-täuschung heißt, das ist das Ende einer Täuschung. Meine Vorstellung war eine Täuschung und nicht die Wahrheit. Sobald ich die Wahrheit erkenne, ist diese Täuschung zu Ende. Aber erst jetzt, wenn ich das Ende der Täuschung und die Wahrheit akzeptiere, kann ich in den zweiten Schritt kommen und mich fragen: „Was kann ich jetzt tun, damit es besser kommt?" Was habe ich jetzt für Möglichkeiten? Okay, hier fährt keine Tram, aber hier fährt ein Bus, der fährt nach Las Palmas, und von Las Palmas gibt es einen Bus zum Flughafen Las Palmas. Vom Flughafen Las Palmas kann ich dann nach Amsterdam fliegen und von Amsterdam nach Japan. So komme ich an meinem Ziel an. Zuerst muss ich aber mein Bild, das ich im Kopf hatte, komplett revidieren. Denn das war einfach eine Täuschung.

Die Verneigung vor dem Schicksal

Darum ist dieses Ja zu dem was ist, ein Ja zu dem Moment hier und jetzt und eine sehr, sehr große Befreiung. Bert Hellinger, der Urvater des Familienstellens, sagte zum Beispiel, dass man sich gerade bei schwierigen, belastenden, unschönen Erlebnissen vor dem Schicksal verneigen soll. Wenn jemand stirbt, wenn ich betrogen, verlassen werde, wenn so etwas Unangenehmes, Schmerzhaftes passiert, und ich mich vor dem Schicksal verneige und damit die universelle Ordnung akzeptiere, dann beginne ich, den Schmerz loszulassen.

Am wirksamsten ist es, wirklich auf die Knie zu gehen, diese Bewegung physisch zu machen. Wenn du wirklich einmal etwas Schlimmes, Trauriges erlebst, mache diese Bewegung.

Verneige dich und sage: „Ja, liebes Universum, ja, liebes Schicksal. Ich akzeptiere, ich verneige mich vor dir. Es gibt etwas, das stärker, das mächtiger ist als ich, und das ist die Wahrheit. Davor verneige ich mich. Ja, genau so ist es." Auch wenn es dir in diesem Augenblick das Herz zerreißt, weil es so schmerzhaft ist, dann nimm auch das an und sage: „Ja. Es zerreißt mir jetzt gerade das Herz. Genau so ist es. Genau das ist die Wahrheit. Ich muss es nicht schönreden. Ich muss jetzt nicht diese Gefühle wegmachen. Genauso ist es im Moment. Jetzt ist es so richtig. Ich verneige mich vor dem was jetzt gerade ist. Was kann ich jetzt tun, damit es besser kommt?"

Der erste Schritt

Das was du jetzt tun kannst, ist nicht unbedingt die finale Lösung. Wenn dir so etwas Schlimmes passiert, heißt das, du musst irgendetwas tun, um zuerst wieder deine Füße auf den Boden zu kriegen, um dich irgendwie wieder zu festigen. Dich vielleicht zuerst zurückziehen, einfach ins Zimmer heulen gehen. Aber mache diesen ersten Schritt ganz bewusst. Denn das Wichtige daran ist: Wenn du nein sagst und Opfer bleibst, bist du dem was jetzt passiert, völlig hilflos ausgeliefert. Wenn du aber sagst: „Jawohl und genau so ist es", geht ganz viel Druck und Schwere ab. Die Situation ist deswegen nicht schön, aber es fällt viel Ballast ab und durch das "Was kann ich jetzt tun?" kommst du ins Handeln.

Du fängst an die Situation, die Rahmenbedingungen, ganz bewusst wieder als Gestalter in die Hand zu nehmen, du nimmst die Zügel wieder auf. Was ist der nächste Schritt, den ich jetzt tue? Das ist ein kleiner Schritt, wie ich immer empfehle. Es geht nicht von null auf hundert. Es geht darum, immer kleine Schritte zu machen, die aber kontinuierlich.

Das gilt auch in solchen Situationen. Was ist mein nächster kleiner Step, um da herauszukommen, damit es mir wieder besser geht? Was kann ich tun, damit es besser wird? Wie kann ich das, was jetzt gerade ist, annehmen und anfangen zu gestalten? Das ist die Lösung für sämtliche Probleme. Ja sagen können zu dem was ist. Man muss sich nicht mehr dagegen wehren. Es ist sinnlos, gegen etwas zu kämpfen das ist. Du leidest nur und bist blockiert.

Wenn es regnet, dann regnet es. Wenn dich jemand nicht liebt, dann liebt er dich nicht. Wenn jemand fremdgeht, ist er fremdgegangen und wenn jemand gestorben ist, ist er gestorben. Egal was du tust, höre auf dagegen zu kämpfen. Diesen Kampf hast du sonst verloren, bevor du ihn angefangen hast. Sag ja, genau so ist es.

„Ja, genau so ist es" im Alltag

Jetzt weiß ich natürlich, dass das alles schön und leicht erzählt ist. Das Umsetzen ist nicht immer so leicht, das kenne ich ja aus meinem Leben auch. Aber wir können das üben. Deshalb lade ich dich jetzt ein anzufangen, dieses „Ja, genau so ist es" in dein Leben zu integrieren.

Du weißt, Impulse laufen über Synapsen, wenn wir gewisse Dinge immer wieder wiederholen, werden sie zu einem Programm in unserem Kopf. Am einfachsten ist es, wenn man das mit simplen, unwichtigen, nicht so gravierenden Dingen tut. Wenn etwas Schlimmes passiert, ist es schwierig damit anzufangen, das zu üben.

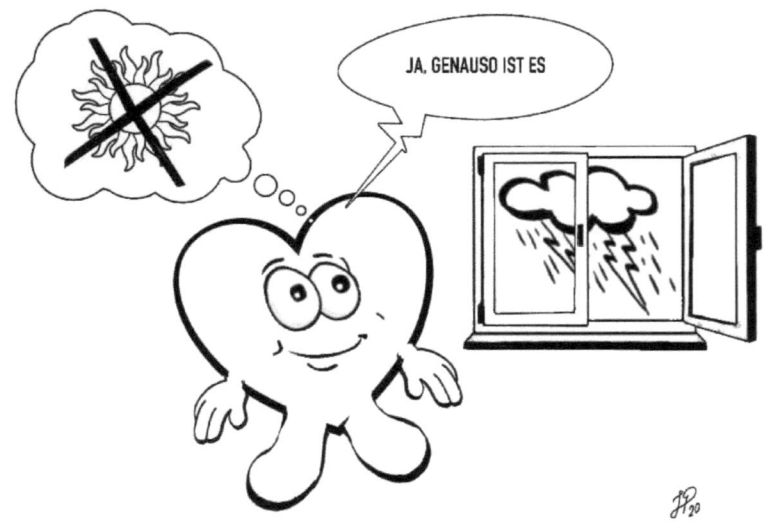

Fange deshalb ab heute einfach an, diesen Satz „ja, genau so ist es" in dein tägliches Denken, in deine alltägliche Sprache einzubauen. Wenn du die Kaffeetasse umgeschüttet hast, „ja, genau so ist es." Wenn deine Lieblingstasse zu Boden fällt und in tausend Stücke zerspringt, „ja, genau so ist es." Wenn dir der Zug direkt vor der Nase wegfährt, „ja, genau so ist es." Wenn du im Stau stehst, „ja, genau so ist es." Du kommst zu spät zum nächsten Meeting, „ja, genau so ist es." Dein Chef tickt aus. Das ist die Wahrheit, im Moment tickt er aus, „ja, genau so ist es." Dich beschimpft jemand, „ja, genau so ist es." Immer wieder diesen Satz gebrauchen, ihn in dein Leben integrieren, so dass es wirklich ein Bestandteil deines Denkens, deiner Philosophie wird, das anzunehmen was ist. Dazu lade ich dich ein. Wenn du das schon vielfach geübt hast und dann irgendwann wieder in eine Situation kommst, die schwieriger ist, dann wird es dir in einer solchen Situation leichter fallen, auch da ja zu sagen und dich vor dem

Schicksal zu verneigen. Vor dem was ist, vor dem Leben, vor der Realität, vor der Wahrheit. „Ja, genauso ist es, und was kann ich jetzt tun, damit es besser kommt?" Wenn du das in dein Leben integrierst, wirst du ganz viele Probleme aus deinem Leben verbannen.

Kapitel 17

Belastende und negative Gedanken stoppen

Den Denker an die kurze Leine bekommen

Wie kriege ich meine Gedanken an die kurze Leine, diesen Denker im Kopf, dieses kleine Arschloch, das in uns immer wieder diese negativen Gedanken auslöst und mit seiner Fernbedienung die entsprechenden unangenehmen Gefühle erzeugt? Wie kriegen wir den in den Griff? Ich habe es vorher bereits erläutert, dass du nicht dein Denker bist, sondern der Beobachter deiner Gedanken. Dein Denker ist das Resultat deines früheren Erlebens, das sind Programme im Unterbewusstsein, die da ablaufen.

Das Problem ist, dass dieser Denker die Fernbedienung für unsere Gefühle hat. Wenn ich einen Gedanken habe, der das Resultat meiner Glaubenssätze ist wie „ich bin nicht gut genug" oder „keiner mag mich" oder „das Leben ist hart", dann kommt der Denker, drückt auf die Fernbedienung und löst bei mir das passende Gefühl aus. Ich denke also „ich bin nicht gut genug" und gleichzeitig fühle ich mich auch nicht gut genug. Diese Kombination, der Gedanke und das Gefühl miteinander, wird zu meiner erlebten Lebenswirklichkeit. Ich glaube dann, dass es genauso ist, weil ich es ja selbst erlebe. Ich sehe dann auch Dinge, die passieren, die ich dann quasi so bewerte, die das Erleben bestätigen. Wie in dem Beispiel vom Kaffeeräumchen bei der Arbeit, in dem zwei Leute stehen und in dem Moment, als ich in das Räumchen komme, aufhören zu reden. Tatsache der Situation ist nur, dass sie aufhören zu reden, wenn ich reinkomme. Mein Denker sagt mir aber in diesem Moment: „Du störst, keiner mag dich." Er löst dazu das Gefühl von „ich bin nicht gut genug" aus. So erlebe ich die Situation in diesem Augenblick als Beweis: „Ich störe, ich bin nicht gut genug." Solche Gebilde produziert unser Kopf ständig und festigt durch die Wiederholung unsere Programme.

Dein Denker mit seiner Fernbedienung ist ein notorischer Lügner. Er nimmt irgendwelche Dinge, die da draußen passieren, und verbindet sie mit seinen Gedanken und seinen Gefühlen und dann sagt er: „Siehst du, das ist der Beweis, dass dies auch stimmt." Immer wenn ein negatives Gefühl mit einem Gedanken kommt, kannst du deshalb davon ausgehen, dass dieser Gedanke eine Lüge ist und nicht stimmt.

Die Lügen entlarven

Um ihn zu entlarven müssen wir anfangen, unsere Gedanken zu überprüfen. Wir müssen diesen Denker an die kurze Leine nehmen und schauen: Stimmt das? Ist das wirklich wahr? Auch wenn ich das jetzt gerade erlebe, weil ich es fühle, denke und sehe, dass sie aufhören zu reden. Stimmt diese Kombination? Ist es wahr, dass die jetzt aufhören zu reden, weil ich störe, weil ich nicht gut genug bin, nicht liebenswert bin? Wenn du anfängst, das zu überprüfen, wirst du feststellen, dass es nicht stimmt. Dass es eine Lüge ist, die aber so gut verpackt ist, weil du sie so erlebst, dass du einfach so gar nicht darauf kommst. Jedes Mal, wenn du eine Situation wieder so erlebst, laufen Impulse über Synapsen und dieses Programm "ich bin nicht gut genug, ich störe die Leute" wird besser und besser.

The Work von Byron Katie

Um das umzuprogrammieren und neu zu bewerten, dazu gibt es eine Technik. Diese Technik ist nicht von mir, die stammt von der amerikanischen Autorin Byron Katie. Die Technik heißt „The Work" und ist auf der ganzen Welt bekannt. Byron Katie hat diese Technik in ihrem Buch „Lieben was ist", das ist ihr Standard-Werk, beschrieben. Dieses Buch – es gibt es auch als Hörbuch - kann ich wirklich empfehlen, da es viele Dinge erklärt und anhand vieler verschiedener Fallbeispiele aus dem Leben zeigt, wie man diese Technik anwenden kann.

The Work ist eigentlich ganz einfach, auch wenn es am Anfang ein bisschen kompliziert erscheint. Meine Erfahrung ist, dass man am Anfang ganz bewusst The Work macht, das heißt diese Technik anwendet. Es dauert aber nicht lange und es dreht sich um, und The Work macht dich. Auch das wird mit der Zeit wieder ein Automatismus. Man fängt plötzlich an, alle seine Gedanken zu hinterfragen und merkt, was man den ganzen Tag eigentlich für einen Blödsinn denkt. Diese Erkenntnis bringt wieder unglaublich viel Entspannung und Frieden in dein Leben.

Katies Geschichte

Bevor ich detaillierter in The Work einsteige, möchte ich etwas zur Person Byron Katie berichten, da es hilft, den Hintergrund dieser Technik zu verstehen. Byron Katie befand sich Anfang der achtziger Jahre, im Alter um die vierzig Jahre, in einer riesengroßen Lebenskrise und war schwer depressiv. Nach zehn Jahren Abwärtsspirale mit Depression, Alkohol-, Drogen- und Esssucht wog sie über hundert Kilo und bewegte sich so gut wie nicht mehr aus dem Bett. Sie wurde schließlich in einem Haus für Frauen mit Essstörungen untergebracht. Byron Katie war aber so depressiv und hatte so starke Minderwertigkeitskomplexe, dass sie sich sagte, sie ist es nicht wert mit anderen Frauen in einem Zimmer zu leben, sie ist es nicht wert in einem Bett zu schlafen. Deshalb quartierte sie sich auf dem Dachboden dieses Frauenhauses ein und schlief dort auf dem Boden.

Eines Morgens - sie hatte panische Angst vor Kakerlaken - erwachte sie da auf dem Dachboden dieses Frauenhauses und sah, wie ihr eine riesige Kakerlake über den Fuß krabbelte. Normalerweise hätte sie jetzt eine Panikattacke bekommen. Aber Katie hat in diesem Fall keine Panikattacke, sondern ein Lachanfall bekommen, weil ihr genau in diesem Moment etwas bewusst geworden ist: Es sind nie die Dinge das Problem, sondern immer nur das, was ich darüber denke. Es ist nicht die Kakerlake das Problem, sondern nur, was ich darüber denke.

In der Folge hat sie angefangen all ihre Gedanken zu überprüfen. Ist es denn wirklich so, wie ich denke, dass es ist? Daraus ist ihre Technik „The Work" entstanden. Heute zieht Katie als ältere Dame noch immer rund um die Welt und verbreitet The Work und ist eine sehr sympathische, glückliche, in sich ruhende Frau, die wirklich in ihrer Mitte angekommen ist, weil sie einfach das Dumme, das Blöde, das Unwahre aus ihrem Leben ausgesondert hat. Katie sagt auch, wenn ein Gedanke mit einem unangenehmen Gefühl daherkommt, ist das wie ein Wecker. Der Wecker will dich wachrütteln. Hey, wach auf, das was jetzt gerade passiert, das was du denkst, stimmt nicht! Darum müssen wir die Gedanken überprüfen.

In wessen Angelegenheit bin ich gerade?

Wir denken so viel Müll in unserem Kopf und es schwirren so viele Unwahrheiten darin herum, dass wir, bevor wir überhaupt den Gedanken überprüfen, sortieren müssen, in wessen Angelegenheit wir jetzt gerade überhaupt sind. Katie sagt, es gibt drei Angelegenheiten. Es gibt meine Angelegenheit, es gibt deine Angelegenheit und es gibt die Angelegenheit vom lieben Gott oder Universum, wie du willst. Ob du, wenn du heute raus gehst, vom Auto überfahren wirst, darüber musst du dir zum Beispiel keine Gedanken machen. Du kannst den ganzen Tag drinnen sitzen und dir darüber Gedanken machen, wie gefährlich es auf der Straße, in der Stadt überhaupt ist, und dass du hoffentlich nicht vom Auto überfahren wirst. Du kannst dir den ganzen Tag und das ganze Leben mit dieser Angst kaputtmachen. Du kannst dir noch so viel darüber Gedanken machen, es wird so sein, wie es ist. Es ändert nichts, diese Gedanken sind völlig sinnlos. Wir machen uns oft über irgendwelche Dinge im Leben Gedanken, was alles so passieren könnte, und versauen uns damit das Leben. Katie sagt, das ist die Angelegenheit des lieben Gottes. Darüber musst du dir keine Gedanken machen. Es ist nicht deine Angelegenheit, sondern die Angelegenheit des lieben Gottes, sagt sie.

Zweitens machen wir uns ständig Gedanken über die Angelegenheiten von anderen. Wie sie sein müssen, was sie tun sollen, was am besten ist für sie, wie sie sich verhalten müssen auch uns gegenüber. Wir sind mit unserem Kopf ständig in den Angelegenheiten von anderen Menschen, aber auch darüber musst du dir keine Gedanken machen. Du musst dich nicht um die Angelegenheiten von anderen Menschen kümmern. Das Einzige, was du musst, ist dich um deine eigenen Angelegenheiten kümmern und da aufräumen. Getreu dem uralten Sprichwort zuerst vor der eigenen Türe kehren. Wenn jeder vor seiner eigenen Türe kehren würde, wäre es überall sauber. Nur um diese Angelegenheit musst du dich kümmern. Wenn du also gerade wieder in einem Gedanken bist, überprüfe einmal, wessen Angelegenheit das ist, in der du gerade drin bist. Wessen Angelegenheit ist das und was ist meine Angelegenheit in dieser Geschichte? Das ist ganz wichtig.

Kreiere ich gerade eine Geschichte?

Das zweite, worüber wir uns Gedanken machen müssen bevor wir überprüfen, sagt Katie, ist ob wir nicht gerade in einer Geschichte sind, die wir uns selbst zusammenspinnen. Dazu erzählt sie eine kleine Begebenheit. Sie war unterwegs und musste dringend auf die Toilette. Sie fand eine Damentoilette, die aber nur eine Kabine hatte, welche gerade besetzt war. Also wartete sie. Sie hörte, wie jemand spült, die Türe öffnet, und eine große, kräftige, stattliche Frau, stark geschminkt, kam aus dieser Kabine heraus. Singend ging die Frau Richtung Waschbecken und Katie dachte sich, was ist denn das für ein wuchtiges Weib? So groß, kräftig, stark geschminkt, richtiges Powerweib. Sie ging unterdessen in die Kabine und machte die Türe zu.

Als sie vor dem Klo stand, sah sie, dass die Klobrille rundherum nass war. Jetzt überlegte sie sich. Moment, eine große, kräftige, stattliche Frau, stark geschminkt, tiefe Stimme hatte sie auch. Ha, dachte Katie da, das war gar keine Frau, das war ein Typ! Und dieses Schwein geht in unsere Damentoilette, dieser Stehpinkler, und pisst uns das Klo voll! Während sie die Klobrille abputzte, damit sie ihr Geschäft erledigen konnte, wurde sie stinkesauer, bekam so einen Hals und fing schon an, sich Sätze zurecht zu rücken, was sie dann dem Typ da draußen noch alles erzählen würde, wenn sie den noch irgendwo träfe. Sie war schon voller Wut, in so einer Rage, voller negativer Emotionen, als sie ihr Geschäft erledigt hatte. Sie zog an der Spüle, das Wasser schoss von oben aus dem Spülkasten in die Schüssel, spritzte hoch - und die ganze Klobrille war wieder nass.

Katie sagt deshalb, wenn du einen Gedanken mit einem negativen Gefühl hast, überlege, ob du nicht gerade in einer Geschichte drin bist, die du selbst kreierst, und ob dich dieses negative Gefühl nicht wie ein Wecker wachrütteln will: Aufwachen! Du bist jetzt gerade in einem furchtbaren Albtraum drin, den du hier in deinem Kopf selbst zusammenbaust! Sind wir darin nicht oftmals verdammt gut? Kennst du das nicht auch? Wie oft kreieren wir uns Albtraum-Horrorszenarien in unserem Kopf, die rein gar nichts mit der Wahrheit zu tun haben? Deshalb müssen wir auch das überprüfen.

Also erstens, in wessen Angelegenheit bin ich gerade und was ist meine Angelegenheit in dieser Geschichte? Zweitens, kreiere ich jetzt gerade eine Geschichte, einen Albtraum in meiner Fantasie? Danach können wir anfangen, diesen Gedanken zu überprüfen.

The Work richtig anwenden

Es ist ganz wichtig, wenn wir mit The Work anfangen und es für uns noch ungewohnt ist, dass wir das schriftlich machen. Es gibt für The Work Arbeitsblätter von Byron Katie, die du auf ihrer Webseite kostenlos downloaden kannst und dir so viele davon ausdrucken, wie du möchtest (https://thework.com/instruction-the-work-byron-katie).
Mache am Anfang auf jeden Fall The Work schriftlich und nimm dir dafür Zeit. Wenn du am Tag immer wieder den gleichen Gedanken hast, der dich belastet, dann nimm dir am Abend bewusst eine halbe Stunde bis Stunde Zeit für dich und gehe diesen Gedanken Punkt für Punkt durch. Auch das ist eine Form von Psychohygiene.

Warum ist schriftlich und sich Zeit nehmen so wichtig? Du wirst merken, dass wenn du The Work ein paar Mal gemacht hast, du bereits wenn du anfängst, weißt, wo es enden wird. Die Gefahr ist, dass man sich dann sagt, ich weiß jetzt sowieso schon, was rauskommt, und es deshalb nicht macht. Wichtig ist, dass du es trotzdem machst, weil während du das Arbeitsblatt Punkt für Punkt durchgehst und alles aufschreibst, dein Gehirn damit intensiv arbeitet. Der Gedanke, den du am Überprüfen bist, läuft ja vorher ständig durch dein Gehirn. Es laufen Impulse über Synapsen und der Gedanke, dieses Programm, wird stärker und stärker. Was wir mit The Work machen ist, wir machen aus dem alten einen neuen Gedanken, indem wir ihn überprüfen. Während du nun jede einzelne dieser Fragen schriftlich durchgehst, laufen auch Impulse über Synapsen und so schreibt sich ein neues Programm. Wenn du dir dafür eine Stunde Zeit nimmst und dir diese Mühe machst, dann schreibt sich eine Stunde lang ein neues Programm. Wenn du aber sagst, das muss ich nicht machen, ich weiß ja, was rauskommt, passiert da oben nichts. Wenn du also etwas verändern willst im Gehirn, dann erinnere dich an das Experiment mit den Klavierspielern. Wenn man etwas gedanklich durchgeht, verändern sich die neuronalen Vernetzungen. Die Gehirnzellen vernetzen sich neu und es gibt ein Gegenprogramm, so dass sich das alte Programm auflöst bzw. weniger stark wird.

Es kann deshalb sein, dass es nicht reicht, wenn man The Work nur einmal macht, um das alte Programm umzuschreiben. Manchmal muss man es mit dem gleichen Gedanken mehrmals machen. Aber es lohnt sich. Denn angenommen, du machst es zehnmal, dann nimmst du dir zehn Stunden Zeit für den gleichen Gedanken. Dann gibst du dem neuen Programm zehn Stunden lang Energie durch deine Gedanken, Impulse laufen über Synapsen und das neue Programm wird stärker und stärker. Das ist Arbeit, darum heißt die Technik auch "The Work - die Arbeit", aber die Mühe lohnt sich.

Die vier Fragen von The Work

The Work basiert auf vier Fragen und drei Umkehrungen. Zunächst nimmst du deinen Glaubenssatz und beantwortest dazu die vier Fragen. Die vier Fragen lauten:

1. Frage: Stimmt das?

2. Frage: Kannst du mit absoluter, hundertprozentiger Sicherheit wissen, dass dieser Gedanke/Glaubenssatz stimmt, also die absolute Wahrheit ist?

3. Frage: Was ist und wie ist es in deinem Leben, wenn du diesen Gedanken oder Glaubenssatz weiter glaubst:

• Bringt er dir Stress oder Frieden in dein Leben?

• Welches Körperempfinden hast du, wenn du diesen Gedanken oder Glaubenssatz glaubst (Ruhe oder Unruhe, Druck im Bauch, Schultern, Kopf usw.)?

• Welche Gefühle erlebst du, wenn du diesen Gedanken glaubst? (Hierzu gibt es Gefühlslisten von Byron Katie im Download, die dir helfen können, deine Gefühle zu benennen.)

• Welche Süchte, Zwänge oder Blockaden zeigen sich? (Was musst du machen oder was kannst du nicht machen?)

• Wie gehst du mit anderen um, wie erleben dich die anderen? (Familie, Freunde usw.)

- Wie gehst du mit dir selbst um - wie behandelst du dich selbst, wenn du diesen Gedanken oder Glaubenssatz glaubst?

4. Frage: Wie würde sich dein Leben verändern, wenn du diesen Gedanken oder Glaubenssatz nicht mehr hättest?

- Wäre mehr Stress oder Frieden in deinem Leben?
- Was würde sich an deinem Körperempfinden verändern?
- Was würde sich in deinen Gefühlen verändern?
- Was würde sich bei deinen Süchten, Zwängen und Blockaden verändern?
- Wie würde sich der Umgang mit anderen Menschen verändern? Wie würden sie dich erleben?
- Was würde sich im Umgang mit dir selbst verändern?

Die drei Umkehrungen von The Work

Nachdem du die Fragen beantwortet hast, nimmst du deinen Gedanken oder Glaubenssatz und kehrst ihn ins Gegenteil.

Am Anfang ist es einfacher, wenn man The Work mit Glaubenssätzen zu anderen Personen übt wie „mein Partner muss..." oder „die Leute müssen...". Darauf ist auch das Arbeitsblatt abgestimmt. Es funktioniert aber auch mit Glaubenssätzen über uns selbst wie "ich bin nicht gut genug".

Nehmen wir das Beispiel: **„Ich bin nicht gut genug."**

1. Umkehrung: „Ich bin gut genug."

Suche Beispiele aus deinem Leben, wo dieser Satz stimmt. Suche Beispiele, wo du „gut genug" bist.

2. Umkehrung: „Andere sind nicht besser als ich."

Suche Beispiele aus deinem Leben, wo dieser Satz stimmt.

3. Umkehrung: „Ich bin besser als andere."

Suche Beispiele aus deinem Leben, wo dieser Satz stimmt.

Du wirst vielleicht nicht zu jedem Satz Beispiele finden, aber wie gesagt, dadurch dass du sie suchst und das Ganze durchgehst, bewertest du das alte Muster, den alten Glaubenssatz neu und so wird er schwächer und schwächer.

Nachdem du den Satz auf diese Weise einmal richtig analysiert hast, wirst du merken, dass dieser Satz gar nicht stimmt, weil es so viele andere Aspekte dazu auch noch gibt.

The Work bringt dir nicht DIE Wahrheit, DIE Lösung oder DIE Antwort, sondern es zeigt dir, dass es ganz viele Wahrheiten gibt. Wenn wir uns in einer Wahrheit festgebissen haben wie ein Hund im Stock und einfach nicht loslassen wollen, dann werden wir leiden. Wenn wir aber anfangen loszulassen und sagen, okay, ich schaue mir das einmal von ganz vielen Seiten an, dann können wir unseren Standpunkt verändern. Dann haben wir plötzlich eine ganz neue Sichtweise und können mit gewissen Situationen auch ganz anders umgehen.

Je öfter du deine Gedanken mit dieser Technik überprüfst und bewusst feststellst, dass sie nicht stimmen, desto weniger werden sie auftauchen, bis sie dann irgendwann ganz verschwunden sein werden. Diese Technik kann - und wenn du es wirklich ernst umsetzt, wird sie es - dein Leben komplett verändern. Es kann sein, dass es am Anfang ein bisschen hapert, aber irgendwann flutscht es. Bei mir war es auch so. Heute ist The Work ein fester Bestandteil meiner Art zu denken, und es ist wirklich eine riesige Freiheit, die mir dieses Denken schenkt.

Kapitel 18

Die drei großen Entscheidungen

Ich möchte dir auf deinen weiteren Lebensweg drei große Entscheidungen für ein glücklicheres und zufriedeneres Leben mitgeben. Wir müssen ständig Entscheidungen fällen: Kleinere wie welche Unterhose ziehe ich heute an, größere wie wie verbringe ich heute meinen Tag und ganz große wie wo arbeite ich und mit wem baue ich mein soziales Umfeld. Nun gibt es noch ganz große, wichtige Entscheidungen. Davon gebe ich dir drei mit.

Opfer oder Gestalter

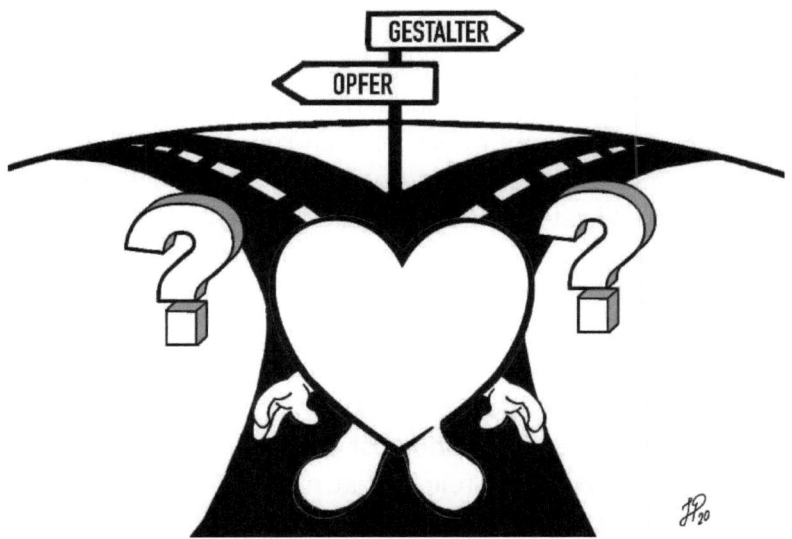

Die erste Entscheidung möchte ich anhand von einer kurzen Geschichte veranschaulichen, die ich früher immer in Business-Seminaren erzählt habe, darum ist sie ein bisschen Business-behaftet.

Stell dir vor, ich habe zwei Verkaufsgebiete, A und B. Wir gehen davon aus, dass Kundenzahl, potenzielle Kunden, Kaufkraft und solche Dinge in beiden Gebieten absolut identisch sind. Ich habe dazu zwei Verkäufer A und B. Außerdem habe ich ein Produkt, sagen wir, das kann alles was man im Haushalt so braucht: waschen, bügeln, kochen, staubsaugen - die Maschine macht das alles zuhause. Diese Maschine hat entsprechend auch ihren Preis und kostet 10.000 Euro. Ich bin Verkaufschef, schicke die beiden Verkäufer los und sage ihnen, dass ich von jedem eine Million Euro Umsatz bis Ende des Jahres erwarte.

Gegen Ende November lade ich sie dann zu Einzelgesprächsterminen und frage zunächst Verkäufer A: „Sag mal, wie lief dein Jahr?" Verkäufer A sagt: „Nicht gut. 800.000 Euro Umsatz kriege ich hin, eine Million schaffe ich nicht." Ich sage: „Okay, danke. Warum nicht?" Er antwortet: „Schau mal, es ist Wirtschaftskrise. Es ist schwierig, jetzt zu verkaufen. Die Leute haben einfach kein Geld. Die sitzen im Moment so auf ihrer Kohle und geben sie einfach nicht aus. Das Produkt kostet 10.000 Euro, das ist nicht wenig, es ist ein teures Produkt. Die Marketingabteilung hat Mist gebaut. Die Flyer und Prospekte, die die gedruckt haben, sind scheiße, das spricht die Leute nicht an, die verstehen das nicht." Er zählt mir ein paar Gründe auf, warum er die Million nicht schafft. Mit all diesen Punkten hat er recht. Es ist Wirtschaftskrise, das Produkt ist teuer, die Leute haben kein Geld, die Marketingabteilung hat nicht wirklich gute Arbeit geleistet. Es stimmt. Ich sage: „Okay, vielen Dank."

Dann spreche ich mit Verkäufer B: „Sag mal, wie lief dein Jahr?" Er sagt: „Nicht schlecht. 1,2 Millionen Euro schaffe ich." Ich frage erstaunt: „Wie das?" Er antwortet: „Schau mal, ich habe einen Kurs in Verkaufspsychologie besucht. Dann habe ich mir ein gutes Argumentationskonzept gemacht, wie ich vor den Kunden argumentieren kann, dann habe ich mir einen guten Routenplan gemacht, damit ich keine Leerläufe habe. Für meine Kundenbesuche habe ich mir selbst für hundert Euro einen Stapel kleiner Flyer drucken lassen, weil die von der Marketingabteilung nichts taugen, und überall, wo niemand zu Hause war, habe ich meinen Flyer in den Briefkasten geworfen. Des Weiteren habe ich dies gemacht und ich habe jenes gemacht."

Bemerkst du den Unterschied? Verkäufer A und Verkäufer B haben absolut identische Rahmenbedingungen gehabt. Dazu gehört: Wir haben Wirtschaftskrise, die Leute geben kein Geld aus, das Produkt ist teuer, Marketingabteilung hat Mist gebaut. Das sind alles Rahmenbedingungen. An den Rahmenbedingungen kann ich nicht wirklich viel ändern. Ich kann nicht einfach die Wirtschaftskrise wegmachen. Verkäufer A wurde Opfer von diesen Rahmenbedingungen und hat sein Ziel nicht erreicht. Verkäufer B hingegen hatte die gleichen Rahmenbedingungen. Aber er kam nicht auf die Idee, an den Rahmenbedingungen zu schrauben, sondern er hat sich die Eine-Million-Dollar-Frage gestellt. Das ist die entscheidende Frage im Leben. Es ist die entscheidende Frage, die böse gesagt, Verlierer von Gewinnern unterscheidet.

Diese Frage lautet: **Was kann ich jetzt tun, damit es besser kommt?** Das heißt, welche Möglichkeiten habe ich, was ist mein nächster Schritt? Wenn ich mir diese Frage stelle, bin ich nicht mehr Opfer der Rahmenbedingungen oder dessen, was jetzt gerade passiert, sondern ich werde

Gestalter dessen, was jetzt gerade ist. Ich fange an, das was jetzt gerade ist, zu gestalten. Egal was dir in deinem Leben passiert, egal wie schlimm es auch sein mag, es sind Rahmenbedingungen. Jetzt kannst du dich entscheiden: Möchte ich gerne Opfer sein davon? Dann gehst du unter. Oder du kannst dich fragen: Okay, was kann ich jetzt tun? Was habe ich für Möglichkeiten? Dann fange an den ersten Schritt zu tun und du wirst Gestalter. Der erste Schritt ist nicht unbedingt die finale Lösung. Darum geht es nicht. Es geht darum, dass du ins Handeln kommst. Als Opfer stehst du im Eck und wirst plattgemacht von dem was passiert. Als Gestalter kommst du ins Handeln. Dieses Prinzip kann man in allen Bereichen des Lebens anwenden, egal was Schlimmes passiert. Ich kann mich entscheiden, möchte ich als Gestalter oder als Opfer durchs Leben gehen.

Diese Denke kommt vom dritten großen Psychotherapeuten aus Wien, neben Sigmund Freud und Alfred Adler. Er heißt Viktor Frankl und hat die Logotherapie entwickelt. Viktor Frankl war Jude und war im Zweiten Weltkrieg in Auschwitz und anderen Lagern. Er hat sich damals gesagt: „Ihr könnt mit mir machen und tun, was ihr wollt. Ihr könnt mir nehmen, was ihr wollt, meine Familie, mein Vermögen, meine Gesundheit, ihr könntet mir sogar mein Leben nehmen. Aber eines könnt ihr mir nicht nehmen: wie ich darauf reagiere. Ich werde nie Opfer hiervon werden. Da weigere ich mich." Wenn man seine Geschichte liest, das Konzentrationslager und das alles, das war ein Albtraum!

Aber er hat es psychisch völlig gesund überstanden. Weil er sich gesagt hat, ich weigere mich, Opfer dessen zu werden, was hier passiert. Ich bleibe Gestalter. Ich entscheide, wie ich darauf reagiere, was da passiert. Aus dieser Geschichte heraus ist die Logotherapie, eine Psychotherapieform, entstanden.

Das gleiche Prinzip sieht man auch heute bei tibetischen Mönchen, die mehrere Jahre lang in Chinesischer Gefangenschaft sind und dann freigelassen werden. Ich habe einmal ein Interview mit solch einem Mönch gesehen. Man hat ihn gefragt: „Was war deine größte Angst in den Jahren, in denen du jeden Tag gefoltert worden bist?" Der tibetische Mönch hat gesagt: „Meine größte Angst war, dass ich den Respekt vor diesem Menschen verliere, der mich da jeden Tag foltert." Das ist Größe. Ich weiß nicht, ob ich das hinkriegen würde, wahrscheinlich nicht. Aber durch diese Einstellung, ich werde nicht zum Opfer, ich bin kein Opfer, ich weigere mich Opfer zu sein, kam der Mönch gesund aus dieser Situation heraus.

Darum ist das eine ganz, ganz wichtige Entscheidung. Wie gesagt, die kann man in seinem Leben treffen, auch wenn es einmal wirklich scheiße ist. Es gibt viele Dinge im Leben, die sind nicht schön. Ich sage auch nicht, dass man sich darüber freuen muss, wenn unschöne Sachen passieren, aber ich kann mich entscheiden, was ich damit tue. Entscheide ich mich jetzt Opfer zu sein, dann klatscht es mich an die Wand, dann liege ich flach. Da wieder herauszukommen, ist schwierig. Oder ich sage, nein, ich weigere mich Opfer zu sein. Was kann ich jetzt tun, damit es besser kommt?

Möchtest du als Opfer oder möchtest du als Gestalter durch dein Leben gehen? Das ist die erste große Entscheidung, die ich dir mitgebe. Dass das nicht immer von Anfang an zu hundert Prozent so funktioniert, ist mir auch klar. Auch das muss man lernen. Wenn man jetzt vielleicht schon ein Leben lang als Opfer durchs Leben gegangen ist, kann man trotzdem jederzeit im Leben den Blinker stellen, nächste Ausfahrt nehmen und einfach wirklich einmal in eine neue Richtung fahren. Dann kann man sagen, nein, jetzt möchte ich nicht mehr Opfer sein, jetzt möchte ich Gestalter werden.

Auch wenn es dir nicht immer hundertprozentig gelingt, macht das nichts, bleib dran. Du weißt ja, Erfolg ist gekürt auf vielen Misserfolgen. Es kann sein, dass es dir von zehn Versuchen nur einmal gelingt, nicht Opfer zu sein. Okay, passt, du bist auf dem richtigen Weg, bleib dran. Es wird immer besser. Erfolgreiche Leute gehen diesen Weg. Also mache dich nicht fertig, wenn das jetzt nicht das erste Mal funktioniert. Bleib einfach dran. Weigere dich aufzugeben. Weigere dich Opfer zu sein. Das gilt für alles, was wir tun. Es wird nicht alles von Anfang an sofort funktionieren. Wie gesagt, irgendwann konntest du laufen. Irgendwann wird auch das funktionieren. Diese Erfahrung hast du schon öfters gemacht.

Recht haben oder glücklich sein

Die zweite große Entscheidung ist: Willst du recht haben oder glücklich sein? Unser größter Feind ist unser EGO. Das EGO will immer recht haben. Wir fangen deshalb manchmal an für Dinge zu kämpfen, die absolut unwichtig sind. Das EGO hat oft Mühe damit, ja zu sagen zu dem was gerade ist. Es sagt: „NEIN, so darf es nicht sein, es muss so sein wie ich es will".

Daher rate ich dir nochmals: Höre auf, gegen das zu kämpfen was ist, egal wie schlimm es auch sein mag. Sag „JA, genauso ist es" und „was kann ich jetzt tun, damit es besser kommt?" Wenn es Situationen gibt, in denen es dir schwer fällt ja zu sagen, dann frage dich: „Möchtest du jetzt Recht haben oder lieber glücklich sein?" Das ist eine Entscheidung - deine Entscheidung. Was ist dir wichtiger?

Leben ist eine begrenzte Ressource. Der durchschnittliche Mensch lebt 650.000 Stunden. Möchtest du am Ende deines Lebens sagen können „alles scheiße, aber ich habe recht gehabt" oder möchtest du sagen „ich habe ein glückliches Leben gelebt und habe immer das Beste daraus gemacht"? Es ist in jedem Moment deine Entscheidung. Möchtest du Recht haben oder lieber glücklich sein?

Schützen oder lernen

Wir leben in einer Zeit der Veränderung. Du hast dieses Buch bis hierher gelesen, weil du etwas in deinem Leben verändern willst. Somit ist es Zeit für die dritte große Entscheidung.

In unserer Kindheit und Vergangenheit hat unser Unterbewusstsein die Programme entwickelt, nach denen wir heute funktionieren, die bestimmen wie wir uns entscheiden, was wir glauben, was nicht, und wie wir unsere Lebenswirklichkeit wahrnehmen. Unsere Glaubenssätze und unsere Schutzstrategien hat das Unterbewusstsein aus einem einzigen Grund gebildet: um uns zu schützen, weil wir in der frühen Kindheit in einer absoluten Abhängigkeit waren und uns, um zu überleben, anpassen mussten.

Ganz viele dieser früheren Schutzstrategien wirken und steuern heute noch unseren Alltag. Die meisten sind jedoch gar nicht mehr notwendig, weil wir heute wissen, dass unser Leben nicht gefährdet ist. Wenn wir als Kind Ablehnung erleben, löst das eine Todesangst aus, weil das Kind weiß, dass es alleine nicht überlebensfähig ist. Wenn du heute als Erwachsener von jemandem Ablehnung erlebst, ist das keine lebensbedrohliche Situation mehr, aber dein Unterbewusstsein reagiert immer noch so. Daher tun wir noch heute ständig Dinge, um ja von niemandem Ablehnung erleben zu müssen. Dieses Verhalten ist ein unbewusster, automatischer Schutz.

Die große Entscheidung, die du nun fällen darfst, ist: Willst du dich immer noch schützen und somit Gefangener deiner Programme sein, oder willst du lernen, das heißt diese Programme hinterfragen und überprüfen? Das ist eine Entscheidung zwischen Gefangenschaft und Freiheit. Schützen oder Lernen.

Das I Love Me Prinzip gibt dir alle Werkzeuge, um dich auf „eigentherapeutische" Art und Weise von alten Mustern wie Blockaden, Ängsten, Süchten und Zwängen zu befreien. Es zeigt dir, wie du deine eigenen Programme erkennen und danach auflösen kannst.

Es zeigt dir zunächst, wie du alte, belastende Gefühle erkennst, und dann, wie du an die Wurzeln und Ursachen dieser Gefühle herankommst und sie auflösen kannst. All das ist mit „Lernen" gemeint. Lernen heißt, neue Wege gehen und sich aus den alten Verstrickungen und Verwicklungen zu „ent-wickeln". Das nennt man „Persönlichkeitsentwicklung". Tausende Menschen sind diesen Weg schon gegangen. Ja, es braucht etwas Aufwand, genau du musst etwas tun. Und ja, es braucht auch etwas Zeit.

Denn die Programme, die du nun ein Leben lang eingeübt hast, sind nicht einfach von heute auf morgen verändert. Aber der Lohn, den du bekommst, ist deine Freiheit, so dass du endlich dein eigenes Leben leben kannst. Wie entscheidest du dich? Willst du dich weiter schützen oder bist du bereit zu lernen?

Kapitel 19

Der wichtigste Mensch in deinem Leben

Du bist der wichtigste Mensch in deinem Leben. Das sage ich nicht, weil ich das sagen muss, damit du dich gut fühlst, weil du für dieses Buch bezahlt hast, sondern weil es so ist. Es gibt nichts Wichtigeres als dafür zu sorgen, dass es dir gut geht, dass deine Bedürfnisse ernst genommen und erfüllt werden. Auch wenn wir in der Kindheit alle das Gegenteil gehört haben: "Nimm dich nicht so wichtig." Wir haben über Sprüche wie: „Was denken bloß die Nachbarn?!" gelernt, dass andere wichtiger sind als wir. Es ist also wichtiger, dass die Nachbarn gut denken, als das, was du fühlst, was dir wichtig ist. Wir lernen also, es ist viel, viel wichtiger, was die anderen denken, und das ist Blödsinn. Das stimmt nicht.

Ich sage nicht, dass man egoistisch und böse und rücksichtslos gegenüber anderen sein muss. Man kann schon Rücksicht nehmen. Ich muss nicht nachts um zwei Uhr die große Techno Party machen. Ich kann schon auf die Nachbarn Rücksicht nehmen und in der Nacht ruhig sein. Aber darüber darfst du nicht vergessen: Der wichtigste Mensch, der allerwichtigste Mensch in deinem Leben, das bist du.

Es darf kein Tag vergehen, an dem du deinem wichtigsten Menschen nicht irgendetwas Gutes tust. Hey, es ist dein Leben, deine 650.000 Stunden! Wie gesagt, davon haben wir zwar schon einige durch, aber ein bisschen ist noch da, und das soll richtig schön sein, das soll toll sein. Das ist deine Verantwortung.

Es ist deine Aufgabe, dafür zu sorgen, dass dein Leben schön ist, dass es dir gut geht. Dass du dir die Rosinen aus dem Leben rauspickst. Du bist es wert, weil du ein wertvolles göttliches Wesen bist, weil du ein Wunder bist, weil du perfekt bist, so wie du bist. Egal was man dir jemals eingeredet hat oder versucht hat dich zu lehren. Das ist eine Lüge gewesen. Du bist der wichtigste Mensch. Wenn du anfängst, für dich zu sorgen, wenn du anfängst, dafür zu sorgen, dass es dir gut geht, wenn du dich in deine Mitte bringst und liebevoll mit dir selbst umgehst, dann wirst du zur Bereicherung für diese Welt, weil du dann mit einem

Strahlen und mit einem lachenden Gesicht durch die Welt gehst.

Denn nochmals: Menschen, die in ihrer Mitte sind, Menschen, die glücklich sind, Menschen, die zufrieden sind, die führen keine Kriege. Die führen keine Kriege auf Schlachtfeldern, die führen keine Kriege in Firmen wie Mobbing, die führen keine Kriege in Familien. Nur unzufriedene Leute, die nicht auf sich aufpassen, müssen Kriege führen. Du aber kannst dafür sorgen, dass du alles hast, dass du in Fülle lebst, denn du sollst in Fülle leben. Es ist die Idee des Lebens, dass du in absoluter Fülle lebst, denn es ist genug für alle da. Für die Gier ist zu wenig da. Ich rede nicht von Gier. Aber man braucht gar nicht so viel, um glücklich zu sein.

Fragereise über die Beziehung zu dir selbst

Du bist der wichtigste Mensch und darum ist es wichtig, auch einmal hinzuschauen: Was für eine Beziehung, was für ein Verhältnis, was für einen Bezug habe ich eigentlich zu diesem wichtigsten Menschen in meinem Leben? Wie sehe ich den? Wie erlebe ich den?

Dazu kannst du eine kurze Fragereise machen, die du dir gesprochen als MP3 von unserer Website herunterladen kannst (www.iloveme.one). Du kannst dir den folgenden Text selbstverständlich auch selbst auf Band sprechen und dir dann vorspielen. Wichtig ist, dass du den Text abspielen und dazu die Augen schließen kannst. Das ist keine große Meditation, sondern einfach ein kurzes nach innen gehen und sich ein paar Fragen stellen.

Meditation:

Schließe deine Augen und atme einmal tief ein und aus, so dass du jetzt mit dem Fokus gegen innen gehst. Wenn du magst, kannst du deine innere Führung, deine innere Stimme, dein höheres Bewusstsein bitten, dich auf dieser Reise zu begleiten. Bei den folgenden Fragen, die ich dir stelle, grübele nicht, sondern beobachte einfach ohne Anstrengung das was auftaucht in deinem Bewusstsein an Gedanken, an Bildern und Gefühlen.

Die erste Frage ist: Welches Verhältnis habe ich zu mir selbst? Wie gehe ich mit mir selbst um? Gehe ich liebevoll, sanft und tolerant mit mir um? Bin ich mir selbst der beste Freund? Oder eher der größte Kritiker? Welche Eigenschaften und Eigenarten an mir mag ich überhaupt nicht. Was hasse ich sogar an mir? Was ärgert mich am meisten an mir selbst und an meinem Leben? Zu was genau an mir, sage ich nein? Und wo wäre ein Ja sehr, sehr befreiend?

Dann frage dich: Was bedaure ich in meinem Leben? Was sind die größten Fehler, die du glaubst bisher gemacht zu haben? Wofür kritisierst du dich, machst du dich klein?

Lausche einfach, welche Gedanken zu diesen Fragen auftauchen.

Welche Beziehungen, welchen Kontakt, welche Erfahrung mit anderen Menschen habe ich mir selbst bis heute noch nicht vergeben? Was würde ich am liebsten ungeschehen machen? Wozu sage ich heute noch innerlich nein? Und wozu dürfte ich einfach „ja, genau so ist es" sagen, „genau so war es, und was kann ich jetzt tun"? Vielleicht gibt es auch Dinge, die dir heute noch peinlich sind. Frage dich einmal: Wofür schäme ich mich, wenn ich daran zurückdenke? Was denke ich über mich selbst? Für welch einen Menschen halte ich mich wirklich? Mit wieviel Anstrengung gehst du durchs Leben, weil du glaubst, dass du besser werden musst und jetzt noch nicht gut bist? Wie viel Druck machst du dir und wieviel Lebenszeit vergeudest du mit Anstrengung, weil du glaubst, noch nicht richtig, noch nicht gut zu sein?

Um die Gedanken und Bilder, die dir bei dieser Fragereise gekommen sind, schriftlich festzuhalten, kannst du dir ein Arbeitsblatt mit den Fragen von unserer Webseite herunterladen, auf dem du dir gleich nach der Fragereise ein paar Notizen machen kannst. So kannst du auch zu einem späteren Zeitpunkt immer wieder nachschauen, ob da nicht auch ein paar altbekannte Programme zu entdecken sind.

Wenn du dich mal wieder selbst bei deinem alten Programm ertappst...

... dann sei freundlich mit dir. Du tust das, weil du ein Programm hast und nicht, weil du schlecht bist. Dieses Programm hast du dir einstmals angelernt, weil dein Unterbewusstsein glaubt, dass es durch dieses Programm überleben kann. Wenn du immer wieder in Situationen reinläufst, in denen du bestimmte Dinge tust, die du gar nicht tun willst, oder dich bei selbstverurteilenden Gedanken erwischst, dann verurteile dich nicht dafür.

Schreibe die Dinge auf (zum Beispiel „ich bin minderwertig"), und dann machst du The Work: Ist es wirklich wahr? Stimmt das, kannst du mit absoluter Sicherheit wissen, dass du deshalb ein minderwertiger Mensch bist, nicht liebenswert, weil du dies und das tust oder nicht tust, oder dies und das nicht kannst, weil du dich so und so verhalten hast? Kannst du das mit absoluter Sicherheit wissen? Kannst du nicht. Was ist aber, wenn du das glaubst? Wie geht es dir? Was ist in deinem Leben, wenn du glaubst, dass du minderwertig bist? Was wäre, wenn du diesen Gedanken „ich bin minderwertig" nicht mehr hättest? Und dann drehe den Satz „ich bin minderwertig, (weil ich das und das gemacht habe)" um: „Ich bin ein wertvoller Mensch, ich bin nicht minderwertig." Stimmt der Satz auch? Ja, du bist ein wertvoller Mensch. Welche Situationen gibt es, in denen du ein wertvoller Mensch bist? Schreibe mindestens drei davon auf. Das Gefühl „ich bin minderwertig", das ist eine Lüge. Der Glaubenssatz „ich bin minderwertig" hat nichts mit der Wahrheit zu tun, er stimmt nicht.

Lieblose Dialoge

Das Problem ist, dass wir ständig lieblose innere Dialoge mit uns führen, dass wir uns selbst missbrauchen. Das heißt, dass wir unser Inneres Kind missbrauchen mit diesen lieblosen, bösartigen inneren Dialogen wie zum Beispiel: „Du zählst nicht. Du verdienst es nicht, das oder jenes zu tun, was du gerne tun möchtest. Es kommt nicht darauf an, was du willst, es ist viel wichtiger, was er oder sie will. Mach bloß keine Schwierigkeiten! Ziehe einfach mit. Verletze ihn nicht, das kann er nicht vertragen. Gib einfach nach, das ist viel einfacher." Oder wir denken: „Lüge doch einfach. Tue einfach, was von dir erwartet wird. Es kommt wirklich nicht darauf an, was du gerne möchtest." Wir denken Dinge wie: „Du bist ein schlechter Mensch, du solltest dich schämen!" Oder wir glauben: „Du bist selbstsüchtig. Was glaubst du eigentlich, wer du bist?" Das sind solche Gedanken, die wir uns denken. „Stell ich nicht so dumm an! Du bist einfach ein Idiot", denkt es ab und zu in unserem Kopf. „Du wirst nie gut genug sein. Du wirst es nie richtig machen. Du bist hässlich. Du wirst niemandem gefallen, du siehst so scheiße aus. Halt einfach den Mund", sind so Gedanken, die wir da denken. So reden wir mit uns selbst: „Es ist immer alles deine Schuld" oder „das kannst du nicht, dazu bist du nicht fähig." So oder ähnlich klingt es immer wieder in unseren Köpfen von unserem Kritiker. Wir dürfen anfangen, das zu hinterfragen. Dabei werden wir feststellen, dass das alles Glaubenssätze sind, die nicht stimmen.

Liebevolle Dialoge

Wir dürfen stattdessen anfangen, liebevoll mit uns umzugehen und liebevolle Dialoge mit uns zu führen. Wie könnte so ein liebevoller Dialog aussehen? Ein liebevoller Dialog könnte zum Beispiel sein: „Ich bin toll." Oder vor dem Spiegel: „Du siehst toll aus!" Oder: „Das war wirklich kreativ von mir." Am Abend, wenn du von der Arbeit nach Hause kommst, kannst du dir selber sagen: „Weißt du, ich habe heute hervorragende Arbeit geleistet." Es ist vollkommen in Ordnung, wenn du dich selbst bestätigst. Du darfst dir sagen, dass du toll bist. Du darfst deine Bedürfnisse wichtig nehmen: "Was mir wichtig ist, das ist wirklich wichtig. Ich habe Gutes verdient." So könnte ein innerer Dialog ausschauen: „Ich bin für seine oder ihre Gefühle nicht verantwortlich. Ich muss weder aufgeben, noch muss ich nachgeben. Ich darf mich dafür einsetzen, das zu bekommen, was mir guttut. Ich darf und kann glücklich sein, ganz egal, was geschieht. Ich muss nicht gewinnen, ich kann auch einfach Spaß haben. Es ist in Ordnung, wenn ich meine

Gefühle und meine Bedürfnisse ernst nehme. Es ist in Ordnung, etwas zu riskieren und Neues auszuprobieren, und es ist auch in Ordnung, andere um Hilfe zu bitten. Wenn andere mich verurteilen, dann ist das deren Problem. Deren Urteil ist immer ihre subjektive Wahrnehmung, das hat mit mir gar nichts zu tun. Ich muss das nicht persönlich nehmen, wenn sich jemand über mich aufregt, ich bin ein liebenswerter Mensch. Ich bin ein guter wertvoller Mensch."

Die Gegenargumente deines Kritikers

So oder ähnlich könnten Dialoge ausschauen, die wir mit uns führen können. Den einen oder anderen Satz kennst du vielleicht und sagst ihn dir schon, das ist gut. Aber andere fühlen sich vielleicht fast ein bisschen befremdlich an, wenn man so etwas zu sich sagt wie: „Du siehst gut aus." „Dabei sehe ich doch so scheiße aus", denkt es dann sofort da oben im Kopf. Oder: „Du bist ein liebenswerter Mensch." „Ach, komm, wir wissen doch beide", sagt dann die Stimme da oben, „was für eine Pfeife du bist." Der Kritiker im Kopf kommt dann sofort in die Gegenwehr.

Er hat ganz viele Argumente, warum er glaubt recht zu haben und um zu beweisen, dass du schlecht bist, dass du verkehrt bist, dass du wertlos bist, dass du mangelhaft, unzulänglich, nicht liebenswert oder vielleicht sogar eine Last bist. Er hat Beweise, dass du unwichtig bist oder dass du einfach nicht gut genug bist. Im Download-Bereich unserer Webseite findest du eine Liste solcher typischer Argumente des Kritikers. Darauf kannst du ankreuzen, worin du deinen Kritiker wiedererkennst und Eigenes ergänzen. Typische Beispiele sind: „Ich bin zu groß" oder „ich bin zu klein, ich bin zu mager, ich bin zu fett. Ich bin hässlich und unscheinbar. Ich bin nicht intelligent genug, ich bin zu dumm, ich bin zu intelligent. Ich bin nicht kreativ genug. Ich bin humorlos, ich verdiene nicht genug Geld. Ich fahre kein schönes Auto. Ich bin zu schüchtern, ich bin zu aggressiv. Ich bin zu zerstreut. Ich mache zu viele Fehler" und so weiter und so fort.

All diese Gründe, die beweisen sollen, dass du ein schlechter Mensch bist, nicht liebenswert, minderwertig, eine Last, eine Plage, die beweisen sollen, dass du noch hart an dir arbeiten musst, damit endlich einmal auch aus dir ein guter Mensch wird, all diese Argumente des Kritikers sind Lügen.

Wenn du nämlich mit diesen Argumenten vor Gericht gehen müsstest und dort beweisen, dass du das bist, würde der Richter sagen: „Das sind keine Beweise. Mag sein, dass du die eine oder andere Eigenschaft hast, aber das beweist mir nicht, dass du deshalb minderwertig bist." Mit all diesen Argumenten auf deiner Liste kannst du einmal The Work machen: Ist es wirklich wahr? Spätestens dann, wenn du sagst: „Ich bin auch das Gegenteil", ist das alles nicht wahr. Es sind Lügen.

Kompetenzinseln

Jetzt sagst du oder dein Kritiker mir vielleicht: „Ja, aber Dan, ich habe doch tatsächlich diese und jene Fehler, und ich habe tatsächlich schon in meinem Leben dies oder jenes getan. Sogar gravierende Fehler habe ich in meinem Leben gemacht, die auch Konsequenzen gehabt haben, das habe ich doch gespürt! Dafür wurde ich getadelt und kritisiert. Außerdem ist es doch tatsächlich so, dass ich ganz vieles nicht kann, dass ich ganz vielen Dingen schlecht bin und dass ich ganz viele Dinge immer wieder tue."

Ja, du bist ganz viel. Du hast ganz viele Rollen. Du bist Frau, du bist Mann, du bist Tochter, du bist Sohn, du bist Mutter vielleicht, du bist Arbeitnehmer, Arbeitgeberin, Kundin, Fahrradfahrerin, Köchin, Zuhörerin, Zuhörer. Du hast ganz, ganz viele Rollen. Und es gibt ein paar wenige Rollen, die du hast, Eigenschaften, da bist du gut. Vielleicht kannst du gut zuhören oder vielleicht kannst du gut reden oder vielleicht kannst du gut klettern oder gut malen oder gut singen oder gut hüpfen oder... Es gibt wenige Dinge, die kannst du, da bist du gut. Die gibt es. Es gibt auch ganz viele Dinge, ganz, ganz viele, da bist du nicht gut. Es gibt ein paar wenige Dinge, da bist du gut und ganz viele Dinge, da bist du nicht gut oder sogar eine richtige Pfeife.

Du bist also eine kleine Insel von Kompetenz in einem riesigen Atlantik von Inkompetenz. Genau so ist es. ABER: Jeder andere ist das auch! Jeder von uns. Niemand kann alles und niemand muss auch alles können. Wir alle sind kleine Inseln von Kompetenz. Jeder von uns kann etwas, und ganz viel kann er nicht. Das ist aber nicht schlimm, sondern das ist bei allen so. Wir müssen auch nicht alles können, sondern was wir lernen müssen ist, Brücken zu schlagen von Insel zu Insel, und so können wir sozial einander helfen. Es gibt Dinge, die du gut kannst, die kann ich nicht. Dann kannst du mir dabei helfen. Bei Dingen, die ich gut kann und du nicht, kann ich dir wieder helfen.

Da sind wir wieder bei sozialen Interaktionen. Ja, wir sollten miteinander interagieren! Es gibt ganz viele Dinge, die kann ich nicht. In Rechtschreibung zum Beispiel bin ich katastrophal, das habe ich absolut nicht im Griff. Zum Glück habe ich meine Partnerin Josi, die darin pingelig genau ist. Oder Buchhaltung, das ganze Zeug mit Steuererklärung, die ganzen Formulare, sind überhaupt nicht mein Ding. Ich war trotzdem ein erfolgreicher Unternehmer, obwohl ich das nicht kann. Eine Grundahnung habe ich davon, aber ich mache es nicht. Es macht mir auch überhaupt keinen Spaß, es ist ein Graus für mich. Dafür gibt es die Steuerberater. Dort machen das Leute, die haben sogar Spaß daran, und die machen es gut, weil sie Spaß daran haben. Bestens! So gibt es ganz viele Dinge, da bist du schlecht, und ein paar Dinge, da bist du gut und das ist nichts Falsches.

Du hast ganz viele Ecken und Kanten, ganz viele Dinge, die du einfach nicht kannst. Aber dein Kritiker macht genau aus diesen Sachen eine große Geschichte und sagt: „Siehst du, das ist der Beweis, dass du einfach minderwertig bist, weil es nämlich Leute gibt, die können das." Das hat der Kritiker früher einmal gelernt, als wir mit anderen verglichen worden sind: "Nimm dir ein Beispiel, kleiner Dan, wie schön deine Schwester das Zimmer aufräumt, die Kunigunde, wie schön die ihre Hausaufgaben macht" und so weiter. Da haben wir uns das Programm angeeignet „die anderen sind besser". Und so haben wir einen Glaubenssatz, nach dem unser Verstand jetzt unser Umfeld ständig nach Dingen absucht, worin andere besser sind. Natürlich findet er sie, logisch, und sagt mir dann: „Hey, du bist eine richtige Pfeife. Guck mal, die anderen können das alle und du kannst es nicht." Aber dass es normal ist, dass ich nur wenig kann und vieles nicht, dass es den anderen auch so geht, das vergessen wir. Das wird völlig ausgeblendet.

Darum müssen wir uns immer und immer wieder daran erinnern, dass es einfach normal ist, dass man nicht alles kann und dass man deshalb kein schlechter Mensch ist. Denke daran, dass du perfekt bist, so wie du bist mit allen Ecken und Kanten. Dass du nicht hart an dir arbeiten musst, um ein besserer Mensch zu werden, sondern dass du schon ein perfekter Mensch bist und dass du wichtig bist.

Du bist wichtig!

Spätestens jetzt, wenn ich sage, du bist wichtig, meldet sich der Kritiker wieder in deinem Kopf: „So wichtig bin ich nicht, so wichtig kann ich gar nicht sein. Das ist wieder so ein Satz, den schreibt er jetzt, damit ich sein Buch gut finde. Es gibt wichtigere als mich. Jeder ist ersetzbar." Nein, du bist wichtig. Mache einmal folgende Überlegung. Stell dir vor, heute wäre dein Todestag. Du bist heute gestorben. Wer, könntest du dir vorstellen, wäre jetzt traurig? Eine Person oder zwei oder fünf oder zehn oder zwanzig? Wer wäre traurig, dass du jetzt gestorben bist? Jetzt stelle dir eine andere Frage. Wenn irgendjemand in deinem Umfeld stirbt, und du traurig bist, warum bist du traurig?

Du bist nicht traurig, weil diese Person gestorben ist. Denn was jetzt aus diesem Menschen oder dieser Seele wird, das wissen wir nicht. Das ist Spekulation. Je nach Glaube oder Religion ist es jetzt aus oder man kommt in den Himmel oder man wird wiedergeboren. Das muss jeder für sich selbst entscheiden. Du bist jedenfalls nicht traurig, weil die Person gestorben ist, sondern weil du diese Person nicht mehr in deinem Leben hast, weil du mit dieser Person nicht mehr lachen kannst, nicht mehr streiten kannst, sie nicht mehr sehen, nicht mehr fühlen, nicht mehr riechen kannst. Darum bist du traurig, weil die Person nicht mehr da ist. Wenn du traurig bist, weil du eine Person nicht mehr in deinem Leben hast, weil du mit ihr keinen Austausch mehr hast, bedeutet das doch, dass dieser Mensch dir wichtig ist.

Nun frage dich nochmal, wer wäre traurig, wenn du heute gestorben wärest? Genau für diese Menschen bist du wichtig! Du bist wichtig. Du musst nicht für die ganze Welt wichtig sein. Wir glauben immer, wir müssen für alle wichtig sein. Nein, für irgendjemanden in Hinter-China, der nicht einmal weiß, dass es dich gibt, für den musst du auch nicht wichtig sein. Aber für die Menschen in deinem Umfeld bist du wichtig.

Warum sagt das niemand!

Das Problem ist, dass wir alle so viel Stress haben, keine Zeit haben, wir müssen ständig dies und jenes noch erledigen, „wir sehen uns dann, tschüss dann, bis morgen!", und plötzlich sehen wir uns eben nicht mehr. Es ist nicht selbstverständlich, dass wir uns wiedersehen.

Weil wir aber keine Zeit haben, verpassen und vergessen wir es, den Menschen, die uns wichtig sind, es zwischendurch auch mal zu sagen. Den Menschen, die uns wichtig sind, zu sagen: „Hey, was ich dir schon immer sagen wollte, es ist schön, dass es dich gibt. Weißt du, du bist wichtig." Da wir es verpassen, ihnen das zu sagen, sagt es ihnen keiner. Genauso verpassen die anderen, es dir zu sagen. Darum sagt es dir keiner oder viel zu wenige. Weil dir aber keiner sagt: „Hey, du bist wichtig", und wir alle co-abhängig sind und das Außen brauchen, glauben wir „so wichtig kann ich gar nicht sein".

Mal ganz ehrlich, der Satz „jeder ist ersetzbar" ist doch scheiße! Wenn jemand Liebes in deinem Umfeld stirbt und man dir sagt: „Ach ja, ist ersetzbar", ist das doch Schwachsinn! Das stimmt nicht! Du bist nicht ersetzbar, du bist einzigartig, du bist wichtig. Nicht für die ganze Welt, aber für viele Menschen. Weil uns das keiner sagt, müssen wir es uns selbst immer wieder bewusst machen. Vielleicht möchtest du aber einen Anstoß geben und ab morgen gleich den Menschen, die dir wichtig sind, einmal sagen: „Hey! Du bist wichtig." Der wichtigste Mensch in deinem Leben bist du, klar, an erster Stelle stehst du, aber andere Menschen sind dir auch wichtig, ohne dass das gleich eine Abhängigkeit sein muss. Die einen sind wichtig für dies, und andere sind wichtig für das, die sind auch wichtig in deinem Leben. Das kann man ihnen zwischendurch auch einmal sagen: „Hey, du bist mir wichtig."

Es gibt aber auch noch mehr Menschen da draußen, für die du wichtig bist. Vielleicht für die Menschen, denen du durch deinen Beruf ein bisschen ihr Leben verschönerst. Weil du ihnen durch deine Arbeit oder Sonstiges was du tust hilfst, ihre Lebensqualität in ihren 650.000 Stunden Lebenszeit zu optimieren. Auch für sie ist Leben eine begrenzte Ressource. Dass sie davon möglichst viel schöne Zeiten haben, dafür bist du wichtig.

Du bist wichtig im Supermarkt, wenn du der alten Dame sagst: „Gehen sie ruhig voraus." Du bist wichtig, dass du der Kassiererin an der Kasse einfach sagst: „Wow, schöne Ohrringe haben Sie!" und ihr ein Lächeln ins Gesicht zauberst. „Oh, es hat mich jemand wahrgenommen. Danke!"

Es sind all diese kleinen Dinge, für die du wichtig bist. Wir brauchen keine Superheldinnen und Superhelden, die mit rot, blau, grün, gelbem Umhang durch die Lüfte fliegen und uns vor angreifenden Außerirdischen beschützen. Aber wir brauchen Alltagshelden, die für sich sorgen und mit einem Lächeln und positiver Einstellung durchs Leben gehen. Dafür bist du auch wichtig. Das braucht diese Welt.

So gibt es ganz viele Dinge, wofür du wichtig bist. Ich spreche nicht von großen Sachen, sondern den vielen kleinen wie Freundlichkeit und Respekt. Darum bist du wichtig. Jede einzelne Ameise im Ameisenhaufen ist nur eine Ameise, aber sie ist wichtig. Du bist wichtig. Du hast ganz viele wichtige und gute Eigenschaften. Nimm dir einen Moment Zeit und notiere dir deine guten Eigenschaften.

Das falsche Puzzle-Teilchen

Stelle dir vor, du hast ein Set mit zwei verschiedenen Puzzles. Deine beste Freundin oder dein bester Freund kommt vorbei, ihr setzt euch hin und jeder macht ein Puzzle. Als ihr beim allerletzten Teilchen angekommen seid, stellt ihr fest, dass dieses Teilchen nicht passt – eure Teilchen hatten sich aus Versehen vertauscht. Ihr habt also zwei Puzzle-Bilder, die nicht richtig schön sind, da sie unvollständig sind, und jeder ein Teilchen, das zwar Ecken und Kanten wie jedes Puzzle-Teilchen hat, aber in das Bild nicht passt. Würdet ihr jetzt anfangen, dieses Teilchen mit Schere und Buntstiften so lange zu bearbeiten, bis es in euer jeweiliges Bild passt? Wohl kaum. Ihr würdet die Teilchen austauschen und jedes dort einfügen, wo es hinpasst. Im Ergebnis hättet ihr dann zwei schöne vollständige Bilder.

Würdet ihr stattdessen das Puzzle-Teilchen mit Schere und Buntstiften beschneiden und bemalen, dann würdet ihr es zerstören. Es ist nichts Spezielles, einfach nur ein Puzzle-

Teilchen, das hat aber ganz spezielle Ecken und Kanten. Es ist einzigartig. Es gibt kein zweites Teilchen wie das, was du hast. Aber dieses Teilchen würdest du kaputt machen. Es wäre nicht mehr das, was es ist, es wäre verunstaltet.

Im Puzzle des Lebens

Genauso ist es im Leben. Das Leben ist ein wunderschönes Bild, das aus ganz vielen Puzzle-Teilchen besteht. Ein Teilchen davon bist du. Du bist so ein Puzzle-Teil, das in diese Welt hineingehört. Zu oft glauben wir jedoch, dass wir überall hinpassen müssen. Du hast gute Eigenschaften, sagen wir, das sind die Auswölbungen am Puzzle-Teilchen, und du hast die Eigenschaften, die dein Kritiker dir gerne vor Augen führt, das sind die Einbuchtungen. Du hast Ecken und Kanten.

Jetzt glauben wir, dass wir so wie wir sind, falsch sind und dass wir an uns mit Schere und Buntstiften herumschnipseln und machen müssen, damit wir irgendwohin passen, wo wir gar nicht hingehören. Damit machen wir uns selbst, so wie wir sind, kaputt. Wir vergessen dabei, dass wir mit all diesen Ecken und Kanten, mit den positiven Dingen, die wie Auswölbungen herausstehen, aber auch mit denen, die Einbuchtungen sind, die wir an uns kritisieren, dass wir genau in dieser Form perfekt sind. Wir sind aber vielleicht manchmal einfach nur am falschen Ort.

Du bist, so wie du bist, hundertprozentig perfekt. Du musst dich auf deiner Reise des Lebens nirgendwo anpassen und niemand sein, der du nicht bist, sondern dir einfach die passenden Orte suchen.

Irgendwo gibt es einen Platz wo du hingehörst, wo du so sein kannst, wie du bist, ohne dass du an Ecken und Kanten rumschneiden und malen musst. Dann geht das ohne Aufwand, ohne Schwierigkeit, ohne dass man groß etwas machen muss, schwupp, und das Bild ist vollkommen. Du sollst so sein, wie du bist, mit all deinen Ecken und Kanten, mit all dem was du hast, es ist alles richtig.

Manchmal müssen wir uns äußerlich anpassen

Nun leben wir allerdings nicht in der Natur, sondern in einer Kunstwelt, die oft von uns verlangt, dass wir anders sind. Man kann nicht immer so sein, wie man möchte, vor seinen Kunden vielleicht oder wenn man vor Gericht muss. Es gibt solche Situationen, in denen man anders sein muss. Wenn du in solche Situationen hineinkommst, dann musst du sie so anschauen wie Karneval, dann verkleidest du dich und gehst in eine Rolle.

Aber identifiziere dich nicht damit oder glaube nicht, nur weil du nicht wirklich so bist, wie du dich gerade spielen musst, dass du deshalb falsch bist. Bleib, wie du bist! Wie wenn du dich an Karneval oder Fastnacht als Indianerin oder Indianer, als Cowboy oder Prinzessin oder was auch immer verkleidest, gehe in die Rolle hinein, aber bleib innen drin bei dir selbst. Sei dir immer gewiss, dass du so wie du bist, richtig bist, auch wenn dieses System, diese Gesellschaft, immer wieder von dir verlangt, dass du halt diese Rollen spielst. Spiele sie, aber es ist nur eine Rolle.

Suche dir Plätze in deinem Leben, wo du so sein kannst, wie du bist. Das heißt dein Umfeld, in dem du dich bewegst, dein Zuhause, die Menschen um dich herum, deine Freunde. Du brauchst nicht viele Freunde, aber schau, dass du einfach mit ihnen so sein kannst, wie du bist, mit all deinen Ecken und Kanten. Das sind für deine Freunde angenehme, aber auch unangenehme Seiten. Das gehört alles zum Freund sein dazu. Einbuchtungen und Auswölbungen.

Dort, wo du für mich unangenehm wirst, bist du sogar der größere Freund für mich, denn da bist du mein Arschengel. Wenn ich das verstanden habe, ist es zwar unangenehm an den Punkten, wo du mich nervst, wo du mir auf den Zeiger gehst, wo einem auch der Partner, die Partnerin auf den Zeiger geht, aber das gehört zu dir dazu. Du musst das nicht weghaben wollen, weil sonst wirst du langweilig, sonst bist du eben keine Bereicherung mehr. Du bist auch dann eine Bereicherung, wenn du mich mal nervst. Wenn du mir zeigst, hey, mein lieber Schatz, du hast da ein Programm laufen.

Wir glauben, das dürfen wir nicht haben, weil wir verantwortlich für die Gefühle von anderen sind. Das Gegenteil ist aber der Fall. Es muss mir vielleicht wehtun, damit ich lernen kann. Deshalb bin ich dankbar, dass jemand kommt, der mir einmal gegen das Schienbein tritt. Also all das, wovon du glaubst, dass das schlecht ist, dass du so nicht sein solltest, ist nicht falsch, sondern ist richtig. Du darfst so sein, wie du bist.

Das Puzzle des Lebens verändert sich stetig

Du bist immer perfekt, genau so wie du im Moment gerade bist. Du wirst morgen anders sein, und das ist auch der Unterschied zwischen einem normalen Puzzle und dem Leben. Das normale Puzzle wird in hundert Jahren noch genau gleich sein. Im Leben ist es aber nicht so. Das ist es, was Leben von toter Materie unterscheidet. Leben verändert sich ständig. Ein Baum ist jeden Tag anders. Du bist jeden Tag anders. Weil sich Dinge im Leben verändern, Ecken und Kanten verändern, kann es sein, dass du gestern irgendwohin gepasst hast, wo du morgen nicht mehr hinpasst. Auch daran ist nichts falsch. Auch das ist richtig, und so kann es sein, dass halt der Platz, an dem du einmal richtig warst, plötzlich nicht mehr der richtige ist. Dann sind aber nicht die Teilchen um dich herum falsch und auch du bist nicht falsch, sondern das ist das, was das Leben ausmacht. Diese Veränderung, dieser Wandel, der ständig stattfindet, das ist Leben, das ist Bewegung. So kann es auch sein, dass Menschen, mit denen es heute passt, irgendwann nicht mehr passen.

Aber das kennst du selbst. Im Kindergarten hast du dir vielleicht mit deiner besten Freundin ewige Freundschaft geschworen, jetzt triffst du sie irgendwo wieder, redest fünf Minuten mit diesem Menschen und denkst: „Mein Gott, geht gar nicht. Wir haben gar nichts mehr gemeinsam. Was hat die für eine Weltanschauung!" Daran ist nichts falsch. Das passt einfach nicht mehr. So kann es auch in Beziehungen oder mit Freundeskreisen sein, dass sich etwas verändert. Du bist aber immer ein Puzzleteilchen mit Ecken und Kanten. Du bist perfekt, du bist genau richtig, so wie du jetzt gerade bist. Mit all dem, wovon du glaubst, dass es falsch sei. Das ist genau richtig. Es ist perfekt.

Die Straße deines Lebens

Im Daoismus heißt es: „Lasse dich vom Dao leben", das bedeutet, lasse dich vom Leben leben, vertraue dem Leben. Das entspricht der zweiten Säule des I Love Me Prinzips:

„Bekomme das universelle Urvertrauen zurück." Das Dao ist deine Lebensstraße, dein Weg.

Wenn es heißt, dein Lebensweg ist vorbestimmt, könntest du sagen, na gut, dann muss ich nichts mehr tun, es ist ja sowieso alles vorbestimmt. Was soll ich mir dann Gedanken machen über mein Leben, dann muss ich ja gar nichts verändern. Es ist halt so, das ist eben mein Karma, mein Schicksal, dann habe ich halt Krebs. Dann habe ich eben dies oder das, oder dann bin ich halt so. Diese Schlussfolgerung ist falsch, denn das ist damit nicht gemeint.

Es ist deine Lebensstraße vorgegeben. Wo auf dieser Straße du läufst, ob mehr rechts oder mehr links, ob du über Steine stolperst, drumherum gehst oder drüber kletterst, das ist deine freie Entscheidung. Der Idealweg ist in der Mitte deiner Lebensstraße. Mitten auf der Straße, quasi auf der Mittellinie. Wenn du diesen Weg gehst, ist alles für dich da, dann musst du dich um nichts kümmern. Jetzt kannst du aber von der Mitte abkommen und sogar an der einen oder der anderen Seite abrutschen, denn links und rechts vom Straßenrand ist der Abgrund. Da stürzt du ab und das ist der Tod.

Kompass und Warnlämpchen

Weil das Leben alles für dich vorbereitet hat, ist die Futterspur in der Mitte der Straße. Futter nehme ich hier als Symbol für alles, was du brauchst. Die breite Straße des Lebens ist gegeben, aber es ist deine Aufgabe, diese Mitte zu finden. Es geht wieder darum, in deine Mitte zu kommen. Wenn du auf der Mittellinie bist, fühlst du dich gut. Das Bauchgefühl ist der Kompass, der dir sagt, mehr links, mehr rechts, in diese Richtung, jetzt ausweichen.

Je mehr du aber abkommst von der Mittellinie, desto holpriger wird es, dann fühlt es sich für dich nicht gut an. Das ist dann wie ein Warnlämpchen, das aufleuchtet, so ein schlechtes, unangenehmes Gefühl. Wenn du das ignorierst und noch weiter von dieser Mittellinie abweichst, kann es sein, dass es dir bald schon richtig schlecht geht. Da kommen dann Depressionen dazu, Unlustgefühl und schließlich Krankheiten. Mit allem was sich nicht gut anfühlt, will dir das Leben sagen, dass du von deiner Spur abgekommen bist. Das sind alles Alarmsignale, die dich zurück auf deine Spur bringen wollen.

Die Straße des Lebens

Richtig
Falsch

Mit allem, was sich nicht gut anfühlt, will dich das Leben zurück in deine Mitte bringen. Höre auf dein Bauchgefühl (Intuition), es ist dein Kompass, damit du auf deinem richtigen Weg bist.

Ganz weit weg von der Ideallinie
Schwere Krankheiten, schwere Unfälle, schwere Schicksalschläge, Tod

Weit weg von der Ideallinie
Sorgen, Probleme, erste Krankheiten, Leiden, Unglück, leichte Unfälle, kleine Schicksalsschläge

Neben der Ideallinie
Hier hast du ein komisches Gefühl (Bauchgefühl), irgendetwas stimmt nicht. Es fühlt sich nicht gut / richtig an.

Ideallinie
Hier bist du in deiner Mitte, es geht dir gut, du bist zufrieden, und alles was du brauchst, kommt von selbst in dein Leben.

Deine Aufgabe im Leben ist es, deine Mittellinie zu finden. Dafür brauchst du deine Intuition, dein Bauchgefühl, um zu erspüren, wo es sich gut, wo es sich richtig anfühlt.

Wenn ich mich allerdings mit Süchten oder anderen Strategien ablenke und so meine Gefühle betäube, kann es eben sein, dass ich plötzlich auf der Randlinie unterwegs bin und es gar nicht merke. Der Heroinsüchtige kann rechts und links vor dem Abgrund unterwegs sein, spürt aber nicht, dass er völlig falsch ist, obwohl die Gefühle schreien: „Achtung! Weg da, da geht es abwärts!" Er schaltet die Gefühle aber ab, indem er sich Heroin spritzt. Jetzt spürt er die unangenehmen Gefühle nicht mehr, hört also die Alarmglocke nicht mehr, und glaubt, es ist alles gut. Sollte die Betäubung einmal kurzzeitig nachlassen, spürt der Süchtige in Entzugserscheinungen schmerzhaft die Alarmsignale. Diese sind für den Süchtigen oftmals unerträglich. Aber was macht er dann? Etwa nicht die Richtung im Leben ändern, nein, sofort wieder betäuben, so dass er die Alarmsignale nicht mehr wahrnehmen muss. Dann glaubt er: „Oh, jetzt ist alles wieder gut".

Was ich hier mit einem Heroinsüchtigen beschrieben habe, gilt für uns alle. Es muss nicht Heroin sein. Jede Sucht ist da, um Gefühle nicht fühlen zu müssen. Alles was du machst, um dich selbst nicht wahrnehmen zu müssen. Ständig Alkohol, Fernsehen, Party, Sport, Lesen und so weiter, alles was wir einsetzen, um unsere unangenehmen Gefühle nicht mehr zu spüren. Wir schneiden durch Betäubung die Kabel der Warnlampe durch und bewegen uns weiter am Abgrund entlang, bis wir irgendwann abstürzen. Das ist der Tod.

Die Gefühle, die wir gerne mit Süchten und anderen Ablenkungen wegmachen, sind aber wichtig für uns, damit wir wissen, wo unsere Mittellinie ist. Sie sind unser Leitsystem, um in die Mitte zu kommen.

Da haben wir sie wieder, die Mitte. Da ist es wieder, das Polaritätsgesetz. Das findet sich immer und überall. Das was ich hier mit der Straße versuche zu erklären, ist uraltes Wissen. Die Quellen, die man heute dazu als Referenz nimmt, sind von etwa 3000 vor Christus. Nur erzählt uns das niemand.

Aber wenn du einmal anfängst, das wirklich in deinem Leben anzuwenden, all diese Dinge, die ich im I Love Me Prinzip zusammenfasse, dann wirst du merken, dass das stimmt, dass es funktioniert. Es geht dabei wie gesagt nicht um die Goldmedaille. Du hast das jetzt zehn, zwanzig, vierzig oder sechzig Jahre lang nicht gewusst. Das ist, als müsstest du ganz neu Laufen lernen. Das wird dir nicht sofort gelingen, du wirst stolpern, das ist völlig normal. Als Baby hatten wir die Intuition, das Bauchgefühl noch. Das wurde uns dann abtrainiert mit der Erziehung. Deshalb taumeln wir dann am Grat, weil wir das nicht mehr haben, das Herz, Bauchgefühl, Intuition, wie man das nennen möchte, als unseren Kompass.

Deswegen sage ich, folge deinem Herzen. Gehe dahin, wo dein Herz lacht, wo es sich gut anfühlt, wo du positive Gefühle hast, wo deine Bedürfnisse erfüllt sind.

Schau, dass deine Bedürfnisse gestillt sind

Bedürfnisse sind wichtig. Wir können uns nicht aussuchen, ob wir unsere Bedürfnisse erfüllen wollen oder nicht. Bedürfnisse müssen erfüllt werden, wenn wir möchten, dass es uns gut geht. Wenn sie gestillt sind, sind wir in unserer Mitte. Man kann Bedürfnisse nicht wegmachen, sie müssen erfüllt werden. Bedürfnisse und Gefühle sind miteinander gekoppelt. Jedes angenehme Gefühl ist ein Zeichen, dass Bedürfnisse erfüllt sind. Jedes unangenehme Gefühl zeigt an, dass ein Bedürfnis nicht erfüllt ist. Alles was sich nicht gut anfühlt in deinem Leben, ist eine Alarmglocke, ist ein Warnlämpchen, ist eine Sirene. Schau hin, du bist irgendwie vom Weg abgekommen. Da ist etwas, das nicht gut ist für dich. Du bist nicht in deiner Mitte.

Nun wird mir gerne entgegnet, ein Bedürfnis kann ja auch die Co-Abhängigkeit sein. Nein, das ist kein Bedürfnis, sondern eine sogenannte Bedürfnisstrategie, das heißt eine Strategie, um mir ein Bedürfnis zu erfüllen. Das Bedürfnis, das ich mir mit der Strategie der Co-Abhängigkeit erfülle, kann Verschiedenes sein, zum Beispiel auch das Bedürfnis nach Sicherheit. Das Bedürfnis nach Sicherheit kann man sich aber auch auf anderem Wege erfüllen. In die Co-Abhängigkeit hineinlaufen ist kein Bedürfnis, das du stillst, sondern eine Bedürfnisstrategie, die du wählst, die aber viele unangenehme Nebenwirkungen auf andere Bedürfnisse hat wie Freiheit, Individualität und so weiter. Darum ist Co-Abhängigkeit kein Bedürfnis, aber auch keine gute Strategie, um seine Bedürfnisse zu stillen.

Woher weiß ich dann, wenn ich in der Situation bin, ob das jetzt ein Bedürfnis ist, das ich gerade stille oder eine Strategie? Das ist ein riesengroßes Thema, mit dem ich noch viele Seiten füllen könnte. Bedürfnisse sind universell, jeder hat die gleichen. Die Strategien, um sich diese Bedürfnisse zu erfüllen, sind unterschiedlich.

Du hast vielleicht die empathische Co-Abhängigkeit, ich nicht, denn ich habe vielleicht die narzisstische Co-Abhängigkeit. Da sind wir völlig unterschiedlich. Wir wollen damit aber beide das Bedürfnis nach Sicherheit stillen. Wir machen es aber beide falsch, weil wir eine schlechte Bedürfnisstrategie fahren und nicht das Bedürfnis stillen. So kann ich lange narzisstisch und du empathisch sein - das Bedürfnis nach Sicherheit wird nie wirklich richtig gestillt. Darum sind wir unglücklich in der Situation. Wir geben uns eine Scheinsicherheit. Wenn wir aber die wirklichen Bedürfnisse dahinter erkennen, können wir zum Beispiel um die Erfüllung bitten oder gemeinsam nach Strategien suchen, mit denen es uns beiden gut geht.

Kapitel 20

Mit der Umsetzung im Alltag beginnen: Hinschauen

Deine erste und wichtigste Aufgabe, wenn du dich dran machst, das I Love Me Prinzip im Alltag umzusetzen, ist: Hinschauen. Achtsamkeit. Nichts anderes. Egal welches Instrument aus diesem Buch man herausgreift, es geht immer um das Hinschauen. Das ist der erste Schritt. Wir müssen das ganze Unbewusste auf den Bildschirm, ins Bewusstsein, bringen. In dieser Welt wurde noch nie irgendetwas „er-funden". Man hat immer nur „ge-funden".

Zum Beispiel das Handy. "Irgendwelche Wissenschaftler haben das erfunden." Nein, die Digitaltechnik eines Handys funktioniert nach Quantenphysik, es sind quantenphysikalische Prozesse, die da stattfinden. Die Quantenphysik, ihre Gesetzmäßigkeiten, hat aber niemand erfunden. Die gab es schon eh und je, seit dem Urknall sozusagen. Durch Forschung, also durch Hinschauen, haben wir sie „ge-funden" und können sie jetzt für uns nutzen.

Um genau das Gleiche geht es auch hier. All das, was in diesem Buch angesprochen worden ist, sind Dinge, die zuerst einmal ins Bewusstsein müssen. Das heißt, du musst eigentlich nicht viel machen, außer hinschauen.

Eigene Programme beobachten

Das I Love Me Prinzip zeigt dir dazu verschiedene Methoden und Instrumente auf. Du hast nun verschiedene Möglichkeiten, um hinzuschauen, nach welchen Programmen du funktionierst. Wie du reagierst, was du unbewusst machst und welche Programme du nicht mehr haben möchtest. Dir fallen sicher sofort ein paar ein, die du nicht mehr haben möchtest.

Beobachte diese Programme, schau hin, wenn sie starten, werde dir bewusst, wann sie ablaufen. Macht jemand WuWu und dein Programm startet, dann beobachte es, vielleicht bemerkst du es auch erst, nachdem es schon durchgelaufen ist, und denkst: „Scheiße, das war wieder mein Programm". Das ist die erste Stufe. Du bist auf der zweiten Stufe, wenn du dein Programm immer wieder bemerkst und beobachtest, liebevoll, ohne dir Vorwürfe zu machen, sondern „wow, ich habe es erkannt". Irgendwann wird es dir schon auffallen, während das Programm läuft. Du konntest zwar noch keinen Einfluss darauf nehmen, aber es läuft und du bemerkst es sofort. Dann irgendwann läuft es und du wirst es schon ein bisschen beeinflussen können, indem du es bewusst anders machst. Das wird nicht einfach sein, aber du wirst es schon ein bisschen beeinflussen können. Irgendwann ist es dann soweit. Da kommt der Impuls für das Programm und du sagst dir: „Stopp! Ich habe eine Strategie, damit ich das jetzt anders mache". Du entwickelst dadurch auch neue Strategien. Aber eigentlich musst du es nur beobachten und irgendwann kommt das Programm nicht mehr.

Seine Gefühle bewusst wahrnehmen

Der zweite wichtige Punkt zum Hinschauen sind deine Gefühle. Fange an, deine Gefühle bewusst zu fühlen. Das, was sich gut anfühlt, ist richtig. Das, was sich nicht gut anfühlt, ist nicht richtig. Ich kann dir keine Pauschalstrategie für alle Situationen in deinem Leben geben. Ich kann dir nur sagen, du findest jeweils die richtigen Strategien, indem du etwas tust und feststellst, dass es sich gut anfühlt. Folge deinem Herzen, gehe deinem Bauchgefühl nach.

Dazu musst du aber zuerst wieder den Kontakt zu deinen Gefühlen bekommen. Du musst den Kontakt zu deinem Bauchgefühl haben, und den bekommst du nur, indem du anfängst, bewusst zu fühlen, indem du dir Zeit nimmst für deine Gefühle, indem du Gefühlen wieder einen großen Stellenwert in deinem Leben gibst. Wenn ich mich mit meinen Gefühlen nicht auseinandersetze, habe ich keine Beziehung dazu. Wenn ich nie Auto fahre, werde ich nie Routine im Autofahren haben. Wenn ich vierzig Jahre nicht Auto gefahren bin, dann habe ich das Autofahren nicht im Griff, und dann brauche ich nicht an eine Rally gehen, denn da werde ich verlieren, da werde ich nie ankommen.

Deshalb ist es wichtig, dass du hinschaust und anfängst, dich mit deinen Gefühlen auseinanderzusetzen. Bewusst zu fühlen. Mache dir dabei keinen Druck, sondern mache kleine Schritte, machbare Schritte. Diese dürfen nicht zu Druck führen, gerade wenn es darum geht, überhaupt erst einmal wieder den Zugang zu seinen Emotionen zu finden. Das ist etwas, das man, auch wenn man das nie gelernt hat, in kleinen, aber regelmäßigen und kontinuierlichen Schritten erreichen kann.

Darum empfehle ich die Mikromeditationen, sich zweimal am Tag den Handywecker zu stellen. Morgens um neun Uhr und nachmittags um drei Uhr sich auf die Toilette zurückzuziehen, das kann man nach einiger Zeit dann auch vor dem Computer machen oder da, wo man gerade ist. Das funktioniert dann irgendwann wie von alleine. Die Übung dauert nur zwei Minuten, mehr braucht es nicht. Sich aber wirklich hinsetzen, kurz die Augen schließen und sich einfach bewusst wahrnehmen. Sich scannen. Zwei, drei Mal tief ein- und ausatmen. Sich dann sagen: „Alles was ist, darf jetzt sein", und dann einfach versuchen, sich selbst wahrzunehmen. Was ist denn jetzt gerade, was fühle ich jetzt? Was habe ich für ein Körperempfinden? Unruhe? Spüre ich irgendwo einen Druck? Ohne es verändern zu wollen, nur wahrnehmen, nur fotografieren, nicht daran arbeiten, nur wahrnehmen. Es darf sein, wie es ist. Es darf ein Druck da sein, es darf eine Unruhe da sein, ja genau so ist es. Und dann das Gefühl, das ich habe, wahrnehmen. Versuche herauszufinden, was für ein Gefühl du hast. Wenn du dabei Schwierigkeiten hast, erfühle zuerst, ist es jetzt angenehm oder ist es unangenehm. Wenn es unangenehm ist, in welche Richtung geht es? Richtung Wut, Unsicherheit, Angst, Scham? Vielleicht ist es eine Mischung aus verschiedenen Gefühlen. So kannst du einfach lernen, dich wahrzunehmen, ohne Druck. Auch wenn du dann sagst, ich kann es nicht wirklich sagen, es könnte dies oder das sein, okay, dann mache die Augen wieder auf. Zwei Minuten sind schon lange um, wieder raus aus der Toilette. Um drei Uhr machst du dasselbe nochmal.

Je öfter ich das mache - Impulse laufen über Synapsen - desto besser bildet sich dieses Programm und ich bekomme immer mehr den Zugang zu meinen Gefühlen. Setze dich zweimal am Tag hin, oder wenn du willst auch fünfmal am Tag, und nimm bewusst deine Gefühle wahr. Mit diesen Gefühlen fängst du dann an zu arbeiten, indem du Bezug aufbaust, indem du deine Hauptgefühle, mit denen du immer wieder konfrontiert bist, auf Papier bringst, malst, tanzt, irgendetwas damit machst. Mit den Hauptgefühlen, die immer wieder auftauchen, diese unangenehmen Gefühle. Wenn du dann den Bezug zu ihnen hast, machst du damit die Hypnose-Regression und löst ihre Ursprungsgeschichte auf.

Glaubenssätze hinterfragen

Dann fängst du auch an, Programme aufzulösen, deine ganzen Schutzstrategien, wie in diesem Buch beschrieben. Schau hin, erkenne deine Schutzstrategien, erkenne deine Glaubenssätze, fange an, diese Glaubenssätze zu hinterfragen. Ist es wirklich wahr? Das Leben präsentiert dir täglich immer wieder Chancen, um all das zu üben. Hinschauen ist: "Stimmt das, wovon ich glaube, dass es so ist?" Das ist viel Arbeit, klar, aber das gehört zum Leben dazu.

Das Leben neu gestalten

Leben bedeutet, dass du dich um dich kümmerst, dass du dir diese Fragen stellst, dass du dich damit auseinandersetzt, ganz genau hinschaust. Dass du anfängst, solche Dinge

Schritt für Schritt in dein Leben zu integrieren, indem du dir jeden Tag Zeit für dich nimmst, und dir genau solche Fragen stellst. Der einzige Weg zu einem glücklichen Leben ist, dass du anfängst, Verantwortung für dein Leben zu übernehmen, also hinzuschauen und aktiv mit all diesen Instrumenten in deinem Leben zu arbeiten, und dafür unwichtige Sachen aus deinem Leben rauszuschmeißen wie Fernsehen, Facebook und Ähnliches.

Es gibt Tausende Dinge, die man den ganzen Tag macht. Nimm dir die Zeit und fange an, dein Leben neu zu gestalten, dein Leben zu verändern. Wer immer das Gleiche sät, wird immer das Gleiche bekommen. Das ist das Gesetz von Ursache und Wirkung. Wenn du das, was du jetzt hast, nicht mehr möchtest, dann bedeutet das, dass du von Grund auf dein Leben neu gestalten darfst, dass du von Grund auf alles ändern darfst. Alles neu ausprobieren und nicht nur ein bisschen irgendwo etwas ändern und dann wird alles gut. Nein, dein Leben ist ein ganz komplexes Gebilde mit ganz vielen Zusammenhängen, die schlussendlich völlig logisch sind. Du darfst lernen, überall anzusetzen, mit all den Dingen, die das I Love Me Prinzip beinhaltet. Das Leben gibt dir viele Zeichen. Jeder Arschengel ist ein Zeichen. Alles, was sich nicht gut anfühlt, ist ein Zeichen. Jede Krankheit ist ein Zeichen. Das alles sind Zeichen, dass du nicht auf deinem Weg bist. Was sich gut anfühlt, ist dagegen ein Zeichen, dass es gut für dich ist, dass es der richtige Weg ist. (**Aufpassen:** Gute Gefühle nicht mit Suchtbefriedigung verwechseln!)

Gefühle sind die Wegweiser, und darum ist es so wichtig, den Bezug zu ihnen zu bekommen. Sich damit auseinander zu setzen, ist deshalb der Dreh- und Angelpunkt. Wenn du glaubst, durch die Sahara wandern zu müssen, ohne

Kompass, dann tue es, aber ich empfehle es dir nicht. Du wirst im Kreis laufen, du wirst leiden, du wirst in den Abgrund stürzen, das kommt nicht gut.

Du brauchst dieses Gerät, diesen Kompass, und den hast du in dir. Das ist dein Bauchgefühl, deine Intuition. Das Ding konntest du einmal bedienen, es wurde dir aber durch die Erziehung abtrainiert. Das wieder zu lernen, geht über Gefühle. Darum haben wir Gefühle, um uns zu orientieren. Wir gehen automatisch dahin, wo es sich gut anfühlt, und laufen vor dem weg, was sich nicht gut anfühlt.

Das macht jedes Lebewesen, jedes Tier, jede Pflanze. Dazu gibt es auch Experimente. Wenn man beispielsweise Pflanzen gleicher Sorte nimmt und darüber links eine Lampe anbringt und rechts einen Lautsprecher, wachsen sie, je nachdem mit welcher Musik sie beschallt werden, in eine andere Richtung. Wenn sie mit klassischer Musik oder mit Mantras beschallt werden, wachsen diese Pflanzen zum Lautsprecher, nicht zur Lampe. Wenn sie aber mit Hardrock beschallt werden, wachsen sie vom Lautsprecher weg in Richtung Lampe. Alles was lebt, macht das. Es geht in Richtung dessen, was angenehm ist, und vom Unangenehmen weg. Darum hat das Universum „angenehm" und „unangenehm" gemacht. Das steuert uns über unsere Gefühle, über das, was wir fühlen.

Nun ist dieses Instrument aber verfälscht durch unsere Programme. Es kann sein, dass sich das für sich einstehen und sich durchsetzen oder zu sagen „ich möchte das nicht" für jemanden nicht gut anfühlt, weil das bei ihm oder ihr mit Angst behaftet ist. Das ist aber nicht von Natur aus so, sondern das ist anerzogen, weil wir programmiert worden sind.

Wir wollten überleben, hatten das Bedürfnis zu überleben, und sind dadurch programmiert worden: „Du wirst nicht überleben, wenn du dich durchsetzt." So hat sich ein neues Programm gebildet. Dieses Programm ist mit Angst behaftet, und darum müssen wir mit diesen Programmen aufräumen, die Angst auflösen. Irgendein Erlebnis in deiner Vergangenheit ist es gewesen, was das ausgelöst hat. Das bedeutet: Bringe deine Vergangenheit in Ordnung. Also fange an, mit diesem Programm zu arbeiten, gehe diesen Grundgefühlen, die du immer wieder hast, nach und schaue, was für Geschichten dahinterstecken. Die löst du dann mit der Hypnose-Regression auf.

Gefühle hinter Süchten erspüren

Finde heraus, welche Gefühle du immer wieder verdrängst. Das machst du über Süchte. Schau hin, welche Süchte du hast, erkenne deine Süchte. Bevor du dann dem Suchtimpuls nachgibst, hältst du inne und fragst dich, welches Gefühl habe ich jetzt gerade? Welches Körperempfinden? Dann merkst du zum Beispiel, ich habe Unruhe, ich habe Angst. Ich habe ein Kleinheitsgefühl, ich habe Scham. Aha, Scham. Darum, weil ich schamvoll bin, habe ich jetzt die Suchtstrategie mich zurückzuziehen.

Dann ziehe dich zurück, aber mache es dir bewusst. Ich ziehe mich jetzt zurück, weil ich mich schäme. Dann merkst du vielleicht, Scham taucht immer wieder auf in meinem Leben, Scham muss also mein Thema sein. Dann sollte ich mich einmal mit dem Thema Scham befassen. Hey, Scham, komm mal her, wie siehst du aus? Wer bist du? Beschreibe deine

Scham, schreibe alles was dir zum Thema deiner Scham einfällt, auf, einfach drauflos schreiben.

Nimm die Buntstifte oder Wasserfarben von den Kindern und male deine Scham, sodass du einen Bezug bekommst zu diesem Thema Scham. Mach sie nicht weg und verbiete sie dir nicht, denn so wirst du nie Bezug zu deiner Scham bekommen. Lade sie ein, sie darf da sein, sie ist ein Teil von dir. Sie ist eben ein Puzzleteil, das nach innen geht, aber sie gehört zu dir.

Du bist perfekt, auch weil du die Scham hast. Jetzt hast du einen Bezug zu ihr und darfst damit arbeiten. Nimm dir eine Stunde Zeit und mache die Regression aus dem Hypnose-Download. Darin gehst du auf die Suche, wo du dieses Gefühl, diese Scham, das erste Mal gefühlt hast. Es kann sein, dass du das nur einmal machen musst und direkt in dieser Situation ankommst, es kann aber auch sein, dass du es zwei-dreimal machen musst, bis du da bist. Aber auch da, mache dir keinen Stress, wenn es nicht sofort funktioniert, mache es einfach so oft bis es klappt, und dann kannst du das Gefühl dort auflösen.

So löst du nach und nach immer mehr von diesen blockierenden Programmen auf. Den Mittelweg im Leben findest du, indem du deinem Kompass folgst, deinem Bauchgefühl, deiner Intuition. Vertraue dem Leben heißt vertraue diesem Weg. Die Idee des Lebens ist, zu leben. Du bist da, um zu leben, also lebe!

In den Alltag integrieren

So gibt es wirklich nichts zu tun, außer hinzuschauen und einfach einmal diese ersten Schritte zu gehen. Sie ins Leben zu integrieren.

Dabei sind unsere I Love Me Online-Workshops und Programme helfende Begleiter, die für jeden Tag eine kleine Lektion oder Aufgabe bereithalten, um Tag für Tag einen kleinen Schritt im Alltag umzusetzen. Du machst diese Programme ganz in deinem Tempo, weil du dabei keinen Stress haben sollst. Das heißt, wenn du einmal nichts machst, weil du keine Zeit hast, ist das kein Problem. Aber du hast durch diese Programme etwas, das dich immer wieder daran erinnert, etwas für dich zu tun. Zudem arbeitest du darin all das, was du in diesem Buch gelesen hast, nochmal für dich selbst, auf deine persönliche Situation gemünzt, durch. Auch unsere I Love Me Online-Community ist ein Ort, wo du dir tägliche Inspiration, Motivation und Kraft holen kannst, um an deiner persönlichen Entwicklung dranzubleiben.

Dieses Dranbleiben und für sich durcharbeiten ist wichtig, denn wenn man nichts tut, passiert auch nichts. Die Gefahr ist, dass man dieses Buch einfach zur Seite legt und denkt, okay mir ist jetzt alles klar, und dann nach einiger Zeit wieder in alte Muster, Gedanken und Gewohnheiten zurückfällt. Klar, dass man dann denkt: „Bei mir funktioniert das nicht". Ich weiß aber, dass dieses Prinzip funktioniert. Es sind inzwischen Hunderte von Feedbacks, die ich von Menschen bekommen habe, die mit dem I Love Me Prinzip ihr Leben verändert haben.

Man muss wie gesagt nicht Goldmedaillengewinner darin werden. Wenn du nur ein bisschen hiervon anfängst in deinem Leben umzusetzen, wird dein Leben in einem Jahr ganz woanders sein. Hauptsache ist, dass du anfängst und dir das Hinschauen zur Gewohnheit machst. In kleinen Schritten – und schon ist man auf dem Weg, und der ist das Ziel. Auch ich lebe das, was ich hier erzähle, nicht immer zu hundert Prozent. Ich bin kein Guru, ich bin ein normaler Mensch. Auch ich komme immer wieder einmal von meinem Weg ab und laufe gegen die Wand. Das gehört dazu und es ist alles okay. Manchmal ist es mir in solchen Situationen sogar auch bewusst, dass ich gerade nicht auf mein Bauchgefühl höre, weil mich eine andere Stimme in mir, eine Sucht oder sonst etwas, Dinge tun lässt, von denen ich eigentlich weiß, dass das nicht gut ist, dass das hinterher in irgendeiner Form weh tun wird. Meine Partnerin Josi und meine engen Freunde lachen in solchen Momenten gerne mit einem Augenzwinkern über mich: „Ach so, ach so. Und wie würdest du es anderen Menschen raten?"

Also, mache dir keinen Stress damit, alles perfekt machen zu wollen, sondern gehe entspannt an die Sache heran, mit ganz kleinen Schritten.

Andere ihren Schulweg gehen lassen

Ganz wichtig ist außerdem: Fange nicht an, andere zu missionieren, auch wenn du Erleuchtungen oder neue Ideen hast. Wenn du anfängst, dich regelmäßig mit den Dingen aus diesem Buch zu befassen, wirst du bei ganz bei vielen Menschen plötzlich sehen, was sie anders machen könnten, um besser durch das Leben zu gehen. Dann ist das Bedürfnis schon groß, gerade Menschen, die einem vielleicht auch wichtig sind, zu missionieren. Aber wenn sie es nicht hören wollen, dann müssen sie nicht hören, dann müssen sie fühlen. Manchmal braucht es Schmerz, um zu verstehen. Manchmal sind Schmerz oder Leid ganz gute Lehrer. Dann erlaube ihnen, dass sie diesen Lehrer spüren. Das brauchen wir vielleicht alle einmal zwischendurch.

Das Beste was du tun kannst, ist zum einen ihnen dieses Buch zum Lesen zu geben und somit die Dinge selbst verstehen zu lassen, und zum anderen ihnen eine andere Herangehensweise vorleben. Auch bei der Erziehung von Kindern ist es das Beste: Lebe es vor. Die Leute machen es dann entweder nach oder sie kommen zu dir und fragen: „Was machst du anders?" Dann kannst du gerne reden. Entweder laufen sie dann davon oder sie sagen, das probiere ich auch aus. Aber zuerst müssen die Leute zu dir kommen, nicht du zu ihnen.

Trau ihnen zu, dass das Universum so perfekt organisiert ist, dass sie vom Universum schon so geleitet werden, dass sie in ihre Mitte kommen. Entweder sie lernen über den Schmerz oder sie ignorieren ihn und sterben. Sie fallen über den Straßenrand hinaus. Dann, so sagt die buddhistische Philosophie, fahren sie per Wiedergeburt zurück zum Start. „Probieren wir es eben nochmal", sagt das Leben. Solange, bis wir diesen Parcours gelaufen sind. Es ist wie ein Spiel oder ein Orientierungslauf: Man muss immer versuchen, auf der roten Linie zu bleiben. Wenn man abstürzt, zurück zum Start und nochmal probieren. So ist das Leben.

Schicksalsschlag als Geschenk

Wenn man einen Schicksalsschlag erlebt oder einen lieben Menschen verliert, ist das zwar erst einmal schwer, aber irgendwann ist man soweit, dass man sich für das Geschenk bedanken kann, das man dadurch bekommen hat. Danke für diese Lektion. Danke, dass du dein Leben gegeben hast, damit ich diese Erfahrung machen kann. Ich habe mit vier Jahren mit den eigenen Augen erleben müssen, wie mein Spielkamerad vor ein Auto gelaufen und umgekommen ist. Bei dieser kleinen Seele, die mit vier Jahren schon wieder gegangen ist, habe ich mich aus tiefstem Herzen bedankt. Diese Seele ist nur da gewesen, damit ich heute hier sitze und das verstanden habe. Wäre dieser kleine Bub nicht gewesen, wäre mein Leben komplett anders verlaufen. Die ganzen Jahre danach in meiner Schulzeit, die scheiße waren, weil ich mit diesem Trauma haderte, mit dem Horror, den ich da erlebt hatte, das war eine harte Schule des Lebens, aber eine gute Schule. Dank diesem Buben habe ich diese Schule durchlaufen. Und dank ihm habe ich heute ganz viel verstanden.

Wir sind immer auf dem Weg

Dennoch, auch wenn ich sage, ich habe heute viel verstanden, weiß ich, dass ich noch immer auf diesem Weg bin. Wenn ich das in zehn Jahren sage, werde ich schon wieder ganz woanders stehen. Vor zehn Jahren habe ich meinen Seminarteilnehmern gesagt, ich habe viel verstanden, und heute, zehn Jahre später weiß ich, das war noch gar nicht so viel, was ich bisher verstanden habe. Da kommt noch viel mehr dazu. Ich bin noch lange nicht am Ende, sondern ich bin auf dem Weg, immer mehr zu verstehen, indem ich mich dafür interessiere, indem ich mich damit auseinandersetze, indem ich Menschen um mich herum habe, mit denen ich mich dazu austauschen kann. Mit denen ich darüber philosophiere, diskutiere, streite, zusammen Bücher lese, wie Josi und ich es tun. Die Umsetzung ist ja nicht immer so einfach. Auch mir fällt vieles schwer. Da steht man dann vor einer Herausforderung, gut, nochmal probieren. Darum sei nicht so streng mit dir, während du diesen Weg gehst.

Im Gegenteil, ich wünsche dir viel Spaß bei der Umsetzung des I Love Me Prinzips, beim Ausprobieren, beim Herumexperimentieren, beim Leben deines Lebens! Mach etwas daraus!

Herzlichst,
Dan Howard

Das I Love Me Prinzip in der Übersicht

Psychohygiene

- Sich täglich Zeit für sich nehmen

- Morgen- und Abendmeditation machen

- Jeden Tag etwas tun, um seinen Zielen näher zu kommen

- Mindestens 2 Mal täglich Gefühlsscan mit Mikromeditation

Spielregeln beachten

- In welcher Resonanz gehe ich durch den Tag?

- Polarität: Wo muss ich der Gegenseite einen Platz geben, um in die Mitte zu kommen?

- Kausalität: Mit welcher Wirklichkeit (Ernte) bin ich unzufrieden und muss daher andere Ursachen (Gedanken) pflanzen?

Gefühle bewusst fühlen

Befasse dich liebevoll mit immer wieder auftauchenden unangenehmen Gefühlen:

- Beschreibe sie

- Male sie

- Tanze sie

- Töne sie

- Gebe ihnen deinen Ausdruck

Süchte bewusst machen
- Werde dir deiner Süchte bewusst.
- Erkenne das Gefühl, das du durch deine Sucht nicht fühlen willst.

Wurzeln negativer Gefühle auflösen
- Wenn du wieder einen Bezug zu deinen negativen Gefühlen hast, gehe mit der Hypnosereise-Regression auf die Suche nach der Wurzel dieses Gefühls und löse es auf.
- Gratis MP3 findest du auf der Webseite: www.iloveme.one

Glaubenssätze und Gedanken überprüfen
Überprüfe deine Gedanken und Glaubenssätze mit The Work:

- Ist es wahr?
- Kann ich zu 100 % wissen, dass es wahr ist?
- Was ist, wenn ich das glaube?
- Was wäre, wenn ich es nicht mehr glauben würde?

- Was ist das Gegenteil zu dem, was ich glaube?

- Gibt es Situationen, in denen dieses Gegenteil auch stimmt?

Ja zum Leben üben

- Lernen im Alltag JA zu sagen, auch wenn Dinge passieren, die nicht so sind wie du es gerne möchtest.

- Übe es bei unwichtigen Dingen.

- Was kann ich jetzt tun, damit es besser kommt?

Fälle deine Entscheidungen

- Willst du Opfer oder Gestalter sein?

- Willst du Recht haben oder glücklich sein?

- Willst du dich weiter schützen oder willst du lernen?

Co-Abhängigkeiten bewusst machen

Wann und wo bist du:

- Empathisch co-abhängig

- Narzisstisch co-abhängig

Zur Entstehung dieses Buches

Als ich im August des Jahres 2018, gefühlt kurz vor einer Kombination aus Burn- und Bore-Out, zum I Love Me Seminar nach Gran Canaria flog, hätte ich mir in meinen kühnsten Träumen nicht vorstellen können, wie sehr diese Woche mein Leben verändern würde.

Vierzig Jahre alt, also statistisch in der Lebensmitte angekommen, hatten sich für mich die Haupterwartungen, die man im Allgemeinen gesellschaftlich - und entsprechend ich selbst auch - an Vierzigjährige hat, nicht erfüllt. Beruflich war ich zwar an einem prestigeträchtigen Arbeitsplatz, aber ohne direkte Aufstiegsmöglichkeit angekommen. Auf ein vielversprechendes Bewerbungsgespräch an anderer Stelle hatte ich ein paar Tage vor meiner Abreise eine Absage bekommen. Partnerbeziehung hatte ich keine – ein Jahr zuvor hatte sich zum wiederholten Mal ein Mann nach anfänglich begeistertem Beziehungsbeginn ein paar Wochen später wieder von mir zurückgezogen. Kinder, die ich mir immer gewünscht hatte, hatte ich auch keine bekommen. Mein jüngerer Bruder war mit zwei Kindern schon lange an mir vorbeigezogen und den letzten gleichaltrigen Schicksalsgenossen in meinem Freundeskreis, mit denen ich bis dahin gerne in Urlaub gefahren war, war im Laufe des vergangenen Jahres doch noch spätes Elternglück beschert worden. Da ich den Sommer nicht komplett auf Urlaub verzichten wollte, musste ich tun, was ich bisher immer vermieden hatte, nämlich alleine Urlaub machen.

Ich brauche nicht weiter beschreiben, in welcher Stimmung ich mich auf die Reise nach Gran Canaria machte. „Ich brauche keinen Sex – das Leben fickt mich genug" bringt es ziemlich auf den Punkt. Eine Woche Retreat am Meer mit einem Seminar zur Heilung meines Inneren Kindes war für mich die einzig akzeptable Urlaubsalternative in dieser Situation.

Ich war in dieser Zeit intensiv auf der Suche nach Erklärungen für meinen Lebensweg, mein Schicksal und wie ich es positiv (oder blöderweise auch negativ) beeinflussen kann. Ich wollte endlich das in mir heilen, was ich anscheinend unbewusst aussandte und das meine Beziehungspartner sich immer wieder mit den komischsten Begründungen von mir abwenden ließ. Ich befasste mich mit verschiedenen Ansätzen wie Psychosomatik, Astrologie, las verschiedene Coaching-Ratgeber, machte Kurse in Reiki und Spiritual Healing. Ich fand es spannend zu entdecken, dass alle Ansätze letztlich im Kern auf dieselben Gesetzmäßigkeiten weisen.

Im I Love Me Seminar wurden viele meiner Entdeckungen bestätigt. Ich lernte aber mindestens genauso viele neue Erklärungen und Ansätze dazu. Vor allem aber begann ich die Dinge, die ich schon kannte, wirklich zu verstehen. Dazu lernte ich Techniken, wie ich dieses Wissen im Alltag nutzen kann, um mein Leben in eine positive Richtung zu lenken. Ich realisierte in diesem Seminar, dass in diesem Bereich eigentlich mein großes Interesse lag, dass mich diese Erkenntnisse elektrisierten und ich den Drang hatte, damit nicht nur mir selbst zu helfen, sondern auch anderen. Ich fuhr mit dem glücklichen Gefühl wieder nach Hause, endlich zu wissen, was meine richtige Berufung ist, und dass ich mich ganz allein glücklich machen kann, auch ohne Partner.

Offenbar war damit bei meinem Inneren Kind etwas Heilendes geschehen und ich sandte etwas anderes ins Universum aus. Denn völlig unerwartet für mich entwickelte sich in der Folge mit Dan zunächst eine intensive Telefonfreundschaft und daraus eine wunderbare Partnerbeziehung.

Seitdem durfte ich bei Dan in vielen Seminaren erleben, wie auch andere Menschen sich und ihr Leben durch das I Love Me Prinzip positiv verändern. In mir wuchs der Wunsch, diese wunderbare Erfahrung möglichst vielen Menschen zugänglich zu machen. Das ganze wertvolle Wissen des I Love Me Prinzips zu verschriftlichen bot sich förmlich an.

Das Resultat ist dieses Buch mit den unnachahmlich unterhaltsamen und anschaulichen Beispielen und Anekdoten aus Dans Leben und seiner psychologischen Praxis. Ich wünsche dir von Herzen, dass es auch dein Leben in glücklichere Bahnen lenkt.

Herzlichst,
Josephine Ledezma